浙江省 21 世纪教科研精品成果文丛

个性化诉求

——传统办学模式的突围之路

吴国平　王　梁　著

ZHEJIANG UNIVERSITY PRESS
浙江大学出版社

图书在版编目(CIP)数据

个性化诉求：传统办学模式的突围之路/吴国平等著.
—杭州：浙江大学出版社，2012.1
ISBN 978-7-308-09335-4

Ⅰ.①个… Ⅱ.①吴… Ⅲ.①办学模式－研究－中国
Ⅳ.①G522.7

中国版本图书馆 CIP 数据核字（2011）第 244671 号

浙江省 21 世纪教科研精品成果文丛
个性化诉求——传统办学模式的突围之路
吴国平　王　梁　著

责任编辑	李玲如
封面设计	魏　清
出版发行	浙江大学出版社
	（杭州市天目山路 148 号　邮政编码 310007）
	（网址：http://www.zjupress.com）
排　　版	杭州大漠照排印刷有限公司
印　　刷	杭州丰源印刷有限公司
开　　本	710mm×1000mm　1/16
印　　张	15.25
字　　数	274 千
版 印 次	2012 年 1 月第 1 版　2012 年 1 月第 1 次印刷
书　　号	ISBN 978-7-308-09335-4
定　　价	45.00 元

总　序

方展画

　　浙江人素以"敢为人先"而饮誉，创新是浙江精神的"关键词"，也是浙江经济社会蓬勃发展的"基因"。

　　在浙江这块充满激情与活力的热土上，教育事业也伴随着改革开放的大潮得到了长足的发展。倘若解读如火如荼的教育发展态势，不难发现：正是"创新"这种不竭的动力催生出累累的教育改革硕果，推动着教育事业不断地走向兴旺发达。尤其是步入新世纪以来，浙江的教育工作者更是以前所未有的勇气和领风气之先的智慧，矢志改革，锐于探索，掀开了浙江教育崭新的一页。

　　要改革，要创新，要敢为人先，离不开科学的态度和方法。就教育而言，教育事业要实现健康有序的跨越式发展，离不开对科学的探索，离不开教育科研的强有力支撑。事实上，经过多年的摸索和实践，科研兴教、科研兴校、科研兴师在学校教育中已成共识，群众性的教育科研工作风生水起，后浪推着前浪，并由此推进着浙江省教育改革不断地向纵深发展。

　　值此步入新世纪第二个十年之际，我们觉得有必要展示一下浙江省教育科研的重大成果，这不仅仅是留存十年的"印痕"，更重要的是从不同的侧面展示教育改革是如何迈出一步又一步坚实的步伐，展示"创新"所赋予我们事业的力量与价值。

　　为此，我们组织《浙江省21世纪教科研究精品成果文丛》的评选、编写和出版工作。今年年初，我们首先组织全省各地申报"精品成果"项目，将新世纪头10年取得的课题研究成果报上来，组织专家对这些成果进行筛选，确定了11个项目进入"文丛"选题，然后要求成果持有人按照专著的要求重新编写，最后选定了10本专著编入《浙江省21世纪教科研究精品成果文丛》，由浙江大学出版社正式出版。

综观《浙江省21世纪教科研究精品成果文丛》选辑的10本专著，具有以下四个方面的特点：

1. 着眼新的理念，诠释并改革传统学校教育。镇海中学办学的个性化诉求体现了一所百年名校对教育价值的全新追求，杭州长寿桥小学的"课程整合"和金华金师附小的"项目学习"对传统的分科教学作出了大胆的挑战，北仑淮河小学则从综合实践活动入手构筑了学生成长的一个精神家园。

2. 立足教育内涵，开展并提升了深层次的教育创新。义乌实验小学凭籍"文化立校"之径努力打造书香校园，温州瓦市小学用"创新教育"引领着学校方方面面的工作从而使学校发生了深刻的变化，金华东苑小学在学校德育中积极探索"回归自然"这一新的教育取向努力彰现德育的亲和力。

3. 探索区域教育特色化发展的创新之路。"文丛"中有三本书是由教育局长领衔的课题研究成果，通过研究与创新有力地推动了区域教育的发展，形成了区域教育的显著特色。如杭州市教育局局长徐一超的"名校集团化"项目，淳安教育局局长管国良的"小课程研究"项目，东阳教育局局长陈绍龙的"校外体艺制度"项目，这些项目的实施而形成的区域教育特色已成为浙江教育的亮点，并促进了区域教育特色品牌建设。

4. 借助教育科研机制提升实践智慧层次与水平。"文丛"所选的10本书，无一例外都是浙江省教育科学规划的研究课题，都经历了选题的论证、资料文献的分析与借鉴、研究思路的研讨、研究过程的调整与完善等科研手段，从而在不同程度上提升了来自实践的感悟与经验，并使之获得了理性的力量和深刻。

当然，在某种意义上，"文丛"属于"立此存照"。我们期待着：在新的十年中，浙江的教育会有更大更辉煌的创新成就，浙江省群众性的教育科研工作会有更多更丰硕的创新成果。

——期待教育的明天将不断翻开绚烂的新页。

2011 年 12 月

前　　言

当本专著初稿即将完成的时候,正是七月流火的盛夏时节,刚刚于 5 月成功举行百年华诞庆典的镇海中学又创造了新的辉煌,成为省内外瞩目的焦点:在 2011 年高考中,学校理科一批上线率高达 97.4%,文科一批上线率高达 91.7%,王子宁同学以 734 分的成绩获得全省理科第 2 名,全省理科前 10 名占 4 名,文理科前 100 名多达 26 人,此前已有 7 名同学保送到北大、清华,16 名同学保送和预录到复旦大学,最终有 42 名学生被北京大学、清华大学录取,23 名学生被复旦大学录取,1 名同学获得 58 万港元全额奖学金被香港中文大学基础班录取,两名同学被中国科学技术大学少年班录取⋯⋯这份又刷新不少历史纪录的成绩单出乎很多人的预期,但作为个性化校园建设和品质教育的规划者和实践者的我们而言,这其实也在意料之中,我们相信课题研究将给镇中可持续发展带来巨大而深刻的效果和影响,正如当初我们规划课题目标以及如今实际所产生的效果一样。

进入 21 世纪以来,镇海中学迎来了新的领导班子,也面临着种种新困难、新挑战、新要求。为了顺应新的时代要求、教育背景和学校背景,我们试图通过学校文化建设的传承与创新,凸现学校发展特色,打造学校新的核心竞争力,开拓名校发展的新内涵、新优势、新动力,从而克服种种不利因素,实现学校新的跨越,同时提升学校的生活品质和师生的生命质量,为社会培养更多合格的高素质人才,因此就生发了这项可以说贯穿于镇海中学新世纪前十年办学全过程的《基于学校文化特质的个性化校园建设的理论与实践》课题研究,大致上可划分为两个相对独立的研究阶段。第一个阶段是以"人文、和谐、自主"为学校文化特质的个性化校园研究,初步奠定了个性化校园的理念取向、实践框架,形成了个性化校园建设的三条实践路径。第二个阶段是高中新课程实施前后,学校以个性化校园建设的已有成果为基础,提出了品质教育的概念,将其作为个性化校园在新课程背景下的延续和升华,研究探索了品质教育的内涵、价值取向、立校基石与实现路径。以上两个阶段无论从精神实质、研究方法、价值取向等都体现出一脉相承的高度统一,也体现出本研究的系统性、开放性和可持续性,它伴随学校的发展而不断得到补充、改进和完善。

本专著即是在获得浙江省新世纪基础教育科研重大成果一等奖的《基于学校文化特质的个性化校园建设的理论与实践》课题成果基础上重新整合布局之后形成的书稿。共分认识篇、行动篇、成效篇三个单元共十个章节,认识篇两个章节主要分析了课题研究的背景、意义、核心概念,阐明了研究过程和方法,重点解读了我们对于个性化校园和品质教育的内涵认识。行动篇是本专著的重点,共六章,从六个角度阐述了个性化校园建设中形成的得天独厚、人文和谐的环境特色,刚柔相济、走向自觉的管理特色,形神兼备、动感高雅的校园文化特色,技艺深厚、多维高效的教学特色,丰富多样、规范自主的课程特色,德艺双馨、整体强盛的教师队伍特色。这一部分突出了实践操作。成效篇共两章,从定性和定量两个方面呈现了课题研究的成果和成效,提出了一些研究感悟、反思和展望。专著最后还附录了若干与反映课题研究过程和成果的新闻报道、重要论文、典型案例、实施方案等。

本课题研究和本专著的撰写均是全体镇中师生的集体劳动和智慧的结晶,研究方案的规划、研究内容的执行、研究成果的取得倾注了许多老师、同学的汗水与心血。在成果最后成文阶段,主要由吴国平、王梁、黄国龙、曾昊溟、胡蓉、俞加强、周金中等老师具体负责,其中吴国平同志为课题负责人和专著写作的第一责任人,他规划并引领了学校的办学实践、课题研究和专著写作,并撰写了第八章以及第二章的部分内容,其办学思想和管理睿智在全书中得到了较好的体现。黄国龙老师撰写了第七章除第一节第一、第二小节外的全部内容以及第五章的第二节,曾昊溟老师撰写了第四章第四节、第六章第三节以及第三章第三节中第一、三小节的内容,胡蓉老师撰写了第四章第二节以及第三章第三节第三小节的内容,俞加强老师、周金中老师则分别撰写了第四章第一节、第三节。章节内容基本上由王梁老师撰写或根据有关材料改写,本书的框架设计和统稿工作也主要由王梁老师完成。

本课题研究过程以及专著写作过程中得到了省教科院相关领导、专家的指导和支持,在此向方展画院长、朱永祥副院长、王健敏副院长、盛阳荣主任以及浙江大学刘力教授、宁波市教科所沈海驯所长宁波大学陶志琼教授等表示真挚的感谢和敬意。此外,我们还参阅引用了不少文献资料,在此也一并向相关著作者致以真挚的谢意。

社会发展日新月异,教育改革和课程改革也正在向纵深推进,传统学校教育的功能特别是高考在决定个体命运、左右人生轨迹方面的力量正在日趋弱化,高中教育多样化发展、特色化办学正成为国家层面的教育战略。因而,每所学校、每名教育人都十分有必要进行一次"我从哪里来、我是谁、我到哪里去"的哲学思考,以便更好地应对更为复杂、多元、个性的未来挑战。对于镇海中学来说,随着"品质教育"、"教育自觉"、"尊重多元选择,促进高水平差异发展"等成为镇中教育新追求,我们对于自身的追问和探寻已铺开了镇中新百年的教育图景。

最后必须说明的是,限于写作者能力水平、时间、精力等因素,本书无法避免地存在不少粗浅、疏漏、错误之处,敬请理解、谅解并给予建设性的意见建议,我们将把你们的批评和建议转化为我们更加正确、科学和有效的认识与行为。

目 录
CONTENTS

第一部分 认识篇

第一章 研究构想

21世纪前10年,在纷繁复杂、多元开放的社会变革浪潮中,个性化成为一个具有强烈时代色彩的世界性关键词。实现人的充分而个性的发展不仅是一个时代主题,对于广大教育工作者和中小学校来说,它还是摆在面前亟待破解的一项重大教育命题和学校课题,需要我们用自己的智慧和汗水去主动变革传统的学校发展模式和育人模式,本研究即是源发于对此问题的思考和行动。这一章节主要对课题的研究背景、研究意义及方法作了阐述。

一、研究背景

高中教育的个性化诉求动力不仅发端于学校教育内部,它更是时代发展、社会进步、教育改革等各种深层次、广域性因素叠加作用推动的,根本因素在于人的充分而个性的发展已经成为时代主题、教育命题和学校课题。

(一)社会背景:人的充分而个性的发展已经成为一个时代主题

近一二十年来,特别是进入21世纪以来,中国和世界都发生了快速而深刻的变化,呈现出愈来愈明显的全球化、信息化、多元化、民主化、个性化和人本化特征,逐渐迈入了"后现代化"社会。在这个过程中,人的主体地位得到了前所未有的尊重和彰显,人的发展时空得到了前所未有的拓展和释放,个体拥有了更多的价值感、尊严感,拥有了更为强烈的主体性和主导性,拥有了更为丰富的资源条件和更为多样的发展可能性。论坛、博客、微博、大量的平民选秀节目使芸芸众生都有了自我展示的机会和舞台,这是现代文明发展背景下人的自由解放进程的必然趋势。

与此相应,相当数量的执政党和政府都把尊重人、发展人、成就人放在执政首位,这既是当政者的基本使命,更是他们的执政基石。就中国共产党和中国政府而言,无论是"三个代表"重要思想,还是科学发展观以及社会主义和谐社会理论,这些思想和理论的最大进步之处在于对人的重视。在中国共产党十七大会议上,胡锦涛总书记在《高举中国特色社会主义伟大旗帜 为夺取全面建设小康社会新胜利而奋斗》的报告中提出,科学发展观第一要义是发展,核心是以人为本,基本要求是全面协调可持续性,根本方法是统筹兼顾,这不仅指明了我们进一步推动中国经济改革与发展的思路和战略,也是党的指导思想对人的发展的一种与时俱进的认识和重视,它坚持人民群众是历史创造者这一唯物史观的基本原理,把提高人作为发展的根本途径,把尊重人作为发展的根本准则,把为了人作为发展的根本目的。可见,在当今中国,人的充分、自由、全面发展获得了坚定有力的外部支持。

同时,我们可以看到,经过几十年的发展,中国经济总量已经进入世界先进国家行列,但是人均经济量、经济发展质量等指标依然处于世界中下游水平,目前我们的自主创新成果较少,产业技术的一些关键领域存在较大的对外技术依赖,不少高技术含量和高附加值产品主要靠进口,自主创新能力亟待提高。创新型社会建设需要国民整体创新水平的提高,需要建立新型的人才培养体系。因而,转变人才培养模式,建设创新型社会,提高自主创新能力,是破解发展难题,转变发展方式,实现又好又快发展的根本保证。

普通高中教育是高层次创新人才培养的基础,对创新型社会建设起着重要的支撑作用。然而,长期以来形成的强调知识传授、统一步调的人才培养模式,使得学习者的个性和主动性得不到充分发挥,普通高中教育"一切为了高考"的倾向仍然严重,本应承担的其他职能已经被弱化,难以满足培养创新人才的要求。因此,高中教育迫切需要转变人才培养的模式,探索建立以提高国民素质为宗旨,以培养学生的社会责任感、创新精神和实践能力为重点,促进学生生动活泼、主动发展的新的人才培养模式,提高全民族的创新能力和竞争力。

(二)教育背景:人的充分而个性的发展已经成为一个教育命题

近年来,伴随经济的高速发展和社会的全面进步,"和而不同"越来越成为我们这个国家的时代特征,社会的方方面面已经呈现出或正在努力追求这样一种体现先进文明的发展态势,教育领域也在课程改革、全面推进素质教育、管理体制、评价机制等方面作出了积极的反应,初步取得一些可喜成效。就高中教育而言,课题组认为,个性化校园建设与学生和谐发展既是经济社会发展对其提出的全新的要求和挑战,更是其在新时期的两大趋势和基本任务。就单个学校而言,随着教育改革的深入以及基础教育多元化、内涵式竞争格局的日益深化,学校个性的形成与凸现显得越来越迫切而重要,它直接关系到学校的生存、发展与卓越。

高中教育是衔接义务教育和高等教育的重要一环,高中阶段又是学生各种知识技能、情感态度价值观快速形成乃至定型的关键时期,是他们自我认知、自我评价、自我规划能力不断增强、逐渐完善的时期,是一次不可或缺的人生奠基。因而高中阶段学生身心发展水平的高低、质量的优劣直接关系到学生的终身发展,他们对个性化、差异化、丰富多样、可选择性强的学校教育的要求也越来越高。然而长期以来受各种因素的制约,我国的高中教育同质化现象严重,"百教共法,千校一面,万人同语",缺乏个性与活力,学生发展的空间狭窄、资源稀少、路径单一、模式雷同,加上高考指挥棒下片面追求升学率带来的负面影响,学校教育和学生发展不同程度存在粗暴、生硬、机械等违背教育教学规律和学生身心发展规律的现象,学生在这一阶段的成长与全面素质、和谐发展等理想状态还有相当大的距离,远远不能适应经济社会发展新形势和学生个人提出的迫切要求。

2006 年秋,浙江省全面实施高中新课程,浙江省高中新课程实验第一阶段工作方案的核心追求就是促进每位学生共同基础上的个性发展(差异发展),为达到这个目的,新课程实验方案突出了课程模块化、学习个性化、教学走班制、管理学分制、评价重过程等特点,与其配套的高考方案也强调了综合评价和会考基础上的分类测试、分批选拔。可以说,高中新课程对高中教育要培养什么样的人、怎样培养人这一核心问题进行了重新解读、定义和规划,有助于人才培养模式的根本性变革。所以,在高中新课程框架内,须尽最大努力吃透并落实新课程的精神理念和操作要求,想方设法创造有利条件,及早统筹规划、整合、开拓各种必要的资源,确保新课程下学生的各种选择自由,结合自己学校实际建设新课程质量体系,制订严谨科学的标准规范,同时深化学校特色创建,努力创设师生个性化成长成材的平台、载体、空间。只有这样,高中新课程才能得到真正的贯彻执行,高水平的差异发展才能实现。

从逻辑关系看,个性化校园建设是促成学生和谐发展的前提与途径,个性化校园建设好了,学生的和谐发展就水到渠成。另一方面,学生和谐发展对个性化校园建设起到了目标导向作用,引领其行进在科学正确的轨道上。同时,学生和谐发展也有助于高水平个性化校园建设,它们之间最后是一种互促互进的良性互动关系。

（三）学校背景：人的充分而个性的发展已经成为一个学校课题

浙江省镇海中学创建于 1911 年，前身为镇海县中学堂，后称镇海县立初级中学。1956 年与私立辛成中学合并，建成完全中学，名为浙江省镇海中学。1960 年，学校出席了全国文教战线群英大会，被授予"全国先进单位"的称号。翌年郭沫若同志亲笔为学校题名。1978 年成为浙江省十三所重点中学之一，1981 年被列为浙江省首批十八所重点中学。20 世纪 90 年代，镇海中学陆续成为浙江省第一所通过评估的合格重点中学（1991 年），第一所实施高中会考全科免试学校（1994 年）和第一所通过评估的一级重点中学（1995 年），如此显赫的在省基础教育界具有标志性地位的重大荣誉为一所县城中学独自享有不能不说是一个奇迹。当然，如果从浙江省基础教育发展历史的角度分析，镇海中学取得如此成就也有其合理之处。它的办学传统悠久，生源范围、生源质量、教师整体素质在当时都处于全省较高的水平上，而且三项重大荣誉的授予时间集中在 20 世纪 90 年代中期，那是一个全省经济、社会、文化教育发展不平衡的年代，基础教育特别是高中教育发展得尤其不充分，而各方面基础较好且勇于开拓、善于创新的镇海中学却抓住了这个"程度差"、"时间差"，历史性地创造了这样的辉煌。

20 世纪末 21 世纪初，镇海中学所处的大环境发生了翻天覆地的变化，浙江省基础教育的大发展造就了一大批颇有实力的重点中学和特色学校，地区之间、学校之间的竞争明显加剧，而镇海中学在级段班级数增扩两班生源地范围却从近 60 万人口的北仑、镇海两区缩小到仅有 21 万人口的镇海区，学校偏居海滨小镇，远离中心城区，地域位置的劣势日益突出，发展空间被挤压，加上历史原因导致的师资队伍青黄不接，整体实力相对下降，等等，种种不利因素困扰着这个昔日的巨人。于是有人预言，镇海中学将江河日下，一步步走向衰落。在这样的现实困境和严峻挑战面前，镇海中学的新任领导班子急需开拓新思路，谋划新路径，成就新业绩，通过构建个性化校园续写学校办学新辉煌是必由之路。

2006 年全面实施的浙江省高中新课程改革为学校的发展提供了新的视角和平台，也带来了新的机遇与挑战，新课程某种程度上是学校之间办学水平、教育质量的重新"洗牌"。对于镇海中学这样一所有着近百年办学历史的老校、名校、重点学校来说，面临的压力、阻力更大。可以看到，高中新课程的开放度和包容性都非常强。共同基础上的差异发展不仅是指向学生的，它同时也对学校与教师的差异发展提供了一种规定和实现的空间，而且这三者之间存在着科学的逻辑。也就是说,新课程下的学校个性(特色)、教师个性(专长或风格)、学生个性(特长)是一个互相协同的整体,是一个同步成长、相互促进的过程,离开前两者的发展,学生的高水平差异发展是不可能实现的。

关于"特色化办学"或者说特色学校的建设与发展一直是我国教育理论与实践的一个重点与热点,特别是随着社会发展的日益多元开放,随着基础教育同质化现象越来越为人诟病,随着新一轮基础教育课程改革的实施,相关的研究和实践越来越向纵深推进,关于特色学校发展的理论、策略、经验的研究成果非常丰富。2009 年 2 月,《人民教育》推出了"特色学校建设"专辑,同年 4 月 10 日,《中国教育报》推出了《400 名高中校长聚首北京研讨高中特色办学——"大家不同,大家都好"》专题,中央教育科学研究所和全国教育科学规划领导小组办公室也于 2009 年初启动了普通高中特色学校建设项目,选取了全国 28 个省(自治区、直辖市)的 100 所项目学校、206 所培育学校进行普通高中特色化办学的先行探索,我校位列 100 所项目学校之一。可以看到,每一所学校其实都能找到自己的卓越领域,相当数量的学校也已经在特色学校建设的道路上迈出了可喜的步伐,涌现出一批优秀的特色学校。同时,我们还看到,"特色化办学"既可以以单一的特色项目为切口,也可以是整体特色的系统推进,现阶段特色学校的打造已经开始超越某一特长、特点的单一形态,而是上升到教育生态、生活品质、整体推进等系统观、生态观、科学发展观等更高层面。这一发展态势充分体现了我国基础教育工作者在新的时代背景和教育背景下一种可贵的、与时俱进的教育自觉。

二、研究意义

作为一项基于特定学校内涵发展又在相当程度上对高中学校办学进行了先行性、一般性探索的课题,本研究具有一定的理论意义和较高的实践价值。

(一) 理论意义

随着社会发展的日益多元开放及对优质人力资源的渴求,随着人的主体自觉发展的觉醒,对传统高中教育模式和办学模式提出了严峻挑战。本课题不试图解决中国高中教育的种种问题,而是立足于镇海中学,在教育理想与现实之间寻求创建一种能够最大程度促进学生可持续和谐发展、高水平差异发展的学校教育体系。我们通过演绎式策略和模块化策略将体现社会发展要求和教育本质规律的"人文、和谐、自主"的文化特质全面融入、渗透、改造、优化、升华学校生活,在此过程中采取"自上而下、全员创建"的管理机制,运用活动设计、细节开掘、校本资源开发、校本课程建设等策略,特别注重各种高质量载体的创设,从而确保文化特质融入的深度、广度、力度和效度。在不断丰富模块群的同时,十分注重结合学校实际,集中优质资源,巩固原有优势模块,开辟若干重点模块,使这些模块最大限度地发挥它的内在功能和示范效应,带动其他模块的生成、发展、融合,整个校园生活因而也呈现出亮点纷呈、活泼生动的局面。后续研究在深刻把握新课程精神要义和本校内涵提升挑战的基础上较为深入探索了品质教育的内涵、价值取向、实践路径,构建了品质教育的理念系统和实践系统。同时,本课题提出了"文化特质"、"个性化校园"、"弹性管理"、"教育自觉"、"和谐教育生态"、"管理自觉"等概念并对其进行了理论和实践方面的深入解读,这些都能体现本研究的创新价值和理论含量,能够作为一般规律为研究者、学校管理者提供另一种视角。

(二)实践意义

本研究的最大价值在于其鲜明的实践特色和显著的实践意义。我们用"人文、和谐、自主"的文化特质全面改造提升学校生活,用品质教育的内涵、价值取向、立校基石与实现路径不断提高高中新课程实施的质量和水平,我们试图重树与高中新课程相适应的学校新的教育理想和教育哲学,超越"同质教育",实现学校整体办学转型升级,从而使百年名校在种种困难面前焕发出更加旺盛、青春的生命活力,拓展优质教育的丰富内涵,提升学校生活品质和师生的生命质量,走上可持续发展的"绿色"办学之路,进一步增强学校办学实力,进一步凸显办学特色,增强学校的"软实力",更好地满足学生和社会公众对高品质、个性化、差异化、丰富多样、可选择性强的学校教育越来越强烈的要求。在这方面,通过本研究,镇海中学初步形成了一套比较完整有效的实践体系,无论是学校文化建设的整体把握、教育教学、网络文化、学校管理还是具体到某一学科、某一活动都有比较明确可操作的理念、方法、载体、策略、原则等,基层学校从中可以根据自己学校的实际获取一般意义上的规律。

三、研究过程与方法

本课题研究伴随镇海中学21世纪前10年的办学全程,研究和工作共存互进,行动研究是最主要的研究方法。

（一）研究过程

本研究可以说贯穿于镇海中学新世纪前十年的办学全过程,大致上可划分为两个相对独立的研究阶段。第一个阶段是以"人文、和谐、自主"为学校文化特质的个性化校园研究,初步奠定了个性化校园的理念取向、实践框架,形成了个性化校园建设的三条实践路径。第二个阶段是高中新课程实施前后,学校以个性化校园建设的已有成果为基础,提出了品质教育的概念,将其作为个性化校园在新课程背景下的延续和升华,研究探索了品质教育的内涵、价值取向、立校基石与实现路径。以上两个阶段无论从精神实质、研究方法、价值取向等都体现出一脉相承的高度统一,也体现出本研究的系统性、开放性和可持续性,它将伴随学校的发展而不断得到补充、改进和完善。

（二）研究方法

作为一项基于学校、为了学校的学校整体性、全局性课题,本研究主要采用行动研究法。行动研究是指在自然、真实的教育环境中,教育实践工作者按照一定的操作程序,综合运用多种研究方法与技术,以解决教育实际问题为首要目标的一种研究模式。镇海中学个性化校园建设本质上是学校文化建设。一般而言,一定的学校文化系统是与特定的时空条件比较紧密地结合在一起的,当外界的时空条件发生改变的时候,学校文化也应作相应的更新。在日新月异的现代社会里,新的时空背景向学校文化建设发出了新的革新信号,提出了新的改革要求,学校文化势必要在分析这些背景变化的基础上作顺势的改进,才能更好地为学校整体发展和学生可持续发展服务。镇海中学以"人文、和谐、自主"为特质的学校文化建设以及以"尊重多元选择 促进高水平差异发展"为核心价值的品质教育体系构建,就是为了顺应新的时代要求、教育背景和学校背景,旨在通过学校文化建设的传承与创新,凸现学校发展特色,打造学校新的核心竞争力,开拓名校发展的新内涵、新优势、新动力,从而克服种种不利因素,实现学校新的跨越,同时提升学校的生活品质和师生的生命质量,为社会培养更多合格的高素质人才。

个性化校园建设是一项新课题,尽管许多理念、做法是在原来的教育形态上延续开来的,不是推倒重来的彻底变革,但学校需要调整、适应和创新的内容和任务依然十分繁杂而艰巨,并且没有多少可资借鉴的样板典范,因为不同学校的底蕴、基础、资源、目标千差万别,每个学校必然需要走自己的道路,必然是针对自己的基础和问题来考虑如何打造品质教育的。这与行动研究"在教育实践中、通过教育实践、为了教育实践"的特点以及以"提高行动质量,解决实际问题"为首要目标是相吻合的。

具体到本课题,具体到镇海中学,它面临和需要解决的问题是如何在高中新课程实施前后延续之前优异的教育教学质量和办学业绩,如何进一步转变育人模式培养更多综合素质高、创新精神和实践能力强的学生,促进更多学生的高水平差异发展,如何进一步深化学校内涵发展,成为影响更巨大、业绩更卓著、特色更鲜明的全国名校,进而实现"品质教育 以小博大",如何提高新课程的执行和创造水平,从浙江省高中新课程样本学校提升为"样板学校",等等。梳理这些问题,我们将其归纳为基于学校文化特质的个性化校园建设这一研究课题,这些问题就是本课题要研究的内容和目标。在镇海中学这个特定的情境场中,在各个工作节点上形成具有内在反馈机制的四个环节(计划、行动、观察、反思)螺旋形行动,最终达成课题研究确立的目标。

本研究还运用了经验总结法,作为一种研究方法的教育经验总结,是指研究者以来自教育实践的经验事实为素材,综合运用多种方法,对这些材料加以分析、概括,从而实现由感性认识向理性认识的升华。经验总结法是教育研究中传统的研究方法,也是实践工作者常用的研究方法。本研究中对镇海中学的个性化校园建设经验进行了总结与归纳,从中提炼和概括出了相应的规则与建议,辅以一定的理论探讨,以切合实际的研究为教育实践活动提供行之有效、符合实际需要的指导。

第二章　基本问题分析

"个性化校园建设"和"品质教育"是一脉相承的两个相对独立的研究阶段的研究重点。个性化校园是始端、是基础,奠定了基本的研究框架和精神理念。而镇中品质教育则是个性化校园建设基础上的经过不断的行动反思后的进一步延续、深化和升华。本章主要对个性化校园、镇中品质教育的若干理性认识问题进行了界说和论述。可以说是镇中个性化办学的理念系统,是服务于工作实践的指导纲要。

一、核心概念阐释

本课题研究涉及较多的具有独创意义并体现高中教育最新发展趋势的概念,如"文化特质"、"弹性管理"、"教育自觉"、"和谐教育生态"、"管理自觉"等,我们都对它们进行了理论和实践方面的较为深入的解读,在这其中,个性化校园、学校文化特质、品质教育是三个最为核心的概念,统领着整个课题的研究方向和研究重点。

(一)个性化校园

个性化可视为一个学校的特色,是一个学校的核心竞争力。每个高中学校在日趋多样化、个性化的社会大背景下都必须作出工作行为上的调整与转型以满足社会和学生对优质教育的日益增强的需求。镇海中学个性化校园建设是学校在面临新的时代背景、教育背景,特别是面临生源、师资、地理位置、发展空间等一系列新的发展困境的一次主动应对,是一次在继承学校优良传统基础上的自我审视、自我更新、自我超越。

镇中个性化校园建设实质是学校文化的继承、创新与超越。与传统的校园文化概念相比,镇中个性化校园是一个相对综合、宽泛、多极的系统,涵盖了基于文化特质的学校生活的全部,是一个融合了物质环境、精神环境、管理制度、人际关系、教育活动、教育教学模式在内的综合性发展共同体,也集中体现了镇中多年来特别是进入新世纪来独特的办学理念、理想目标、校风校貌、教育教学活动的价值取向、师生的做事方式和处世态度以及学校精神等。个性化校园建设的最高指向是创造丰富的、高质量的、高品位的校园生活，丰富、规范、优化、提升学校的各个系统、各种关系、各种资源，从而为学生及老师提供一个基于可持续发展生态意义的校园生活背景，进而促成全体学生的和谐发展和高水平差异发展。

至于学生的和谐发展，我们认为要实现三个层次的目标，首先是学生德智体美劳等的全面发展，其次是指学生基本素质养成基础上的个性化发展，再次是学生科学素质和人文素养、科学精神与人文精神的有机融合、和谐共生。

（二）学校文化特质

特质一词最早产生于心理学，特质理论把特质（trait）看作是决定个体行为的基本特性，是构成人格的基本元素，也是测评人格所常用的基本单位。通俗来说，特质便是指我们用来描述个人人格特点的描述词。本研究将心理学、领导学的特质术语移用到学校教育和学校文化领域，我们的移用逻辑是，如果说人格是具有一定倾向性的和比较稳定的心理特征的总和，那么学校文化也是一个学校组织具有一定倾向性、较为稳定的外显行为及其内在品质的总和，它也同样具有表征其区别于其他组织学校文化的独特性和差异性的特质，如同心理学家对特质理论有多种的分类和解构，学校文化特质同样可以从不同角度、不同层面和层次来定位，定位后的文化特质就是我们认识、解析、评判或者建设学校文化的基本单位。

概括而言，学校文化特质是呈现某一学校组织整体文化风貌，表征某一学校组织整体文化特性和品质的位于同一层次或层面的基本元素（因素），这些特质渗透于组织所有的人、事、物，是一种集体无意识。

（三）品质教育

品质教育作为本课题的核心概念，其中"品质"两字是形容词而非名词，它是对一种特定教育形态质量的描述和修饰，合起来看，品质教育不是指"思想品质教育"或"道德品质教育"或"心理品质教育"等，而是指"有品质的教育"或"高品质的教育"，它是学校在高中新课程实施过程中提出的与高中新课程相适应的学校新的教育理想和教育哲学。品质教育重在营造和谐教育生态，重在实现师生高水平差异发展。具体来说，学校要创造丰富的、高质量的、高品位的校园生活，将学校的各个系统、各种关系、各种资源置于一种符合规律的、爽心悦目的、和谐共生的平衡状态,为广大师生提供一个基于可持续发展生态意义的校园生活背景。同时,要在制度设计、课程设置以及发展观等各个方面都怀有对人的个性、人的差异的由衷尊重,千方百计创设学生个性化成长、成功的空间,发现和成就每个人的独特性,努力使学生成为完整的、健全的、和谐的、充满个性的人。

"品质教育"的提出是基于我们对高中新课程精神要义的理解与把握,是基于我们对传统课程背景中"同质化教育"的审视与反思,也是基于确保学校在日益激烈的办学竞争中发展与卓越的需要。我们力图超越"同质教育",力图超越高中教育人才培养的"升学模式"或"应试模式",实现学校整体办学转型升级,更好地满足时代进步、社会发展和民族复兴对转变人才培养模式的迫切要求,更好地满足学生和社会公众对高品质、个性化、差异化、丰富多样、可选择性强的学校教育越来越强烈的要求。

镇海中学的"品质教育"是一项整体推进的系统工程,就是在科学发展观指导下,理论与实践相结合,深入系统探索与"品质教育"价值观相匹配的办学理念(教育哲学)、校园景观、学校管理、课程建设、学科教学、学校文化、教育科研等,形成具有鲜明镇中特色的品质教育体系,营造优良和谐的教育生态,促进师生高水平差异发展,凸现学校在高中新课程下的办学新内涵、新成就、新特色、新品牌。

二、个性化校园建设概论

个性化校园建设的深入推进可以采用多种战略运作方式,当前不少学校在创建各种类型学校时一般都采用归纳式或演绎式,无论前者后者,之前的规划、设计、执行都是相当必要和重要的。我们的总体思路是首先选取适切的文化特质以明确学校文化的价值定位,然后规划出相应的相对独立的实践框架并付诸实施,属于典型的演绎式。在文化特质的择取时我们全面考虑了学校优良的文化根基、教育本质规律、时代发展要求等因素,最后确定为"人文、和谐、自主"三项。这三项文化特质与学生的和谐发展保持了良好的互动对应关系,有利于实践操作时比较明晰地展开演绎分解,有的放矢,顺利实现既定的纲要性目标。最重要的是,学校文化特质的确立实际上是学校价值观建设的重要组成部分,文化特质即为学校的价值取向,为个性化校园建设的灵魂,统帅着个性化校园建设的具体措施,体现了这项工程并非拘泥于经验与现实,而是具有了相当的前瞻性、整体性和高远开阔的视野。

"人文光芒的照耀、和谐境界的追求、自主精神的张扬"是学校师生秉持的带有理想色彩的对个性化校园的一种形象描绘,在具体实践中我们以创造人文精神深厚、文化品位高尚的学校生活,创造合规律、合审美的学校生活,创造主体意识强烈、创新氛围浓厚的学校生活为三条实践主线,创造性地运用了"模块化"策略,以模块为研究和行动单位,创建了模块层级和模块链,在多层级、多序列、多向度的模块生态交互和有机整合中初步形成一个新质的文化实体。"人文、和谐、自主"这三项学校文化特质渗透到包容了镇中物质环境、精神环境、管理制度、人际关系、教育活动、教育教学模式在内的综合性学习共同体中,使学校文化系统的各个部分、各个层面、各个形态都发生了质的变化,焕发出全新的光彩,拓展了优质教育的丰富内涵,为学生及老师提供了一个基于可持续发展生态意义的校园生活背景,大大提升了学校生活品质和师生生命质量,促进了学生的和谐发展。

学校文化特质全面融入、改造、优化学校生活需要有效的机制和策略。我们采取了"自上而下、全员创建"的管理机制,运用了活动设计、细节开掘、校本资源开发、校本课程建设等策略,特别注重各种高质量载体的创设。从而确保了文化特质融入的深度、广度、力度和效度。此外,作为一项庞大的系统工程,我们在不断丰富、培育模块群的同时,十分注重结合学校实际、教师实际、学生实际,集中优质资源,巩固原有优势模块,开辟若干重点模块,使这些模块最大限度地发挥它的内在功能和示范效应,带动其他模块的生成、发展、融合,整个校园生活因而也呈现出亮点纷呈、活泼生动的局面。以下是实践框架和一些主要的模块单元。

(一)人文光芒的照耀,旨在创造人文精神深厚、文化品位高尚的学校生活

镇海中学致力于创造一个丰富的校园人文世界,给师生特别是学生以鲜活的人文精神滋养。首先,我们把实践教师人文管理、提升教师的人文素养作为突破口,因为这决定了其他方面,而且体现了镇海中学校长文化、教学文化、教师文化中的人文取向。其次,我们通过实施"书香校园工程","深化校园文学建设"以及社团、媒体、活动的注新求变营造一个丰富的校园人文生活背景。此外我们还深度开掘了学校原有人文历史景观的人文价值和教育意义,校园新的景观建设中也充分体现了鲜明的人文取向。主要模块包括:①人文物质环境的创建。爱教基地和人文历史景观建设。②教师人文精神的强化。教师人文管理、教师人文素养修炼、教育教学人文性评价体系。③学生人文精神的培育。爱国主义教育、人文历史教育、人文寄语系列、学生文化论坛。④人文活动环境的创设。经典阅读工程、校园文学工程、缤纷社团工程、校园媒体工程。

（二）和谐境界的追求，旨在创造一种合规律、合审美的学校生活

主要是将学校的各个系统、各种关系置于一种基于合规律的爽心悦目的平衡状态，让学校生活远离粗放、简单、机械、刚性、硬邦邦，而是精致的、审美的、爽心悦目的、温暖的、能给人无限想象、享受和怀念的。我们以自己的理念、通过传统的更新、采取各种新的方式与载体使人与物质环境（包括人文历史景观、现代化设备设施）、校园人际关系（包括师生、生生、在校师生与校友、师师、教师层与管理层）、教师工作制度、教育教学模式等达到了一种校本意义上的和谐，不仅生发了巨大的教育教学合力、教育意义和文化力量，而且师生对"和谐"产生了欣赏、崇尚的积极态度。主要模块包括：①人际环境的和谐。共同价值观的确立、同质行为的形成。②物质环境的和谐。崇尚环保、绿色、生态、审美、伦理、富含教育意义。③校园制度环境的和谐。力求严谨与灵活的统一，规范与个性的统一，放而不乱、抓而不死、管而不僵。④学校教育教学模式的和谐。着力体现"重基础、重能力、重创新、重全面"的风格。

（三）自主精神的张扬，旨在创造一种主体意识强烈、创新氛围浓厚的学校生活

致力于创造浓厚的"自主学习、自主探究、自主管理、自主实践、自主发展"的学校氛围，从而能够激发师生的主体精神、创新激情和自主潜能，把人的创造力量诱导出来。为此，镇海中学着重在个性化校园建设中开辟、更新了不少载体：成熟的教育教学模式、科技创新和研究性学习、课堂教学和竞赛辅导、创新理科实验班级的教学与管理、校园网络生活、活动社团的自主开发以及"追求卓越"的校园氛围的营造。主要模块包括：①追求卓越、勇于超越校园氛围的营建。学校精神的初步凝练、梓荫风采系列、镇中之星系列。②科技创新和研究性学习。五维一体运行机制。③教师主体精神的张扬。名优教师工程、教师成长论坛、教学个性的保护、教师网络社区。④学生主体精神的培育。学生系列自主活动的开发、网络论坛文化、学生个性化成材机制、场线结合教学策略。⑤学校自主性的追求。学校形象的设计与推介。

三、镇中"品质教育"界说

品质教育是镇海中学在个性化校园建设阶段性课题成果基础上着力构建的适合高中新课程实施的优质教育体系，我们从三重内涵、三种策略、五种价

值取向、五大立校基石、五条实现路径等几个方面对镇中品质教育进行了初步规划。

（一）三重内涵

在本研究中,限于研究者的理论水平,"品质教育"仅停留在操作性概念的水平上,其概念内涵从教育的终极关怀、和谐教育生态的营造、学生高水平差异发展的实现三个维度进行了初步规定。

1. 重在让学生追慕美好、追逐梦想、追求卓越

品质教育的此重内涵,本质上是教育的一种终极关怀。学校教育的使命和责任就是在学生身心世界种下美好、梦想、优秀的种子,要让学生感受、投入并创造人生和生活的美好,要让学生有梦想、有追求、有才华,这与高中新课程强调的"态度、情感、价值观"的追求也是相吻合的。

镇中教育首先要让学生追慕美好,要把人类最美好的东西呈现给学生。在一个人成长的道路上,最需要的是美的阳光,只有美的力量,才能战胜内部和外部的黑暗,知识有大美,人性有大美,情感有大美。我们的教育就是要把人类最美好的东西强烈而直接地呈现给学生,而不要用任何借口去剥夺学生欣赏美、崇尚美的权利,因为"美中有真、美中有善",因为只有美好的东西,才能长久地吸引住学生,才能让整个校园充满经久不衰的人性之光。在镇中校训中,有"健美"一词,它不仅指身体的健康,也指人性向真,人性向善,人性向美。

镇中教育要为学生打开一扇思想的门。现在的学生往往缺乏激情,对事物习惯了被动地接受;他们视野封闭,看不到多彩的世界。所以很多学生看起来很平静,但这种平静是一种粗陋的平静。教育要为学生打开一扇窗户,让他们去看,去听,去想,去行,去铸造一种个性的美丽。

镇中教育还要开启学生成长的"金钥匙"——责任与自信,促使他们做最好的自己。拥有责任与自信的学生,内心一定会强大而和谐。这样的学生,也许不会次次成功,但他在关键时刻会顶住,会不断超越自我,成就卓越,因为他的人格基石非常坚实。

镇中的教育还要帮助学生能够拥有一个丰富的人生。不要用学习和作业填满学生的时间,让他们成为"中空人",镇中三年,我们要尽力让每个学生都能习得一到两项特长,不是为了加多少分,而是为了他以后的人生能丰富起来。希望我们的学生将来不管是高层科技人员,还是普通劳动者,都能始终保持一项体育与艺术的爱好,这样他的生命质量就会提高。

2. 重在营造和谐教育生态

"生态"即是指系统之间、系统内部各要素之间一种和谐共生的状态。就学校教育生态而言,我们可以理解为学校教育的外环境(学校可资利用的各种外部资源,学校与社会、政府、社区、家长等交流沟通,社会的理解与支持系统等)与内环境(结构、程序、关系、形式、内容等要素)之间以及内环境各要素之间能够建立起一种自然的、健康的、合规律的、相互支持、互促互进的和谐关系,在这种生态中,一方面,学校教育已经完全融入了它所辐射的整个社区和区域环境中,成为了相关区域发展整体不可或缺的重要组成部分,为社会和公众所信赖、所依赖,同时区域、社区、政府、公众等与学校形成了良好的互动交流,它们能自觉提供给学校教育足够的支持和呼应。另一方面学校教育系统内部已经生成了必需的各种要素,拥有独特的理念追求,浓厚的文化氛围,合理的体制架构,健全的制度设计,灵活的机制创新,丰富的平台载体,多样化的活动形式等,各要素各司其职,运转良好,并能形成系统合力。学生在这样的生活背景中获得身体、心理、道德的发育与成长,获得全面素质、创新精神和实践能力的锻造与积淀,教师也同样能获得专业成长,享受到心灵的丰实,体验到职业的审美。品质教育的和谐教育生态应该体现出以下几个方面的特征:

(1)整体性(系统性):学校教育工作各个方面、各个系统应全面发展,互促互进,不偏废、不畸形、不功利,尤其是不能唯学习、唯知识、唯分数、唯高考。整体性还包括学校与所辐射区域发展的协调一致性。

(2)自主性:指学校有在正确价值观指导下的最大限度的办学自主权,能坚守自己的办学理想、办学主张,不受过多过分的行政和舆论干预;教师的专业发展和学生的发展成长亦有相当的自主权利、空间和可能性。

(3)丰富性:学校拥有较为丰富优质的内外资源,能为师生创设丰富的活动、载体、平台、资源等。

(4)民主性:依法治校,以人为本,尊重并充分满足师生的各种权利、需要、动机等,师生成为学校、教育教学的真正主人。

(5)多样性(差异性):指学校教育能为师生提供多种成长方案、发展路径、评估考核和多样化的教育资源、教育服务、教育教学手段,能满足学生个性化成长的需要。

(6)包容性:学校教育有气度,有胸怀,允许有多样化、差异化的声音、行为和个体存在。

（7）开放性：能以学习者姿态经常性地"走出去、请进来"，在交流学习服务中碰撞思想、开阔视野、增强能力、提升境界。

（8）技艺性：指学校教育遵循规律、尊重科学、追求审美，能开发构建一套具有自主核心竞争力的高效育人系统，能"有教无类"，能不为生源所累，更不会"生源一差，满盘皆输"。

（9）人文性：学校教育体现出深厚的人文底蕴，高尚的文化品位，和融的人文关怀，高洁的人文精神（理想）。

（10）品质性：学校教育在科学规范、保质保量的基础上力求特色亮点、品质品位，既有宏观的大气，更有细节的精致。

3. 重在实现学生高水平差异发展

差异发展其实是教育的一个本质问题和永恒追求。"天生我材必有用"，每个人都有自己的优势与不足，都希望做最好的自己，这是人性的体现。如果我们人为地规定一种共同的发展模式，那无疑是对人性的扭曲与摧残。遗憾的是，我们传统教育的不少制度设计、课程设置以及发展观等都缺乏对人的个性、人的差异的尊重，造成了至今也无法完全消解的中小学教育同质化现象，"千校一面，万人同语"的负面影响是导致学校、教师、学生缺乏个性与活力，三者发展的空间狭窄、资源稀少、路径单一、模式雷同，等等。

高中新课程为学校、教师、学生的差异发展留出了宝贵的时间和空间，提供了许多的可能性以及体制、机制方面的保障。但问题是，习惯了传统教育的我们是否能运用好这种时空条件，是否能将可能性转化为现实，是否能够有效执行有关的体制和机制，等等。也就是说，新课程赋予高中学校更多的自主权，但如果这种权利不能得到科学合理的把握、优质高效的使用的话，新课程提供的时空条件就会被浪费，体制、机制就会成为一种摆设或形式，差异发展就会陷入"为差异而差异"的低水平状态。这种矛盾其实在新课程第一轮实施过程中是普遍突出的问题，比如有些学校限于各种主客观条件甚至对学生选课制造人为障碍，有些学校的地方课程、通用技术、研究性学习等新课程没有配备专职教师，即便有专职教师，其专业素养也还不能胜任课程的教学，再如校本课程开发，由于时间、人力特别是课程开发理念精神、专业能力的限制，校本课程教材往往暴露出专题内容单薄、学生兴趣淡薄、可教性和体系结构性差、专任教师相关专业知识缺乏等问题，有些学校的校本课程建设牵强附会，其内容和形式对学生来说简直是浪费宝贵的课时，有些非高考科目的教学、考核、评价等各个环节都不尽规范，随意性很强，社会实践、社区服务的空间和时间严重匮乏,诸如此类的问题尽管在新课程实施之初也许是不可避免的。然而,我们不能让一届或几届学生的学习时间牺牲在低效的差异发展或"伪差异发展中",而应当尽最大努力吃透并落实新课程的精神理念和操作要求,想方设法创造有利条件,及早统筹规划,整合、开拓各种必要的资源,确保新课程下学生的各种选择自由,结合自己学校实际建设新课程质量体系,制订严谨科学的标准规范,同时深化学校特色创建,努力创设师生个性化成长成材的平台、载体。只有这样,高中新课程才能得到真正的贯彻执行,高水平的差异发展才能实现。

在传统课程背景下,"重高之重、名校之名"在某种意义上来说是一种生源优势,是一种体制性保护。随着教育事业的发展,国民受教育时间的延长,随着教育均衡、教育公平的深入推进,高中学校选择生源的空间会越来越小。新课程下的高中名校需要思考的不应该再是如何提高升学率,如何"抢夺"生源,而是如何苦练内功,凝练特色,打造核心竞争力,提升内涵发展水平。我们打造"品质教育",就是想进一步提升自己的办学理想和价值追求,建立起一套强大有力的、包容性大、操作性强、适应面广、特色鲜明、科学高效的可持续发展的育人系统,这个系统融合了教育教学工作高度的艺术性、技术性,能最大限度地保证最大多数的学生得到生动活泼的发展,唤醒生命潜能,获得个性化的成功,体验快乐与幸福。

(二) 三种策略

品质教育构建或者说学校个性化办学需要有原则性的推进策略,教师队伍提升、学校管理创新、学校文化重塑是其中最重要的三种策略。

1. 教师为基

人是第一位的,人力资源永远是一个组织最宝贵的财富和最坚强的依靠,名校最坚实的支柱是人才。管理者必须把"招才、育才、用才、留才"摆在自己工作的首要位置,用最多的时间、最真诚的心、最大的精力去做。应该学习伯乐的慧眼识人、刘备的诚意和胸怀、曹操的用人艺术,选对人,发展人,用好人,稳定人。结合当前教育实际,课题组觉得特别要注意三点:一是要组建好学校的管理队伍。好的管理才能实现学校系统各要素的最优组合。管理和教学应相对独立并寻求一种适当的平衡,最好是建立一支专门化、专业化、职业化的管理队伍,避免"重教学、轻管理"、"教而优则仕"的负面效应。二是要创造条件,提供机会,强化对师生员工的培训与能力提升。不断更新他们的观念、意识、知识、实践能力，促进其个性和人格的圆满，也可以考虑将管理干部和教学人员送到国外交流培训，使他们经历国际化的洗礼，从而能够在可预见的将来适应教育国际化的挑战。三是应通过招聘和培养集聚若干顶尖人才，在校内形成人才梯队，形成若干品牌学科或项目。

2. 管理为架

从理论上讲，包括学校在内的组织其发展可能性是无穷尽的，制度及其执行撑起了组织的整体框架。可以看到，很多学校，包括相当数量名校，学校各项制度是个人经验和传统习惯的产物，并无多少高水平的科学性、艺术性、战略性、人文性可言，缺乏对组织整体、组织中成员群体和个体的深刻洞悉和真切观照，或屈从于社会对教育的无端干预，或迎合社会不当舆论，明显缺少人文关怀、理想主义色彩和对教育本真的信仰与坚守。同时，受社会文化、评价机制、人员素质等因素的影响，执行力不强也成为学校乃至整个教育领域的一大通病，有的时候并不是缺乏好的思想、理念、方案，而是缺少执行的环境和人员。因而，学校要发展，名校要卓越，学校领导必须高度重视制度创新，用制度来丰富学校内涵、强壮学校组织的神经、激发学校活力、延伸学校组织的生命，最大程度达成学校的组织愿景，实现组织中每个个体的最优化发展，同时，亦必须高度重视提升学校成员的执行力水平。

3. 文化为魂

从"校园文化"到"学校文化"，两字之差代表了一种理念、思维的跨越。作为最厚重的积淀与最深层的动力，学校文化是可以贡献给莘莘学子乃至整个人类文明最可宝贵的财富。学校文化是一个整体，是一种精神气质、一种人格个性、一种智慧灵性，一种底蕴潜能。当前，基础教育界千帆竞发、百花齐放、各争风华，竞争永远不会消失甚至只会越来越残酷，"生于忧患死于安乐"，如果满足于名校历史或现实的辉煌，不思进取，不谋新路，衰落乃至毁灭是不可避免的。同时，当前我国中小学校的发展还是偏重于物质，太过功利和短视，缺少远大的愿景，缺乏思想的引领和智慧的架构。一所真正基业常青的有世界影响的中国中学，成败的关键还在于它是否能够在学校文化的创建中凝练出自己独特的思想、精神和理念，否则，所谓名校只能是过眼烟云，表面繁华，沽名钓誉而已，留不下太多有价值的财富。

（三）五种价值取向

基于学校文化特质的个性化校园建设和品质教育的提出本质上是学校教

育的理念系统和实践系统的重建,在这过程中,价值取向决定了新系统的核心品质、高度和坚实性。

1. 涵育美好人性

"什么是教育?当你把受过的教育都忘记了,剩下的就是教育。"容易忘记的往往是知识、技能、技巧,难以磨灭的应该是思想、情感、个性、情趣、方法等,高中新课程关于"态度、情感、价值观"的强烈追求,就是要更多地赋予学生这些受用终生的"剩下的教育营养"。课题组认为追慕美好、追逐梦想、追求卓越是学校教育送给学生的最珍贵的营养,这三者其实是融合在一体的,是一个生命个体一种最为和谐、最具审美意味、最能绽放人性光辉、最能达成自我实现的人生状态和过程。学校教育的使命和责任就是在学生身心世界种下美好、梦想、优秀的种子,要让学生感受、投入并创造人生和生活的美好,要让学生有梦想、有追求、有才华。我们在推进品质教育时要把人类最美好的东西强烈而直接地呈现给学生,要为学生打开一扇窗户,让他们去看,去听,去想,去行,去铸造一种个性的、多彩的美丽,要开启学生成长的"金钥匙"——责任与自信,促使他们做最好的自己,还要尽力让每个学生都能习得一项以上特长并成为一种良好习惯,帮助他们拥有一个丰富的人生。正如爱因斯坦所坚持的:学校的目的始终应该是"青年人在离开学校时,是作为一个和谐的人,而不是作为一个专家"。

2. 尊重多元差异

教育的原点是人,学校教育的本质使命是"使人成其为人",教育失去了"人"就等于失去了教育本身。而人是一个具有多种发展潜质、有多种发展可能性、有多种需要,兼具自然属性、精神属性和社会属性的"一切社会关系的综合",人天生具有向善向真向美的积极倾向,人生的过程即是一个发挥潜质、满足需要、寻找一条"做最好的自己"的发展通道、寻求自我存在价值和意义的自我实现的过程。所以,"尊重多元差异"就是在强调学校教育功利效用的同时始终将人的发展放在核心位置,尊重广大师生的多种需要和多元选择,充分实现学生的多种发展可能性,通过促进人的更高水平的差异发展实现学校教育的高品位。课题组将其作为与高中新课程相适应的学校发展新的教育理想和教育哲学,超越"同质化教育",实现学校整体办学转型升级,以更好地满足学生和社会对个性化、差异化、丰富多样、可选择性强的学校教育的越来越强烈的要求。

3. 营造和谐生态

"生态"一词如今已经被广泛运用到各种语境中,生态范式也成为开阔视野看教育的新范式,传统教育发展观也正在向教育生态发展观转变,它的思维模式本身更贴近于教育的形态。本研究认为"生态"即是指系统之间、系统内部各要素之间一种和谐共生的状态。就学校教育生态而言,可以理解为学校教育的外环境(学校可资利用的各种外部资源,学校与社会、政府、社区、家长等交流沟通,社会的理解与支持系统等)与内环境(结构、程序、关系、形式、内容等要素)之间以及内环境各要素之间能够建立起一种自然的、健康的、合规律的、相互支持、互促互进的和谐关系,这种系统拥有强大的自我更新、自我净化的功能,能最大限度地消除产生病态、畸形、生硬、机械、相互损害的各种消极因子,使系统能够保持足够的活力和张力,有利于广大师生个性的充分张扬。

"营造和谐生态"即是指学校要创造丰富的、高质量的、高品位的校园生活,将学校的各个系统、各种关系、各种资源置于一种符合规律的、爽心悦目的、和谐共生的平衡状态,为广大师生提供一个基于可持续发展生态意义的校园生活背景,使校园成为一个内和外顺、丰富多彩、多元开放、书香满园、情趣四溢、智慧充盈、内蕴深厚、诗情回荡、韵味十足的成长园地和精神家园。同时,在制度设计、课程设置以及发展观等各个方面都怀有对人的个性、人的差异的由衷尊重,千方百计创设学生个性化成长、成功的空间,发现和成就每个人的独特性,努力使学生成为完整的、健全的、和谐的、充满个性的人。

4. 走向管理自觉

实施高中新课程需要重建一个基于新课程理论指引和价值取向的能够最大程度保障新课程高效实施的学校管理体系。现行的学校教育教学管理大多仍停留在传统的"刚性管理"层面上,这种管理模式的弊端主要体现在三个方面:典型的业绩导向,缺失人文关怀;机械地求同求稳,压抑个体创新;量化的制度规范,难以约束细节。这同多元开放、以人为本、追求创新的时代特征不相符合,不利于高中新课程的实施,不利于我国高中教育人才培养模式的转变。为此,本研究在对刚性管理、弹性管理的批判与反思基础上,提出了"管理自觉"的概念。管理自觉是指在充分把握管理规律、充分认识和尊重人性的基础上,一种注重精神、价值、道德引领,善于帮助人们达到自我实现的管理境界。其主要特点包括:一是对管理规律的充分把握,能够找到一种既适合学校发展又适合人的发展的管理方式;二是对人性及其基本心理需求的深刻理解;三是在管理方式上强调尊重、信任、激励、正面评价。本研究还初步确立了管理自觉的七项要义：注重精神追求、强调价值引领、尊重个体差异、倡导自主选择、提倡和谐生态、承受积极孤独、学会漫长等待。

5. 实现高水平差异发展

高中新课程是促进每位学生共同基础上的个性发展（差异发展），为此，新课程实验方案突出了课程模块化、学习个性化、教学走班制、管理学分制、评价重过程等特点，与其配套的高考方案也强调了综合评价和会考基础上的分类测试、分批选拔。课题组认为应该努力实现学生的高水平差异发展（个性发展），这种发展是建立在学生共同基础发展之上的，是"规范与个性"、"共性与差异"、"社会化与个性化"以及"学业水平与综合素质"的辩证统一和同步发展。具体而言，镇中学生的高水平差异发展是指学生兴趣爱好和个性潜能得到充分尊重和开发，学生的学业成绩、综合素质、个性特长等各项指标能进入他（她）的最近发展区，使每一名高中毕业生能够自信地站在一个尽可能高的新起点上，获得一把开启成功幸福的理想人生的钥匙。

高中新课程为学校、教师、学生的差异发展留出了宝贵的时间和空间，提供了许多的可能性以及体制、机制方面的保障。高中学校应对新课程赋予的时空条件加以科学合理的把握和优质高效的使用，以避免差异发展陷入"为差异而差异"的低水平状态或"伪差异发展中"。须尽最大努力吃透并落实新课程的精神理念和操作要求，想方设法创造有利条件，及早统筹规划，整合、开拓各种必要的资源，确保新课程下学生的各种选择自由，同时结合自己学校实际构建新课程质量体系，制订严谨科学的标准规范，深化学校特色创建，努力创设师生个性化成长成材的平台、载体。

（四）五大立校基石

办学恰如盖楼，要有高远蓝图，更须坚实基础，两者相互依存，相互促进，相得益彰。作为学校管理者，既要精心谋长远、布大局、定战略，争做思想家、规划师，更要认真找基点、筑基础、定战术，当好实干家和建筑师，这样才能使学校发展有内涵、有后劲、有高度、有境界、可持续。近年来，镇海中学在探索构建个性化校园和创新实施"品质教育 以小博大"发展战略或者说发展规划的同时，大力夯实"科研、民主、文化、特色、和谐"五大立校基石，各项工作取得了令人瞩目的业绩，综合办学实力和整体办学水平上升到了新的高度，办学品质和品位得到进一步提升。

1. 科研立校——立足科学发展，坚持育人为本

科研立校指的是学校工作无论宏观、中观、微观层面都要力求科学规范，遵循内在规律，寻求理论支持，创新思路方法，探索模式策略，进而提高各项工作的效率效益，提升教书育人的品质品位。

科学发展要求营造浓厚的组织学习氛围，上到校长，下至普通教师都要十分重视理论学习，特别是学校决策者和管理者，更应反复品读邓小平理论、"三个代表"重要思想和科学发展观等时代巨著以及各种学术著作，深刻领会其精神内涵，拓展教育视野，提高理论修养，形成理论自觉和洞察力，增强学术把持力。从而在贯彻落实科学发展观，全面推进素质教育，高质量完成社会责任和历史使命等过程中体现出较高水平的主动性、自觉性、深刻性和执行力。

近几年，镇海中学致力于走内涵发展道路，积极打造核心发展力，始终坚持育人为本，践行全员育人、全程育人、全方位育人，把学生的终身可持续和谐发展当作最重要的目标和任务。学校的各项规划决策和具体工作都有意识在科学理论的指导下开展，注重教育教学"软"技术、教学技艺的开发和应用，注重教育科研与教育教学工作的结合度与贡献度，建立了比较完备的学校教科研工作体系，通过教师教科研行为转型工程的推进以及校级教育教学研究工作制度的施行，通过"学生最优发展模式"、"超课堂教学模式"等重大课题的探索和实践来不断推动学校各项工作向更高层次迈进，不断创新育人观念、方法、手段、载体和机制，进而大大提升学校育人的质量和水平。

2. 民主立校——加强民主管理，丰富师生生活

民主立校是指学校管理应该从业绩关注转型到人文关怀，改变传统教育背景下学校一切的人、事、物、关系、行为都围绕着任务、目标、数据、荣誉、奖项等来运转的过分业绩关注的畸形状态。校长要把师生视作丰富的、灵动的、独特的、多元的生命实体，视作学校的真正主人和发展的坚强依靠，高度尊重并充分关注他们的价值、潜能、作用、行为、动机、需要等，高度重视并大力激发他们的主体性、积极性、主动性和创造性，遵循科学规律和教育审美，创造最优质的时空条件实现师生最充分、个性化的最优发展，并对他们的终身发展和终级幸福产生深刻影响。

学校须坚持依法治校，民主管理，科学决策，建立完善的教代会制度和工会制度，制订健全的学校规章制度，使得学校的各项工作都有法可依，有章可

循,井井有条,让师生员工不仅仅是学校重大事项、规章制度等的被动审议者、表决者和执行者,更是各项事务、方案、制度的主动发起者、建议者和制订者,是学校各项工作的决策者、评议者、监督者,真正体现他们的主体地位。此外,学校积极创建书香校园,努力打造精品校园文学,还十分重视校园媒体、社团、活动等文化媒质的建设,力求其丰富性、人文性、新颖性和多元性,让师生生活在一个鲜活的、有智慧、有深度的世界里。

3. 文化立校——注重文化引领,熔铸人文精神

办学之道,教师为基,管理为架,文化为魂。文化立校是指要根据学校内外环境的变化适时将适切的文化特质渗透到包容了学校物质环境、精神环境、管理制度、人际关系、教育活动、教育教学模式在内的综合性学习共同体中,使学校文化系统的各个部分、各个层面、各个形态都发生质的变化,焕发出全新的光彩,拓展优质教育的丰富内涵,为师生提供一个基于可持续发展生态意义的校园生活背景,大大提升学校生活品质和师生生命质量。

镇海中学办学历史悠久,文化积淀深厚,如何将优秀的校园文化转化为学校文化力、发展力,如何将学校的办学层次从工程办学、制度办学上升到文化办学一直是我们认真思考和努力探索的重大问题。我们明确提出了"立足现代教育、弘扬传统文化、熔铸人文精神、培育世界公民"的办学理念,依托课题研究,我们择取了"人文、和谐、自主"三项文化特质深刻引领学校内涵发展,全面更新、改造和提升镇中学校文化。在文化特质的实践解读中我们以创造人文精神深厚、文化品位高尚的学校生活,创造合规律、合审美的学校生活,创造一种主体意识强烈、创新氛围浓厚的学校生活为三条实践主线,创造性地运用了"模块化"策略,以模块为研究和行动单位,创建了模块层级和模块链,在多层级、多序列、多向度的模块生态交互和有机整合中初步形成一个新质的文化实体。学校的教育教学工作因而也扎根在深厚的文化积淀和理论底蕴上,拥有了一个较为深广的人文背景。

4. 特色立校——推进开放创新,打造特色精品

学校特色建设在当前时代背景和教育背景下具有重要的现实意义,高中新课程呼唤学校特色和教育品质并为此创造了良好的课程环境,提供了相应的精神理念和课程结构。学校特色可以是单一的也可以是整体的、系统的,每一所学校其实都能找到自己的卓越领域,从而更好地满足学生和社会公众对高品质、个性化、差异化、丰富多样、可选择性强的学校教育越来越强烈的要求,同时确保学校在日益激烈的办学竞争中生存、发展与卓越。

伴随新课程的推进，镇海中学提出了"品质教育"的概念，这应该并且可以成为高中新课程下学校发展的教育哲学、办学追求和办学特色。品质教育重在创造和谐教育生态，重在实现师生高水平差异发展。品质教育可以通过打造品质理念、品质管理、品质课程、品质教学、品质文化、品质景观、品质教育科研等形成品质教育体系，进而凸现学校发展特色，成就学校品牌。

特色源于开放。学校创建特色应怀有"立足共赢、海纳百川、有容乃大"的学习者姿态，请进来、走出去，不断加强校际交流、国际交流、与高校的对接交流。在发展咨询、专业引领、师资培训、课题研究、资源共享等方面开展深层次的合作交流。同时，学校还可以大力组织师生积极参加各种形式的社会实践、比赛竞争、考察学习，在比较中树立信心，找出差距，在交流中融通信息，共同进步，不断开阔师生视野，提高办学行为的开放度。

特色源于创新。学校应立足创新谋发展，营造浓厚的创新氛围，激发创新活力，各部门、各位教师都能自觉地结合自身岗位特点创造性地开展工作，提高效率和效能。要不断推进管理创新、教学创新和德育创新，努力探索和实践多种具有较高科学含量和实际效能的方法、手段、机制、技术和模式。

5. 和谐立校——促进校园和谐，建设一流学校

和谐既是一种境界，一种文化，更是一种责任，一流的学校必定是高水平的和谐校园，首先要培养和谐的人。和谐立校就是指以"和谐"为关键词和新的思维视角统领学校各项工作，重新梳理学校的各个系统、各种关系，将其置于一种基于合规律的爽心悦目的平衡状态，让学校生活远离粗放、简单、机械、刚性，追求精致的、审美的、爽心悦目的、温暖的、能给人无限想象、享受和怀恋的校园生活形态。

在和谐校园建设过程中，要坚持以人为本，正确认识和处理学校改革、发展、稳定的关系，在保证学校教学质量、办学水平稳步提高的基础上，抓住新一轮课程改革和素质教育深入推进的契机，继承和发扬学校优良的办学传统和育人经验，大胆修正一切不合理的、有悖现代教育规律的制度和做法，全面深化学校教育教学改革、课程改革和管理创新，树立新的质量观、教师观、学生观，积极探索有利于培养优秀创新型人才的独特模式，主动改进学校发展模式，促进学校规模、结构、质量、效益协调发展，促进广大师生的全面、协调、可持续发展，让不同类型的师生在学校都得到较为充分的发展。

"崇尚和谐、追求卓越"是镇海中学个性化学校精神的重要内容,也体现了学校与众不同的精神气质。学校采取各种方式与载体使人与物质环境、校园人际关系、教师工作制度、教育教学模式等达到了一种校本意义上的和谐,不仅生发了巨大的教育教学合力、教育意义和文化力量,并形成了和衷共济、内和外顺、协调发展的崭新局面。镇海中学教育教学模式的成功来自于各自系统的和谐性,来自于我们深入考察多方因素寻求学生整体发展、传统课堂教学与网络在线教学和谐平衡、科学与人文相融共生的心向与努力,这些探索性工作进一步明晰、深刻了镇海中学在育人、教学等方面所追求的"重基础、重能力、重创新、重全面"以及"严谨不失活泼、放而不乱、抓而不死、管而不僵、新而不浮"的风格。

(五)五大实现路径

围绕品质教育"促进学生高水平差异发展"的主要目标,我们从资源、师资、课程、教学、管理这五项学校办学行为中的主要工作规划了相应的实践路径。本节对其进行了总体界说,更为具体的内容参见实践篇的相关章节。

1. 资源创新——积极推进开放办学,大力拓展教育教学资源

丰富优质的教育教学资源对于开阔学生视野、拓宽知识面以及激发创新意识、学习热情方面意义重大,也是高质量实施高中新课程的重要条件。近年来,学校以"立足共赢、海纳百川、有容乃大"的学习者姿态,请进来、走出去,加强校际交流、国际交流、与高校的对接交流,组织师生积极参加各种形式的社会实践、比赛竞争、考察学习,在比较中树立信心,找出差距,在交流中融通信息,共同进步,不断开阔师生视野,提高办学行为的开放度。同时,通过引入收费资源网站、收费资源系统,通过增加图书音像资料的征订,通过学科资料系统化建设,通过经常性开设专题论坛、定期举办校园百家讲坛、建立专家工作站、名校交流等形式主动扩展、丰富、优化学校的教育教学资源,有力地提升育人层次和品位。近几年来,我们为了满足部分学有余力的学生的需要,除在校内建立学生物理研究性实验室供学生课外自主做各种物理实验外,还积极与宁波大学、浙江工业大学、浙江大学、复旦大学、北京大学等高校联系,一方面请这些高校教授为学校部分学生开设讲座,另一方面组织部分学生到这些大学的实验室进行实验操作培训等,让部分优秀学生在高中阶段就能接触一些自己感兴趣的大学内容,在满足他们追求新知的同时,进一步激发他们的求知欲、创造欲。

2. 师资建设创新——关注教师全面素质提升，重构新课程下教研组和教师评价体系

学校、学生的差异发展最终是要通过教师的课程实施来实现的，因而教师的差异发展，教师专长的发挥、个性的张扬、风格的凝练在新课程中也就显得格外重要，可以说，教师是高中新课程的第一资源。为了促成教师的高水平差异发展，首先，我们已经启动骨干教师教育技艺专题培训班，我们的目标是使学校45周岁以下中青年教师普遍接受一次教育科学研究方法、信息技术与学科整合、教育心理学、校本课程开发等课程的相当于教育硕士深度的系统培训，切实提高包括教育科研、教学设计、信息技术整合、课程开发等在内的教育教学技艺水平，这类高端培训将使教师的差异发展获得深厚的底蕴和较高的起点。其次，我们实施教师教育科研行为转型工程、校级课题研究工作制度、校本课程建设制度、教研组"科研带头人"制度等为教师规划了可以发挥专长、提升自我的多样化路径。再次，我们开展科研兴教先进个人、成长最快的青年教师、最佳课堂教学创新奖、最受学生欢迎教师、最佳读书奖等多样化、个性化的评比为教师创设职业生涯的"关键事件"，搭建展示个性才华的平台。同时，我们提出了"镇海中学教师素质教育"的概念，即教师的校本培训、继续教育等教师校本发展走"素质"之路，不仅仅着眼于新课程的通识培训、课程开发能力、学生研究性学习指导能力等教育教学和专业知识层面，而是更多地关注教师全面素质的提升，包括教师的人文素养、科技素养、心理健康能力以及能够提高教师职业生命质量和生活质量的知识与能力，更多地关注他们的态度、情感、价值观。

新课程拓展了学校办学目标，提出新教学理念，构建了新的课程结构，要求新的教学方式和学习方式，由此导致教研组和教师职能的拓展和变化。教师在搞好本学科教学同时，还要承担综合实践活动指导、学生选课指导、教学班管理以及校本课程开发实施等工作。原有评价体系导致评价不全面、不科学、不公正，不能很好地满足新课程实施的需要。为此，我们出台了新的《镇海中学教研组考核细则》，教研组的考核分共性和个性两个评价体系。共性评价体系包括教研组建设、业务比赛、教学常规、教研活动、教学质量、教学研究、日常工作、教育教学改革等内容。个性评价体系包含的内容有校本课程建设、新课程公开课、新课程专题讲座、科技节活动、新课程特色建设、艺术节活动、超前申请学分实验活动、读书节活动、优化学生作业实验活动、个性化人才培养、选修课程指导和管理、新课程临时任务等，共性与个

性相结合的评价体系拓宽教研组高水平差异发展的空间，而教研组作为提升教师实践智慧的重要阵地，将直接对教师的高水平差异发展产生积极影响。

3. 课程创新——实现从"封闭统一被选"课程到"开放多元自选"课程的跨越

高中新课程的课程设置体现了较传统课程大得多的弹性、选择性和开放性，必修课程之外的选修课程及相对应的走班教学是新课程区别于老课程的一大亮点。正如课改专家指出的："学生选课是教育进步的标志，学生选课是课改成败的关键！"开设好多样化选修课程、实行走班教学是培养学生个性特长和兴趣爱好的需要，是贯彻实施新课程选择性理念的具体体现。

我们以实施高中新课程为契机，努力优化课程结构，最大限度地满足学生丰富、多元的课程需要，不断激发学生的学习热情和学习兴趣。我们不仅让学生根据自己的兴趣爱好和学习能力自主选择选修 IB 模块，开足开好所有模块，而且积极创新校本选修课程建设模式，学校结合自身的资源条件、价值取向开发出若干门科学规范、质量较高的校本课程，学生在这些课程范畴内能最大限度地实现自由选修，满足自身课程需求，获得相应学分，促进个性化成长。此外，我们充分尊重学生必修领域中的选择权，促进学生兴趣、特长发展。选修课程建设给学校带来了一股丰富、多元、开放、民主、自由、平等的清新之风，这些文化特质是传统课程背景下学校教育中所缺失或欠缺的，它们背后凸现的是现代教育以人为本的核心理念，也就是充分尊重并帮助人的个性发展和自我实现。

综合实践活动是本次高中新课改一门全新的课程，包括研究性学习、社会实践、社区服务三个方面，研究性学习课程的设置是为了让学生掌握基本的研究规律和科学方法，培养学生的科学思维、科学精神和研究能力，更概括一点说是为了培养学生的思辨能力，社会实践和社区服务则重在锻炼学生的知识应用和实践创作能力，这些对创新高中教育人才培养模式、实现学生高水平差异发展意义重大。

学校从 2001 年实施全校性的研究性学习活动，几年来，从学科小论文、小课题研究到规范的研究性学习活动，从个别老师的参与，到一个年级任课老师的全员参与，到研究性学习教研组的成立与动员全校参与，学校的研究性学习在规范化、专业化、综合化方面取得了显著成绩，学生课题成果在省、市评比中屡获佳绩，并形成了"五维一体"运行机制。在社会实践和社区服务方面,我们将这项工作与研究性学习、学生社团、校本课程等进行优化整合和拓展,进一步丰富了载体、平台、方式和方法,形成了合力,提高了质量和效率,并打造了一批有影响的品牌。如省、市内第一家挂牌的慈善总会校园工作站"爱的"慈善工作站,学校精神文明建设中的重要力量——镇中校园义工队等。

4. 教学创新——实现从"低效一维"教学到"高效三维"教学的跨越

由于深受传统教育的影响,当前的课堂教学中依然存在与新课程不相匹配的教学生态,主要表现在四个方面:一是学科教学目标上只注重知识与技能,而缺乏过程和方法,特别是缺乏情感态度价值观方面的引导,三维教学目标没有得到很好的落实,教学效率低下;二是注重运用传统的教学方式来组织实施课堂教学,而缺乏探索和运用适合新课程的多样化教学方式(探究教学、协作教学、自主学习等)来实施新课程,导致出现"穿新鞋走老路"的现象;三是注重课堂教学的预设性设计,而缺乏非预设性应变策略,课堂注重教师的主导过程,而缺乏师生间交互协作,注重教学资源的沿袭运用,而缺乏资源的批判性运用和拓展创新;四是对新课程学科教学要求把握不准,教学内容"深挖广拓",学生难以掌握。

高中新课程是一场深刻的教学变革,新课程理念、新课程实施方案主要是通过课堂教学得以落实和体现。新课程使学科教学目标发生深刻变化,教学要更多地体现出多维性、层次性、多样性,要更加注重学生个体在认知、情感、态度和价值观等方面的个性化发展,要求学生学会学习与反思,为学生终身发展打下基础。为了有效防止和克服"低效教学"、"无效教学"甚至是"负效教学"现象,近几年我们在进一步优化教学过程,减轻学生课业负担,实施教学内涵发展方面,进行了一些有益的探索,具体有以下几个方面:严格控制学生在校整体授课时间,强化学生自主学习;教师加强学习,把握学科教学要求,提高教学驾驭能力;探索实施多样化教学方式,提高课堂教学效率;根据学生实际优化学生作业,实施学生作业有效化;强化学习所需良好思维素质的训练,促进教学内涵挖掘;建立多通道的教学反馈途径,提高作业批改质量;规范教学评价考试,充分发挥考试评价功能;加强团结协作,充分发挥整体功能;注重人文关怀,增加对学生的情感投入。

5. 管理创新——实现从"刚性管理"到"弹性管理"乃至"管理自觉"的跨越

现行的学校教育教学管理大多仍停留在传统的"刚性管理"层面上,这种管理模式的弊端主要体现在三个方面：典型的业绩导向，缺失人文关怀；机械地求同求稳，压抑个体创新；量化的制度规范，难以约束细节。这与今天所倡导的以人为本、追求创新、发展差异的时代主题和新课程理念难免显得格格不入。高中新课程需要重建一个基于新课程理论指引和价值取向的能够最大程度保障新课程高效实施的学校管理体系。尤其是对于已经具有一定发展水平的学校来说，个性的凸现可能是学校管理者更需要加以关注并重点努力的，也就是要通过管理找到培养和打造学生个性、教师个性、学校个性的最佳途径，以适应不断变革和高度不确定的新的竞争环境。为此，近年来我们引入了"弹性"管理理念——一种对"稳定和变化"同时进行管理的战略，将规范化管理和个性化管理有机结合起来。可以说，弹性管理是现阶段体现个性化管理最适合的一种方法。它要求管理者通过一定的管理手段，使管理对象在一定条件的约束下，具有一定的自我调整、自我选择、自我管理的余地和适应环境变化的余地。"弹性"的本质是不搞一刀切，充分尊重某人某时某事某地的特殊性，达到"和而不同"的境界。在具体实践中，我们设计并实施了多种以弹性为修饰词的制度或机制，如弹性作业、弹性坐班制、弹性课堂、超前申请模块学分的弹性学分制等。

在进一步对硬性管理、弹性管理批判与反思基础上，我们提出了"管理自觉"的概念。管理自觉是指在充分把握管理规律、充分认识和尊重人性的基础上，一种注重精神、价值、道德引领，善于帮助人们达到自我实现的管理境界。其主要特点包括：①对管理规律的充分把握。能够找到一种既适合学校发展又适合人的发展的管理方式。②对人性及其基本心理需求的深刻理解。③在管理方式上强调尊重、信任、激励、正面评价。

当代镇中管理自觉的要义是：①注重精神追求；②强调价值引领；③尊重个体差异；④倡导自主选择；⑤提倡和谐生态；⑥承受积极孤独；⑦学会漫长等待。管理自觉的四种形式是：①自我管理；②弹性管理；③价值共同体建设；④和谐教育生态的营造。

第二部分　行动篇

第三章　环境个性化：得天独厚，人文和谐

　　镇海中学的环境资源，可以说是既富有的又是贫乏的。说它富有，是因为它拥有得天独厚、别具一格、人文和谐的校园物质景观环境和校园心理环境。说它贫乏，是因为它地处滨海小城，远离中心城区，不具备或缺少中心城市所集聚的各种优越的软、硬环境资源。在个性化校园建设过程中，学校"扬长补短"，在深度开发、充分实现优势环境资源教育价值的同时，有机整合、优化拓展、高效利用种种优质教育资源，为学生的个性化成长营造广阔的时空。

一、校园景观环境的保护开发

　　作为学生在三年高中生活和教师工作期间必须长时间置身的一个物质背景，校园物质环境建设是镇海中学倡导的"个性化校园"、"品质教育"的有机组成和直接体现。如何"保值增值"历史赋予的得天独厚的宝贵财富使之发挥更大效用，如何在校园物质景观环境建设中凸现人文、和谐、生态，如何让师生在与物质环境持续的紧密联系中获得对物质环境本身及其蕴涵的更为丰富的背景信息的感知，等等，这些问题就成了学校个性化校园建设和品质教育打造过程中着力探索和实践的一项重要课题。

（一）人文历史遗迹教育价值的深度发掘

　　物质景观是人们在大地上展示自身的审美趣味、价值趋向、个性特征而留下的痕迹。镇海中学前身至少可以追溯到清乾隆八年（1743）的蛟川书院，可谓源远流长，人文积淀十分深厚。而镇海一地又素有"海天雄镇"之誉，历史上多次英勇抗击外来侵略，其特殊的地理位置养成了其独立开放的城市心态。故学校在重建校舍时首先考虑将这些宝贵因素有形化，使学校建筑清晰地打

上传统和地域的印迹。校园内保存了一批抗倭、抗英、抗法、抗日及解放战争时期的历史遗迹，学校拨专款进行了全面修复，形成了时间跨度千余年，内容较为丰富齐全的校内德育基地，作为对青少年进行爱国主义教育的活教材，成为"全国青少年教育基地"和"浙江省爱国主义教育基地"重要组成部分。校园内现有海防遗迹、爱国主义教育基地 13 处，其中泮池、吴公记功碑亭、都督俞公亭 3 处被列为全国文物保护单位。此外学校还开发修建了校园人文历史景观有 28 处，打造了一个独具特色的、人文历史底蕴丰厚、融古朴与现代为一体的校园景观环境。

今天的景观是过去社会文化的积淀，它"恰似一座储藏丰富的档案库，又如一幅色彩错综的拼合板，其间有不同的历史层次，有过去时代可触知的信息。"镇中 20 世纪铸就的校园景观所蕴涵的信息是相当丰富的，至少涉及四个方面：一是爱国主义、民族精神；二是博大精深的中华文化的流风遗韵，书法、古建筑、碑刻、对联、古诗词等中国传统优秀文化样式在镇中的校园景观里表现得具体而生动，朱熹讲学的梓荫阁、孔庙大成殿等遗迹增加了校园文化的纵深感和历史厚度；三是爱国爱乡爱校的赤子情怀，"富的廊"以及由傅在源先生捐建的体艺馆、图书电教大楼体现了一个爱国侨胞的赤诚中国心和致力于家乡教育事业、造福后代的博大胸怀；四是镇中悠远的历史渊源和艰辛而辉煌的办学历程，这方面学宫遗址、星光灿烂奖匾墙、郭沫若题词、校史陈列馆可为代表。

从文化学的角度来看，校园物质景观是一种特殊的文本，它集中反映了一个国家文化价值观念的主流，尤其反映了学校的办学理念、教育目的的价值取向。因此，校园物质景观可以称之为"教育表达式"。既然是一种表达式，那么它的奥秘就需要学生去解读，去体味。学生在对景观进行反复解读与体味中，不断塑造了自身，形成相应的文化价值观念，拓展了自身的生活视野。学生的大部分行为方式，就是在校园物质景观这个"模子"里模塑出来的。故而我们在校园文化建设中特别注重采取多种形式、多种方法促进学生的这种景观文化解读、文化感悟。首先，高一新生进入镇海中学的第一课就是在军训时瞻仰学校的人文历史遗迹、了解遗迹背后的事实，政教处于学年中期还进行爱国主义教育基地知识竞赛。其次，在每届学生中开展以校园人文历史遗迹为主题的演讲比赛、征文比赛、美术创作比赛、摄影大赛、歌咏大赛，去年开始又新增加了网页制作大赛、校园景观图像处理大赛等。再次，由教务处、政教处、团委牵头，有关学科教师组织学生通过研究性课题对学校人文历史遗迹的美学、文学、艺术等方面展开深入研究，如语文组开展了《镇海中学校园古迹的楹联艺术》，一些学生在美术教师的指导下对"镇海中学校园景观中的碑刻艺术"也作了深入的探索。

在个性化校园建设的研究和实践过程中，我们历时一年精心编撰了《镇海中学校园问典》。《校园问典》由镇海中学资深教师和地方志专家共同编撰，整理划分出 32 处校园古迹文物及现代景点并进行了系统梳理，分为"长河溯源"、"史迹留芳"、"英气云归"、"故园华踪"、"盛世记胜"五卷，以景说事，既有对学校办学渊源、办学历程的追踪，也有对学校近年来屡创屡高的办学业绩的回顾与展望，既对历史名人、海防将士的事迹作了翔实生动的展示，也对侨胞傅在源先生多年来情系桑梓、助学镇中的情怀和善举作了注解，堪称一本内容丰富、条目繁多的校园辞典。每一则问典都引经据典、史料翔实、图文并茂，在完整解析典故的同时充分蕴现了古文字、书法、碑刻、古建筑等的艺术美。书稿独具特色的整体美术设计风格也洋溢着浓厚的人文历史气息，具有极强的阅读欣赏和收藏价值。师生们普遍反映这样的思想道德教育和人文历史教育形式新颖、内容生动、感染力强、能深深打动人心。

高中新课程实施以来，我们还开发了《校园中的碑刻艺术》、《校园植物的分类与养护》等多门校本课程，收效明显。如被评为宁波市第二批优秀校本课程的《解读镇中 认识镇海》，就是在系统梳理镇中百年发展史和镇海优秀地域文化基础上，整理出镇中概况、镇中文化、镇海区域概况、镇海院士文化、海防文化、宁波帮文化等几个相对独立的板块，并采用讲授、实地考察、研究性学习、观看视频等多样化教学方式使学生对学校及镇海区的历史脉络、文化特色、发展图景等有比较系统完整的认知，进而培养学生爱校爱乡的浓烈情感，强化他们的"镇中意识"。

【案例3—1】《知我镇海 爱我镇中》课程纲要

一、基本项目

1. 课程名称：知我镇海 爱我镇中
2. 开发教师：朱道初、王梁等
3. 教学材料：教材拓展、改编、自编
4. 课程类型：拓展性校本课程（限定选修或自由选修）
5. 授课时间：每学年的第二学期，每周一节，总课时在 18 节左右。根据情况可以择其精要集中在一个学年教学，也可以根据教材系列顺次在三个学年中开展教学。

6. 授课对象：可以是全体学生统一学习，也可以是部分学生选修。

二、具体内容

[课程背景]

《知我镇海 爱我镇中》校本课程开发建设的大背景是高中新课程对校本课程提出了新的要求。开发动因首先在于镇海和镇中具有丰富而独特的教育价值和文化意义，并已在多年办学过程中积累了丰富的资料，值得深度开发利用。本课程开发的第二个动因是我们在教育教学实践中发现相当数量学生对镇海中学、镇海区的特色文化的了解非常有限（特别是那些区外学生），很多人三年高中毕业以后连学校的创建年月都不甚清楚，故而也没有相应的认同感、归属感、感恩心理和镇中意识。

[课程目标]

根据科学性、现实性、完备性的原则，我们认为该校本课程开发的目标既要遵循教育发展规律，又要符合学生成长规律；既要重视学生的需求，又要顾及实现目标需要的现实可能性；既要有本校的个性特点，又要切合国家基础教育的根本方针。为此，本课程的开发和建设旨在：

总目标：培养和提升学生对家乡镇海、母校镇中的认知度、认同感，强化他们与学校文化、学校精神的血脉联系，培育他们爱校爱乡爱国的情感与情怀，帮助学生树立起真切的"镇中意识"。

具体目标：

（一）在知识与能力上

1. 通过阅读与主题相关的信息资料，进一步激发并加强学生对镇海和镇中发展的历史与特点的感性认识。

2. 引导学生正确认识个人、学校和区域之间相互依存的关系，提高分析问题和解决问题的能力。

（二）在过程与方法上

1. 学会通过多种方式和途径，主动而有效地搜集与课程有关的信息。

2. 积极参加有关社团活动，善于表达自己的观点，并与他人有效沟通。

3. 正确选择有益于和谐校园文化建设的学习和生活方式，并付诸行动。

（三）在情感、态度与价值观上

1. 培养学生热爱学校、热爱家乡的习惯和能力，认识并重视人与人、人与社会、人与自然之间的和谐关系，学会关爱自我、关爱集体、关爱母校、关爱镇海、关爱自然。

2. 鼓励学生从现在做起,从身边做起,营造美好和谐的校园学习和生活氛围,成为镇中精神的拥护者、宣传者、倡导者、实践者、建设者。

3. 在学习的过程中,提高学生之间的合作意识,培养自我反思的能力。利用在学习、研究过程中获得的亲身探索实践经验,进一步激发学生的学习兴趣,充分发掘学生的个性潜能,促进学生个性发展,培养创新精神和创造才能,为学生的终身发展奠定基础。

[课程内容与课时安排]

《知我镇海　爱我镇中》校本课程是学校依托镇海本地区的自然和人文环境,结合学生生活实际而开发的,融知识性、针对性、时代性、趣味性和实践性于一体,是对学生进行爱校、爱乡教育的好素材。

校本课程实施教材以"知我镇海,爱我镇中"为中心主题,向纵横方向拓展。纵,指"文本"、"探究"、"拓展"、"活动"各个环节;横,指大小板块,如校园文化版块、中外语言文学版块、人文社会版块、数学版块、自然科学版块、学科史版块、艺术体育版块、地方经济版块、计算机教育版块等,这些板块分别组合起来成为"知"和"爱"的教学材料的附件。每个单元和篇章都设计有供学生作探究性学习的"探索性问题"、"活动安排"、"拓展性阅读"等环节,旨在使学生成为真正的学习的主人。

教材内容共分三册,分别适用于高一、二、三年级学生。

(一)"镇海中学校本课程讲义第一册"

(适合高一年级使用,2007年年初推出,并列入课表,按照计划在高一年级正式进行教学。)

该册其主要内容是校内遗存的文化资料,有介绍校友张困斋烈士、柔石烈士、朱枫烈士的事迹,裕谦、林则徐、龚振麟、吴杰等在镇海抵抗外国侵略者的业绩,还有关于镇海区地理地貌的介绍,强身健康的训练资料等。

第一章　镇海中学简史

第二章　艺术·历史·校园(①建筑鉴赏　②碑刻鉴赏　③牌楼鉴赏④书法鉴赏　⑤文人雅集鉴赏　⑥雕塑鉴赏)

第三章　"永不消逝的电波"——为解放事业壮烈献身的校友张困斋

第四章　情柔似水　志坚如石——现代小说家、革命烈士柔石

第五章　枫叶飘落在台湾——纪念中国民主革命女烈士朱枫

第六章　泮池尽节 以死报国——记鸦片战争保卫镇海的两江总督裕谦

第七章　制造利炮坚舰震敌胆——介绍 19 世纪著名军械革新家龚振麟的业绩

第八章　威震镇海口的抗法名将吴杰

第九章　满怀抗敌志　一腔忧国情——林则徐在镇海防务的日子里

（二）"镇海中学校本课程讲义第二册"

（适合高二年级使用，2007 年寒假推出，并列入课表，按照计划在高二年级正式进行教学。）

第二册比较多地选录学校有关学科文化方面的论述，如有关中学数学中的文化，生活中的物理，成语与哲学等；同时以较大的篇幅介绍镇海商帮和镇海籍两院院士的材料，后者显然带有浓重的乡土色彩，对于激励学生爱国爱乡、奋身投入发展祖国经济和科学的事业有一定的作用。

（三）"镇海中学校本课程讲义第三册"

（适合高三年级使用，2008 年暑假推出，并列入课表，按照计划在高三年级正式进行教学。）

1. 第一章　镇海县区沿革史

2. 第二章　镇海的形胜和物产

蛟川形胜赋

蛟川物产五十咏

唤鸠岙毙虎记

部分野生动物简介

3. 第三章　镇海抗倭及相关海防历史记述

抗倭历史记述

宝顺轮始末

贝氏兄弟

散文二篇

4. 第四章　镇海商帮（续）

叶澄衷、戴显运、傅昌顺、汪显述、陈协中、陈薰昆仲、盛炳纪、朱忠煜、李容、邵逸夫

5. 第五章　镇海儒学

沈焕、黄震、盛炳炜

6. 第六章蛟川书院的有关记述

课时具体安排：这门课程一般安排在每学年的第二学期，每周一次课，学期总课时约为 18 个。

[课程组织形式和活动方式]

本课程实施主要组织方式是以班级群体为单位,同时根据活动内容和性质变化,以年级或者几个班的联合为单位,甚至全校一起开展。

本课程主要采用课堂讲授、实地考察、研究性学习、观看视频等多样化、具体化的活动方式,采用互联网、多媒体课件、录像资料、教学模型等多种教学工具和手段。

[课程评价]

本课程评价采用学分制和多元考核评价方式,体现过程性评价和终结性评价、自我评价和他人评价、定性和定量的统一。鼓励教师在过程反思中不断补充、丰富、完善课程内容。

1. 教师评价。对本课程授课教师的评价与考核主要由教务处执行,教务处将通过听课、查阅资料、调查访问等形式,对教师进行考核,并记入业务档案。考评的重点是:一看学生选择该科的人数,二看学生实际接受的效果,三看领导与教师听课后的反映,四看学生问卷调查的结果。

2. 学生评价。学生评价主要由授课教师和学习伙伴执行。授课教师可以根据课程特点、学生规模等因素选择多样化的考核评价方式。对学生评价主要是三看:一看学生学习该课程的学时总量,作好考勤记录。二看学生在学习过程中的表现,如学习态度、积极性、参与情况等,可分为"优秀、良好、一般、较差"等形式记录在案,作为"优秀学生"的评比条件。三看学生学习的成果,学生成果可通过实践操作、作品鉴定、竞赛、评比、汇报演出等形式展示,成绩优秀者可将其成果记入学生学籍档案内。

三、教学参考资料

《镇海中学九十简史》(校编读物,2001年)

《梓荫风采》(校编读物,2001年)

《镇海中学校园问典》(校编读物,2004年)

《硕德清芬》(校编读物,2002年)

《梓荫胜景》(校编读物,2008年)

《打造优质教育精品　创办全国一流名校》(校编读物,2007年)

《镇海籍宁波帮人士》(中国文史出版社,2007年版)

《人文庄市》(中国文史出版社,2007年版)

《甬籍院士风采录》(浙江大学出版社,2002年版)

（二）校园新建景观的人文生态取向

近年来，我们借个性化校园建设的东风，对原本已经十分精致的校园景观环境进行了修整，增设了新景点，注入了新的文化意蕴和时代精神。一方面，我们把学校入口两边绿化景观布局作了合理调整，将学校主干道边的树木往两侧花圃移植，改变了由于道边树木挤压给人的压抑感、狭小感，使得视野更为开阔，象征着新世纪的镇中和镇中人更为宽广、开放、博大的胸襟和眼界。另一方面，我们锦上添花般地修建了新景点，布置了若干精致的文化小品，新景点包括蛟川书院古牌楼、尊师亭、光霁亭，这三个景点都意蕴深厚。古蛟川书院为镇海中学的前身，重立古牌楼是对学校文化之根的追寻。尊师亭由校友捐建，"辛勤耕耘九十载，桃李芬芳育英才"、"金榜闪烁三千士、辛勤汗水九十春"，镌刻于亭上的这两副对联概括了镇中教师的卓越功绩，也表达了学子对师长的真挚敬意，是镇中和谐师生关系的一个物质符号。"光霁亭"中的"光霁"两字即光风霁月，寓意镇中人政治清明、人品高洁、前景广阔灿烂。文化小品包括主题雕塑"思"和缀于绿草丛中的四块启智石"思""慎独""诚信"、"学习"，以"思"为主题的雕塑和石刻时时无声告诫镇中人"思则进，不思则退"，要勇于思考，善于思考，"诚信"、"慎独"则与当前强调的公民道德建设和未成年人思想道德建设合拍，呼吁学生要树立良好的道德意识，具备健全的公民道德品质，"学习"提醒所有镇中人要珍惜时间、热爱学习、善于学习、终身学习，也表明镇中创建学习型组织的强烈心向和共同愿景。新校园景观中的人文价值取向十分明朗。

（三）校园物质景观中的"和谐"意蕴

学校个性化校园"和谐"特质的实践解读主要是将学校的各个系统、各种关系置于一种基于合规律的爽心悦目的平衡状态，成为精致的、审美的、爽心悦目的、温暖的、能给人无限想象和享受的。学校物质环境（包括景观环境与设备设施环境）是学生在三年高中生活中和教师工作期间必须长时间置身的一个物质背景。学生在与物质环境持续的紧密联系中获得对物质环境本身及其蕴涵的更为丰富的背景信息的感知，而且这个过程是通过潜移默化和内隐体验的方式完成的。当学生与校园物质环境达到一种程度较高的和谐时，他便获得了美感，提高了审美能力，在美的愉悦中激发了热情，丰富了情感，净化了灵魂。一套与这个学校相关的物质形象实体和抽象符号体系便逐渐在师生的头脑中形成、定格，最终浓缩为他们精神世界里永恒的亮点，那是对这个学校认同和归属情感中的重要的一块。

1. 人与人文历史景观环境的和谐

走进镇海中学,学校的大门古朴典雅,校名由郭沫若题写;从正大门望去,中西合璧的校园建筑掩映在雪松、金桂、蔷薇、香樟、翠柏、草坪之中,令人赞叹的是,古典的庄重与现代的飘逸融合得如此和谐与恬美。沿途石径交错,花木吐香,一年四季,春色长驻,环境极为幽雅清静。这里建筑群的主轴是大成殿、杏坛、大成门和泮水。大成殿不仅是儒学的圣地,留下了全祖望、俞樾等著名学者的足迹,还是几次战役的指挥中心;泮水池为清代两江总督、钦差大臣裕谦抗英兵败投水殉国处。东侧校园内有座小山名曰"梓荫",意为"梓材荫泽",山顶古色古香的梓荫阁可鸟瞰整个校园;西北麓为林则徐纪念堂,其旧址是蛟川书院,当年林则徐在虎门销烟后被迫"戴罪赴浙",在此下榻 34 天。他督修炮台,试制新型铁炮、战船、栉风沐雨,不舍昼夜。西麓为吴公纪功碑亭和炮群实物,这是为纪念清军守备吴杰发炮还击法国军舰、重创"敌酋"法国军舰致其司令孤拔受伤而毙的功绩所设。东北麓为明代抗倭著名将领俞大猷的生祠碑亭,校园内还有摩崖石刻、流芳碑、柔石亭、朱枫烈士纪念楼等文物遗址,观者徘徊缅怀,驻足凝思,常常沉浸在波涛汹涌的历史风云之中,与凝重壮烈的历史律动相回应。

学校的教学楼、实验楼、行政楼等建筑荟萃了古典建筑与现代建筑的长处,融传统与现代特色于一体。体艺馆、图书电教大楼、学生公寓、食堂等大型建筑基本上呈现了现代气息,但色调、檐顶、材质等的巧妙处理又使其处于相对的和谐之中,表征了一种基于传统之上的现代感的延伸。就校园环境的整体效果而言,经过多年的精雕细琢,近几年又对校园绿化布局作了比较大的调整。如今的镇中校园,以梓荫河为界,河南的建筑基本上呈中轴对称状分布,历史在这里沉积,河北则矗立着几幢大型建筑,现代感在此飞扬。加上秀山绿水,亭台楼阁,馆殿廊所,小桥流水,飞鸟游鱼,近 50% 的绿地覆盖率,别出心裁的花草树木组合。穿行于绿荫缤纷的校园内,中华文化的流风遗韵随处可寻,中国近代史上悲壮英勇的抗争史迹随处可见,而强烈的现代气息也跃然其间。

学校中人与物质景观环境的和谐就在于师生所处的景观环境富有教育意义、富有文化滋养的功能而师生也怀有对景观环境的喜爱、珍惜、自豪之心,师生常常在优美的校园里阅读、交流、感悟、遐思,整个校园几乎看不到果皮纸屑,十分的整洁,校园内的花草树木更是得到师生的精心呵护,美丽的花朵无人攀折,成熟的果子无人采摘,一任这绝美的风景常驻于眼、常驻于心。

2. 人与现代化设施设备环境的和谐

为了提高学校的现代化程度，近年来学校投巨资对校园的基础设施和硬件设施进行了更新换代。400 米塑胶田径场，国际标准的室内游泳馆，网球场，标准音乐教室，美术创作室，天文馆，价值近 10 万人民币的全套萨克斯乐队装备。占地近 9000 平方米的图书电教大楼，54 座的电子阅览室，更有覆盖全校所有建筑近 1000 个节点的千兆校园网，每个教室都配备先进的多媒体教学系统，教师和创新班学生人手一台高档电脑，全校高档电脑的拥有量超过 700 台。加上原有的功能齐全的体艺馆、闭路电视系统、广播系统，基本上满足了师生员工的文化需要，为他们提供了更广阔的活动空间，特别是在现代意识的树立、现代能力、高科技感悟能力的养成方面，这些具有高度现代化标准的设备设施发挥了无可替代的作用。

投资巨大的现代化设施设备功能在于应用，但在很多学校出现了两个问题：一是应用不充分，造成巨大浪费，并引起师生的质疑；二是应用不适当，导致技术负效应。学校在这两方面都解决得比较好，所有的设施设备都处于高效运转状态，使用率、更新率、折旧率都合度合理。教师积极学习网络技术，运用现代教育技术改进教学，特别是针对网络这把"双刃剑"，针对棘手的未成年人上营业性网吧问题，我们坚持高度的社会责任感和宽广的教育视野，除了出台必要的限制措施外，更以理性的态度，科学整合相关资源，改造了原来利用率较低、功能单一的电子阅览室和网络教室进而开设了校园网吧，为学生营造了优质、文明、绿色的网络时空，提高了学校设备的利用率，赢得了学生和家长的拥护，更赢得了学生的未来。校园网吧开业以来，学生私自上营业性网吧的现象基本绝迹，他们与学校的网络设备及迅速发展的互联网世界达成了一种健康的和谐，学生、教师、家长普遍反映较好。《中国教育报》、《宁波晚报》、《中国精神文明网》等媒体都作了报道。

（四）校园细节环境的发掘利用

细节的重要，犹如测量，常常差之毫厘，谬以千里。如果没有完美的教育细节，就没有宏伟的教育大厦。学校在校园物质景观环境的开发利用中，除了对原有人文历史遗迹教育价值、文化意义的深度开掘，还从细节入手，创设了许多切口小、效果好的"环境育人"的举措。这些举措，和学生的生活、学习紧密相关，能展现学生的风采，留下学生的足迹，促进学生的成长，激发学生内心的认同和需求，让学生在这一精神磁场中潜移默化，让诸如勤学好问、孝敬长辈、真诚合作、奋发向上、谦逊礼让等优秀品质的种子在其灵魂深处扎根，成长为他们以后面对社会的一种自发的精神力量。在这里仅举学校"学子凡语"的开发、"人文寄语"的开发以及"心语心愿墙"的设置为例。

1."学子凡语"的开发

苏霍姆林斯基说过："用环境，用学生自己创造的周围情景，用丰富集体生活的一切东西进行教育，这是教育过程中最微妙的领域之一。"从2005年开始推行的镇中学子凡语就是一种最简约经济却效果显著的细节环境开发举措。我们认识到，中学生到了高中阶段对于生活与学习已经有了一定的认知与感悟能力，也有了一定的语言组织能力，这种思想的火花在学生的随笔作文里或是平时的课堂发言中屡见不鲜。但这种智慧和思想火花却是珍贵而转瞬即逝的，引导得好会让一个人发生质的变化并影响其一生。以前校门口的电子屏幕是做欢迎牌用的，平时基本不用。后来由政教处发起，在学生中征集学子凡语，经过挑选后打在电子屏幕上，让学生在进出校门的一瞬间得到潜移默化的影响。迄今为止已收集到学子凡语8000余条，编成《镇海中学学子凡语》两册。

"我不愿说青春是什么，因为青春是每个人独特的符号，而对于我，青春并不是实现梦想时的喜悦，而在于追寻梦想时所体验的人生百味。"、"梦想是沙漠里的水，永远在你绝望的时候给予你希望。"、"每一个卓越的成就，都来自于一个可以忍受孤寂的灵魂。"、"朋友宛若太阳，在你最失意时，会给你最明媚的阳光。"、"懂得微笑，人才不会在困境中恐惧。懂得给予，人才不会在风雨中孤独。"……以上这些充满哲理和智慧的文字便是学生用自己的文字、自己对生活的真实感悟来充实彼此成长的生活空间。这不仅有利于学生获得成就感和成功的情绪体验，而且同学在阅读他人的"凡语"时，在同龄人、身边人的感悟中得到激发与鼓励，从而影响周边的同学，形成健康向上的精神风貌，最终让校园成为每个学生精神成长的乐园。

【案例3-2】　六千条警句六千朵花

"梦想是我的阳光，奋斗是我的肥料，总有一天我会绚丽地绽放！"4月11日早上，当浙江宁波市镇海中学的学生们踏进校园时，第一眼就看到了在10多平方米的电子屏幕上，显示着高二年级林芸芸同学这条自创警句。

在镇海中学，校门口的电子大屏幕上每天都会显示一条学生原创或改编的"名言警句"，而把生活、学习中的感悟写成简洁、精炼的句子也成了学生们的习惯。"让学生从生活中提炼警句，对他们来说是一种思考，也是一种激励，当然，老师也多了一种和学生沟通的方式。"镇海中学党委书记张咏梅说。

"欢迎牌"废物利用

很多人在学生时代，一定都还记得有这样的情节：班主任让大家每人写一两句生活的感悟，然后把好的、优美的句子抄在黑板报上，成为"每日一句"，而镇海中学则把班级里的"每日一句"推广到了全校。校门口的电子屏幕本来是个"欢迎牌"，平时基本不用。当时，政教处的老师提议，要么写些名言警句，让学生能够熏陶熏陶。这建议一出，大家都觉得不错。后来，有班主任说了，与其写名人的，不如给学生一个平台，把他们自己写的放上去，岂不更好？于是，警句的征集活动在全校广泛开展起来。

学生的警句不比名人差

"多想想自己所拥有的，少抱怨自己所没有的。"这是高二(7)班金海波最近上电子屏幕的一条警句。问他为什么想到这句话，金海波回答得很有趣："我其他条件都不错，就是身高让我很自卑，在班级里甚至有的女生都比我高。我也看到很多同学抱怨自己的先天条件不好。后来，我看了卡耐基的《人性的优点》，收获很大，就写下了那句话提醒自己。"

"我的世界总有一段黑暗的路要走，勇敢前行，我终会在阳光下拥抱一个充实的自己。"这是高二(6)班乐晓辉写的警句。副校长姚宏敏说，很多学生看到这句话时，都深深地被这个家庭贫困学生的坚强和懂事所感动！

"把你的脸迎向阳光，就不会有阴影。"当看到这条警句时，张咏梅说她从中能感受到这个学生是个乐观的人，有阳光的性格。虽然警句只是反映了学生的一个侧面，但老师们可以对学生更加深了解。另外，让张咏梅自豪的是，学生写的警句很有哲理，有些还加入了一些现代元素，显得很前卫。有时候，她不得不佩服：有些警句不比名人的差！

多平台、多形式鼓励学生原创警句

为鼓励学生原创警句，学校在教学楼、教师办公楼、图书馆等显眼处都挂上了与该楼功能相符的学生自创格言；在学校古朴的大门两侧，每隔一两天都会更新两条书写美观的人文寄语；学校还将学生的自创警句活动与语文课结合起来，每学期进行评比……

对镇海中学的学生来说，写警句已经是再熟悉不过的事儿了。从 2005 年起,学校就一直在征集学生的警句。这几年下来,16开、100多页的小册子已经做了两本,共收藏了6000多条学生自创警句。校长吴国平说,祝愿6000条警句成为6000朵青春之花,让每个同学都有自我表达的机会,让他们更自信,心理更健康!(选自《中国中学生报》2008-04D18)

2."人文寄语"的开发

在学校的教学楼、行政楼、教师办公楼、图书馆等场所的显眼处,除了挂有学生自创的格言,还挂贴了与该楼宇功能相符的格言警句。师生在反复接触、品读这些人文寄语时很容易将之深刻地内化到自己的精神世界里。但这些固定的人文寄语覆盖面有限,效用的发挥也只集中在一时,一定程度上造成资源的浪费。学校在2005年推出的动态人文寄语则很好地解决了这些问题。"一只脚踩扁了紫罗兰,它却把香味留在了你的脚上,这就是宽容"、"生如夏花之灿烂,死如秋叶之静美"、"现实是此岸,理想是彼岸,中间隔着湍急的河流,行动则是架在水上的桥梁",在学校古朴的大成门两侧的黑板上,每隔一天都有两条书写美观的人文寄语吸引过往学生的眼球。开始之初,动态人文寄语是由相关职能部门和人文学科教师根据思想性、经典性、艺术性并重的原则,并注意人文寄语的时代性以及与高中生实际生活的切合程度挑选产生,并由学生会宣传部负责设计排版书写。随着学生兴趣和热情渐涨,学校将人文寄语的收集和编写工作分解到每个班级,每班负责一个礼拜,班级学生群策群力,既保证了选语的质量,也培养了学生的主体意识。学生不仅能享受人文精神的滋养,而且也成为校园文化的积极创造者。学校这么一个小小的创意以一种最简约经济的方式让师生们获得了鲜活的精神享受和频率合适的精神按摩。

3."心语心愿墙"的设置

"心语心愿墙"是学校政教处、团委开辟的一块学生与学校沟通交流的平台。学生思想上的困惑、学习生活中的困难、对学校工作的意见和建议、社团活动信息的发布,都可以在这个平台上进行表达。对于学生所反映的情况、提出的问题,学校政教处团委一方面及时回复进行解释疏导,另一方面由学生会收集整理后提供给学校相关职能部门,这样既有利于学生自身权益的维护,也有利于学校工作的改进,有利于和谐校园建设。"心语心愿墙"的开辟得到了学生的热烈响应,不到一周就收集学生的"提案"50多条;校园"民间"刊物《陪唱团》通过在这个平台上的宣传,知名度迅速提升,一度"供不应求";高一、高二年级学生自发在这个平台上为高三学长送高考祝福……"心语心愿墙"的开辟让学生"有地方说话"、"说想说的话"，给了他们一个正常表达意见的渠道，对于校园生活各个环节的有效运转起到了舒筋活血、理气化淤的作用，使得学校的各个方面在沟通中达成了共识。

二、校园心理环境的培育提升

在我们看来，校园心理环境是那些影响师生心理感受、心理体验的学校精神、人际氛围、校园风气等，校园心理环境本身即是一种隐性课程和教育力量。优质的校园心理环境对师生的校园生活质量、身心状态、人格发育均起着不可估量的浸润作用。

（一）和谐人际的搭建

在学校这样一个较大型的集体里，有各种各样不同角色的个体，组合成了各种不同的人际关系，主要包括师生关系、生生关系、在校师生与校友的关系、管理层与教师层的关系等，每一类型关系里又存在千差万别的组合方式与形态。师生的工作、学习、发展成长就在看似纷繁错乱的人际关系网络中得到实现，组织的力量就从人际网络的内部运行中生发开来，不容置疑的是，人际网络的力量是一个组织保持健康生命活力的关键因素，当然这种力量的集中度、作用度、指向度、持续度都取决于这种人际网络能否达到一种较高水平的和谐、平衡。

1. 师生关系的和谐

师生关系无疑是学校里最重要的人际关系，甚至可以说这种关系决定了学校发展的主要方面，决定了其他关系类型的质量。在师生关系结构的两端中，我们认为教师这一端是主要的，他们的思想、言行、精神风貌具有一种对学生的近似于天生的权威影响，这种影响是学生在学校生活里所获得的甚至比学科知识还宝贵的教育内容。一旦学校教师整体或个体的思想、言行、精神风貌得到了学生的信任、认同、接受直至怀有深深的敬意，也就标志着和谐的师生关系已经形成。所以我们在构筑和谐的师生关系时，主要的工作是抓教师，抓教师的外在形象和内在形象建设，提升其高度，提升他们在师生交往中的人际魅力，从而带动学生的成长，提高师生关系的品质。

镇中和谐师生关系的首要基础是教师把学习的自主权还给了学生，冲开了"师道尊严"这道堤坝。教师转变成了教学活动的组织者、指导者，学生是教学活动的参与者、实践者、思考者、创造者。这就意味着教师的职能不仅仅只是传授知识,更主要的是构建平等的师生交往,使学生从师生关系中体验到平等、自由、尊严、宽容、理解、友爱等人性素质。这种开放的、富有人情味的师生关系,表现了对学生充分的尊重,因而也最大程度上扩展了个体上发展的自由度,使师生之间真正形成了地位平等、人格平等的关系。

镇海中学和谐师生关系的基调是"爱、信任和尊重",我们的教师和学生都是同类群体中的佼佼者,这是每位镇中人和社会人士的基本认知,也是学校师生人际结构中基本的心理平衡点。教师信任并尊重学生的能力、品质、潜质及光明的前途,他们相信通过自己的辛勤教学能够促进学生的卓越成长,而且必须不断提高自己的水平以免耽误了这些潜力巨大的学生,在平时的教学和日常生活中他们会主动地倾听学生,采纳他们的意见和建议,流露出一份自然的关爱,因为信任,他们对学生认真教导、严格管理的同时也表现出适度的宽容,管而不死,放而不乱,给学生以充分张扬个性、自主发展的空间,对学生独特甚至显得非正常的言行,他们也会做细致深入的分析,以改善自己的工作。同样,学生对创造了无数辉煌教学业绩的镇海中学教师更是怀着高度的敬意、爱戴、信任和尊重,他们信任老师的教学水平、师德人格,憧憬并坚信自己在这些教师的教导下能够获得在其他学校所不能达到的成就,因而他们的学习动力、对教师布置的任务执行的力度都相当坚定而巨大。正是基于这样的"爱、信任和尊重"才催生出镇海中学巨大的教育教学合力。

镇中师生关系的和谐还体现在教师对全体学生的全面关注上,在镇中教师眼中没有权贵、没有富豪,所有的学生都是平等的个体,都是发展着的鲜活的生命。相反,他们对学生中的弱势群体倾注了更多的爱和关注,教师会放弃业余时间和节假日给学习困难的学生补课、指导,在高三下半学期更是把主要的精力都放在学习困难生成绩的提高上。教师还会创造温馨友爱的班级氛围让家境贫寒、身有残疾的学生体会到周围人的温情,让他们走出封闭的圈子,正常地学习、生活。

镇海中学和谐师生关系的形成依赖师生间不断的交流和对话,我们有着独特的交流机制和方式。"学生在,老师在"、"以校为家"、"一心扑在学生身上"、"从不搞有偿家教"是多年来镇海中学教师整体积淀的风格写照,也是学校对教师的基本要求,这保证了教师有足够的时间和精力与成长中的学生的对话、交流,解决学生能力范围之外的问题。从交流方式来说,有讨论、答疑、争论、信件、家长转达、学校领导转达等比较传统的方式,随着校园网络的建成,电子邮件交流、校园论坛的匿名非匿名交流的比重越来越大,师生交流的领域、深度、灵活性、现代色彩都有了许多改进。此外,在许多校友的倡议和踊跃捐助下，学校于 2002 年兴建了尊师亭，成为和谐师生关系的一个物质符号。

２．生生关系的和谐

生生关系是学校组织里最广泛的一种人际关系，生生之间的交往蕴涵着最广泛、丰富而非正式的教育资源。当一个学校最广泛的人际关系能够达到某种意义上的和谐时，学生的成长空间就会变得非常丰富并且有意义，他能够汲取到许多有价值的信息，享受到群体生活的愉悦。当然，这种生生关系的和谐又带有明显的校本色彩，受到特定学校里制度、氛围、活动组织的深刻影响和制约。

镇海中学生生关系的和谐首先表现在他们共同的成功心向及由此引发的相似性质的行为模式上。进入镇海中学，不管过去的教育背景如何，绝大多数学生都强烈期望自己在三年里能获得最有效的成长，三年后进入全国名校继续深造进而报效祖国，以此实现人生的价值。目标的明确坚定促使每个学生保持着一份平静的心态，他们都好学、勤奋、沉静、珍惜时间、讲究效率、尊敬老师、对每一项与目标达成有关的活动都会持积极而认真的态度、努力取得优异的成绩，而那些极少数厌学、懒惰、调皮捣蛋、不思进取的学生往往被嗤之以鼻，在学习氛围浓郁的群体中根本没有市场，沦落为孤立者，这些极少数中的绝大多数都融入到集体的模式中来，极个别的就只能退学、转学被淘汰。

生生关系的和谐还体现在"互相欣赏互相学习"上，镇中学生绝大多数各方面素质发育良好、成绩优良，每个学生几乎都有一手或几手拿手的绝活。在平常的教学活动以及学校组织的各种活动中，在校园网络的沟通交流中，每个人都会找到属于自己的舞台，他们出色的表现让他人的心情颇不宁静，这种不平静在有些时候会演化成嫉妒、妄自菲薄等负性情绪，学校有关部门和教师就经常性地引导、释放学生的这种情绪，使他们懂得欣赏别人，为别人的出色或成功真诚地喝彩，学习别人的长处，同时也能正确地评估自己，找准自己的闪光点并努力让这种闪光点也成为别人欣赏的对象，这是一种非常健康的心态。

镇中生生关系的和谐还体现在"团队合作共同进步"上，无论是探究性课堂教学、课外研究性学习、丰富多彩的校园文化活动、便捷互动的论坛交流，组织者都有意识地运用团队学习、团队活动的方式，培养学生的团队意识、集体精神，把个人的智慧融入到团队中使团队的力量成倍地增长，而团队合作成果的成功又有效地强化了学生的团队精神。在团队的紧密合作过程中，学生从同伴身上获得了知识、能力、情感、价值观，成长就在不知不觉间发生了。

3. 在校师生与校友的和谐

在校师生和校友同属一个校园生命机体,有着共同的精神家园和校园文化背景,有着紧密相连的情感脉络。当身处高校或奋斗在各条战线上的校友以他们目前的视野和经历回顾、反思、审视他们的高中生活或者说他们的成长历程时,他们会有非常深刻的感悟、经验和教训,而且他们掌握着非常丰富的资源信息,这些对于成长中的母校师生来说是大有裨益的。因而他们之间能够经常性地交流对话,实际上是生成了一笔宝贵的校本教育资源。我们充分意识到它的重要性并采取多种方式开掘、利用它的教育价值,使校友和在校师生形成了和谐的关系。

要想身在四面八方的校友参与到母校生活中来,首要的条件是学校能够真诚地敞开胸怀,向他们表达母校对他们的关注,创造辉煌的业绩让他们以母校为荣,激发他们"母校以我为荣"的信念与行动,从而引发情感的共鸣。其次,学校要为在校师生与校友搭建交流的平台。以往,我们一般都采用校友回访、座谈会、校庆、信件交流等方式,但这些交流方式的密度、便捷度、互动性较差。这些年,我们的校园论坛完全改观了这种局面,校友们不仅可以通过专设栏目"校友寄语"加入交流,其他十多个栏目也常常可见他们活跃的声音。校友和在校师生之间架起了可以实时互动的桥梁,校友们不仅可以通过镇中校园网了解母校的实时动态和最新的发展近况,而且可以在论坛与在校师生经常性地交流情感、互致问候、咨询探讨、答疑解难等等,如教师节校友们纷纷向母校老师发送电子贺卡、点播网络歌曲、表达深深的祝福与感谢,高考过后更是不遗余力为高三毕业学生的志愿填报出谋划策,提供颇具价值的意见建议。尽管相隔遥远,无法面对面,但在校师生和校友又恍若置身于一个亲情浓浓的家园。校友的参与热情常常令我们感动,他们营造了清新、亲和、健康、纯粹的论坛氛围,"学弟学妹"是他们对在校学生饱含关爱的网络称呼,他们不断为学弟学妹提供信息、开阔眼界,不断鼓励、激励学弟学妹奋发向上,勇于超越,不断为学弟学妹答疑解难,解决问题,他们所做的一切,感染、感动了在校师生,很多人都以校友为榜样做人、做事、做学问。

4. 师师关系的和谐

学校教育的特殊性在于它的产品——学生是学校内各种因素、各位教师工作的合力打造成的,而且它不同于工厂里流水线分工作业那样有明确的分工合作的操作标准与规范,全在于教师们对共同的产品的成长出炉有科学明晰的认识。因而我们认为师师关系和谐的第一体现也是第一关键内容是教师们能正确理解学生成长的规律，理解全面发展、综合素质在学生成长中的终极效应，从而能做到合理用力，协调其他教师的工作，不贪功，不把学生的"成功"当作自己谋取名利的工具，甚至出现为抢夺好学生和学生学习时间、空间而争吵打斗等大失风度的事情。为此学校一方面要求教师深刻理解学生发展成长的规律，另一方面在教师评价考核奖励制度上突出了"合理均衡、适度倾斜"的原则，不以分数为第一标杆，不搞大奖特奖，不助长并力避学科之间、教师之间的恶性竞争。

镇中师师关系和谐的第二方面的体现是温馨的家庭式氛围，不钩心斗角，不互存积怨，教师们愉快地工作生活在舒心少内耗的环境之中，情绪稳定，效率极高。为此，学校党政工团部门做了大量深入细致的协调工作，经常性开展多种形式的教师团体活动，如教工运动会、教师联谊活动、教师烹调大赛、教工歌舞比赛等等，还成立如教工萨克斯乐团、教师读书会等教师团体，有效地拉近教师间的人际距离，促进感情交流，化解矛盾。

镇中师师关系和谐的第三方面体现在教师的团结协作、智慧共享上。尽管学校教师的个体水平与一些重点中学有差距，但学校领导和教师都相信"三个臭皮匠，顶个诸葛亮"，因此在教师中间特别是教研组、职能部门大力倡导集体学习、集体研究、集体攻关的优良风尚，我们制定了集体备课制度，备课小组对教学内容相互探讨、争论、修正，形成较为合理、精致的教学资源，产生不同凡响的效果。

师师关系和谐还体现在新老教师的互促互进上。新教师一走上镇海中学的教学岗位，各教研组就选择思想素质好、教学水平高、实践能力强的骨干教师分别与他们结成对子，尽快使新教师度过适应期，从高一到高三，一般不在中途换马，边教边学，积累经验，配以定期考核、汇报等制度，青年教师在短时间内能得到较快成长。同时在这个过程中，老教师也从青年教师身上习得了不少有益的知识和能力，有利于他们知识的更新与完善。

镇中师师关系和谐更体现在教师们优良的教风上，教师热爱教育事业，对学生全面负责，教学上精益求精，求新求变，坚持备课、上课、批改作业、辅导、考核、总结六认真，这是镇中教师共同的风格。

（二）个性化学校精神的凝聚

学校精神是一个学校各种因素特别是组织成员的言行、思想观念等综合而成体现出来的一种风度、一种气质、一种风格。优秀的学校精神是一个学校组织最为宝贵的财富，是推动学校发展的精神支柱和惯性力量，当然，学校精神是与特定的社会环境、特定的时空条件联系在一起，它不是一成不变，它也存在与时俱进的适应、更新问题，也就是说，学校精神是可以改变也应该改变的，只有不断调整、注入新的因子，学校精神才能够持续地推动学校更上层楼。

从学校文化建设的角度分析，学校精神应该属于学校文化建设的高端层面，学校的物质文化、制度文化、活动文化是学校精神文化的表现和基础铺垫。通过近年来个性化学校文化建设的研究和实践，镇海中学新的物质文化、制度文化、活动文化已经为镇海中学个性化学校精神的初步生成积累了比较宽泛的基础，"敬业奉献，博雅沉静，创新卓越，和谐自主，开放合作"的镇中个性化学校精神已经初步凝练，成为全体镇中人新的价值取向、内隐规矩和集体无意识。

镇中个性化学校精神的凝练离不开对传统学校精神文化的反思和超越，在镇中90余年的发展历程中，我们形成了"励志、进取、勤奋、健美"的校训，"严肃制度、严明纪律、严格要求"的校规，"严谨、求实、团结、创新"的教风，"勤奋、紧张、活泼、自信"的学风，这些精神品格是镇海中学取得辉煌成果的根本力量，这些优良传统在学校新世纪的发展中也起着重要的作用。但是从历史现实、从学校内外综合考察中，特别是在个性化校园建设的研究实践过程中，我们也清醒地认识到传统的精神文化更多的是与旧的社会背景、教育背景联系在一起的，它更多地反映了传统教育教学的特征并且是为之服务的，比较粗放、经验色彩较浓。随着素质教育的深入开展，新课程改革的即将全面实施，教育内外环境的深刻变化，我们认识到镇中精神也必须作出适当的调整和超越，才能在新的条件下巩固名校地位，创出特色，更好地履行自己的社会使命。

可以看出，"敬业奉献，博雅沉静，创新卓越，和谐自主，开放合作"的镇中个性化学校精神带有浓重的学校优良传统的影子，但这些传统精神的内核通过个性化校园建设得到了深化与升华，更富现代色彩。自我更新超越后的镇中精神打着明显的时代烙印，又闪现了鲜明的镇中特色。"和谐、人文、自主、开放、合作、创新"都是时代的强音，在一个多元化的开放的信息社会里，镇海中学必须具备这些现代品格才能继续站在时代的前列，更有效地履行自己的使命。

"敬业奉献，博雅沉静，创新卓越，和谐自主，开放合作"不是就学校系统的某一方面或某几方面而言的，它是所有镇中人都在贯彻、都在执行、都在运作的整体品质，当然因为角色的不同他们具体的结合状态也各异。下面我们具体分析一下镇中新精神的各个组成部分。

"敬业奉献"即视自己的工作为自己的事业，执事敬，并至真至诚。在市场经济、物质社会的条件下，镇海中学的教师依然做到"以校为家"、"一心放在学生身上"、"学生在教师在"、"从不搞有偿家教、谋第二职业"，的确难能可贵，这是一种高贵、纯粹的职业精神。这种精神也时时感染、熏陶着所有的学生，影响着他们的人生价值观、职业观和态度。

"博雅沉静"，"博雅"即博大而高雅，它既含有治学的标准又深藏做人的要求，是深厚人文精神的体现。镇中的"博雅"旨在培养具有广博知识和优雅气质的人，追求外表美与心灵美的结合，使学生的身心得到和谐的发展，始终注重师生的为学与做人，始终致力于让镇中人具有博大的爱心、健全的人格、高尚的情操和高雅的品位，同时又有扎实的专业知识和综合素养。"沉静"指无论教师还是学生在自己的学业和教学上都能沉得下来深入思考，坐得住冷板凳，意志坚强，有恒心，有毅力，不浮躁，不肤浅。

"创新卓越"，"创新"即"开拓创新"，是指镇海中学的师生具有强烈的开拓意识和创新精神，他们不墨守成规，不安于现状，思维活跃，喜欢求新求异求变，凡事讲求效率，致力于开创新局面。"卓越"即"追求卓越"，指不满足现状，勇于超越，精益求精，努力做同类中的最好。就学校层面而言，镇海中学不因为过去的辉煌而淹没自己，也不因各种条件的相对劣势而自甘落后，它克服困难，突出重围，让自己在全省同类学校中继续勇立潮头。就教师层面而言，镇海中学教师致力于专业发展，致力于做名师、做大师、出精品。就学生而言，镇海中学学生唾弃平庸，心存高远，志向远大，在低年级就将人生理想锁定全国名校进而报效祖国。

"和谐自主"，"和谐"即"崇尚和谐"，指在镇海中学，无论教师还是学生都有一种对事物合规律的平衡状态的追求心向，我们追求学生的全面和谐发展、追求身心的和谐、追求人际关系的和谐，而且这种追求通过各种有效的方式付诸行动，我们抓而不死、管而不僵、活而不浮、动静相宜、相得益彰。"自主"是镇海中学学校层面、师生整体和个体都有一种强烈的主体精神，他们注重养成自己的自主能力，他们追求自主发展、自主探究、自主创造所带给他们的成功体验和愉悦感。

"开放合作"，"开放"指镇海中学的教师和学生视野开阔，他们能够对外界的信息作出迅速的反应和甄别，对外界信息能够保持足够的兴趣，并对各种存在的现象保持一种理性的宽容。"合作"是镇海中学的一项优良传统，镇中人的集体观念、归属感、荣誉感都很强，教师、学生、校友都能够互敬互爱少内耗，能够互相支援、互补长短完成同一目标，注重整体的力量，集体的智慧。

（三）教师形象语的确定

2010年,我们开展了历时近半年的"镇海中学教师形象语"征集活动,共收到教职工撰写的形象语40余条,最后确定"惩忿窒欲·光风霁月·梓材荫泽·止于至善"为镇中教师形象语。镇中精神和教师形象语的确立进一步丰富、深化、提升了全体镇中人特别是镇中教师的价值取向、内隐规矩和集体无意识,成为学校可持续发展的精神源泉和强劲动力。

"惩忿窒欲·光风霁月·梓材荫泽·止于至善"镇中教师形象语语出校园人文遗迹或古文经典,简洁凝练,立意高远,格调典雅,气度沉稳,内外兼修,体现了深厚的中华文化意蕴和鲜明的镇中教育特色,能够较好地代表镇中教师的形象或成为镇中教师孜孜以求的标杆,是镇中教师教育自觉的反映。

"惩忿窒欲"出自《周易·损》中"损,君子以惩忿窒欲"一语,镇中梓荫山东面石壁上的巨幅摩崖石刻即为此四字。此语为古人修身养性格言,意指克制愤怒,节制欲望。作为镇中教师,处于转型期的中国社会,应有较强的情绪调控能力,保持恬淡、沉静、愉悦、淡定的心境,不断提升自己的教育理想和职业境界,对各种纷繁芜杂的欲望、诱惑能保持清醒认识和自觉抵制,精心执教,静心育人,并从中获得内外平衡、身心健康。

"光风霁月"出自宋·黄庭坚《豫章集·濂溪诗序》:"舂陵周茂叔,人品甚高,胸怀洒落,如光风霁月。"镇中校园西南角建有"光霁亭",上书"泮水鲲池钟灵毓秀,光风霁月荡气涤胸"亭联。"光风霁月"意指雨过天晴的明净气象,常誉为政治清明,前景宽阔和灿烂。它代表镇中教师豁达开朗、坦荡明净、光明磊落、清正高洁的品格形象,也寓意镇中教师能通过自己不懈的努力创造非凡的业绩。

"梓材荫泽"。"梓材"出自《尚书·梓材》,意谓从政应该像梓人(工匠)治材作器一样考究;"荫泽",包含着荫庇学子、源远流长的深意。镇中校园多处景观、书刊、活动等都冠以"梓荫"之名,"梓荫"取"梓材荫泽、荫庇学子、源远流长"之意。她已经被丰富为一个闪耀着璀璨文化光芒、流露着真诚教育仁爱、深蕴着绵长人文精神的词眼,她已深深融进了镇中和镇中人的血脉,她铺垫了镇中学校文化的独特底色,她代表了镇中和镇中教师的精神气质和理想追求。

"止于至善"语出《礼记·大学》,"大学之道,在明明德,在亲民,在止于至善"。"止于至善"是一种以卓越为核心要义的至高境界的追求,是人性中大真、大爱、大诚、大智的体现,是自我到无我境界的一种升华。此语要求镇中教师不断提升自己的教育自觉，精心执教，静心育人，不故步自封，不墨守成规，不安于现状，勇于创新，精益求精，追求卓越，致力于开创新局面，取得新突破，致力于做名师、做大师、出精品。

三、教育资源环境的优化拓展

作为一所立足于滨海小城的县级中学，镇海区的地理环境、城市化水平、社会文化、市民观念、生源质量、对优秀人才的吸引力等等都不能与大城市或规模较大的县（市）的同类学校相提并论，更缺少优质、丰富、国际化的优质教育教学资源，这在一定程度上限制了学校办学水平和教育教学质量的提高，不利于学生的高水平差异发展，为此，课题组想方设法优化拓展、整合利用网络、音像、院所、社区、地域。乃至国际等资源，为师生的成长成材创设优质的教育资源环境。

（一）网络资源的选择性利用

广义的网络教育资源，是以信息网络为载体，能够增进知识与技能，影响思想观念的具有教育意义的内容。狭义的网络教育资源，是以信息网络为平台，经过加工与整理的系统化的，以一定的培养目标和教育、教学任务为核心，能够直接有效地增进知识与技能，易于受教育者接受并影响受教育者思想观念的内容。随着教育信息化的深层次推进，互联网中的信息资源以指数方式增长，这些资源不仅在内容上多种多样，在表现形式上更是丰富多彩。它对教育领域的冲击与渗透使得网络教育资源的利用受到重视，网络对校园文化建设、教学方式、学习方式、德育工作等都产生了深远影响，网络对创新从才培养模式和培养创新人才也提出了新问题、新挑战。如何选择性地利用甚至开发网络资源，如何利用这些资源更好地促进学校各方面工作便成了必须思考和实践的一项课题。

1. 建设好校园网络平台

在中学建立校园网络，以形成全新的教学环境，促进教学内容与方法的变革和实现教育信息化，迎接已经到来的信息社会对于教育的挑战，已经成为当今中学教育的必然选择。镇海中学校园网正是在这样的时代背景之下成长起来的。腾讯通、求索等可靠、便捷的办公自动化软件、资源丰富的视频点播VOD 系统、教学资源共享、电子公告栏 BBS、及时更新的镇中快讯、镇中相册等丰富的图文校史等构成了学校利用和交流网络资源的一个基地。镇海中学校园网已经成为为镇海中学的网上家园和虚拟社区。

很多中学都有校园网，但一般人气不旺，除了静态的师生网页内容、ftp 服务、少量的滚动新闻，不大开设校园 BBS，主要怕出问题。经过调查研究，镇海中学认为，只要加强管理，利用校园网 BBS 不但可以充分利用学校教育资源，还可以利用它探讨新型教学模式，利于师生在网上开展一对一、一对多或多对多等自由开放的交流，有效培养学生的自主能力。我们的校园论坛开设了教师论坛、学生论坛、校友论坛等 5 个频道，下面又分出共 21 个专栏，覆盖了学生现实生活的大部分范畴，如"心理社区"、"原创空间""动漫时代"、"音乐天地""休闲娱乐"等。同时，结合校运会、著名大学校友"情系母校"活动推出专题活动。在这里，学生能够宣泄情绪，放松心情，能够展开在线讨论，发表自己对某一问题的看法和建议，与其他人碰撞出思想的火花，能够在原创空间、动漫园地、音乐天地、技术特区等栏目发挥特长、锻炼能力、创作作品、挥洒才情，享受被欣赏的成功喜悦，树立学习和生活的信心，还能吸收到丰富的信息，体验多种情感。镇中论坛以其精品性、生动性、丰富性吸引了许多师生和校友的参与，被学生亲切地称为"我们共同的家园"。有家长自豪地说："镇海中学的网络是一片神奇的净土。"这一文化特质和文化发展模式也直接影响了目前人气较旺的镇海中学贴吧的发展。

2. 用信息技术改革传统教学模式

在信息技术的冲击下，传统教学模式的困境更加明显。像教学活动在时空上受到很大限制，教师只能在特定时间、特定地点传授特定内容，学生没有选择学习内容的自主权，学生自我学习、自主探究能力的培养常被忽视，等等。这些困境是传统课堂教学无法回避的现实。要解决它，应该寻求新的技术和新的教育思想的支撑。正是基于这样的认识，我们进行了以校园网为技术平台的"超课堂"教学模式的探索，网络技术全面介入备课、课堂教学实施和课后练习这三个主要教学环节，不仅使课堂教学的框架结构和功能更为完整，而且极大地拓展了师生互动的范围，让学生从备课环节就开始参与，他们的积极性、主动性得到最大程度的发挥，新课程理念也因此得到落实，实现了"网上备课——课堂上课——网上练习"的流畅对接，解决了传统教学在教学资源、异步交流、学生主体性发挥等方面存在的问题。如研究性学习教学，利用校园网 BBS 的"研究性学习专栏"，选题课的内容和备课、同学对选题课的建议、同学的选题、师生的交流等都通过在线交流实现，有时课题组的研究整节课就是在电子阅览室共同完成的。

闪亮的 QQ，对许多人来说，意味着聊天、休闲和娱乐。但对镇海中学师生而言，QQ 同时也是沟通教育信息、实施教育教学的一个良好渠道和平台。镇海中学信息技术兴趣小组群、镇海中学贵州支教群、镇海中学领导力开发群和镇海中学研究性学习群等群如雨后群笋般成长起来，"读书与写作"群甚至在 QQ 群里开设起了社团活动课。利用网络提高能课堂效率，是一种有益的尝试，它贴近学生的兴趣和学习方式，能充分调动他们的学习积极性。2008年 5 月的《浙江日报》等省级媒体分别以《镇海中学 QQ 群里上作文课》、《QQ 群里的社团活动课》为题报道了镇海中学利用网络资源进行课堂教学改革的成功尝试。①

3. 营造班集体的网上家园

2000 年，我们组织各班建设班级网页。但班级网页和当时新兴的校园网一样，出现了"一次建成投入大，有路无车无货，无人问津也无更新"的问题。

近几年，经过不断探索，班级博客、教师读书会博客、文学社博客、研究性学习小组博客、师生微博等供师生、生生交流的平台不断涌现。而且，很多博客外挂在新浪、网易等门户网站上，以开放的姿态迎接各种挑战。

像 2009 级高一（8）班，之所以在班级文化建设中崭露头角，原因之一就是他们用班级博客"我们的八班"，把以"团结、竞争"为核心的班级文化特色表现得淋漓尽致。8 班的值周体制颇具新意，班级成员根据各人的个性特长和爱好组成了 8 个团队，由 8 位团队长组成的"评价小组"拥有"立法权"（即可以修改班规），并负责评价值周小组和打分（班主任只有 1/10 的判分权，当值的团队成员不参与打分）；当值的值周团队有"行政权"，负责本周班级管理的大小事务；班规小组拥有"司法权"，对班级成员进行加扣分。每周，8 班把各项小结、班内大小事务挂到班级博客上，其他同学可以匿名参与。这种自主、开放的网络民主管理方式，不仅让所有学生都能一吐为快，也吸引了大量家长和网友的参与。班主任郭天彪认为，这种博客交流制度，让师生之间更加平等，竞争更加透明，合作更加紧密。

4. 建设网上学科资源库，让在线备课更具个性

网络资源的海量信息，使教学资源趋同化、去个性化。同时，随着新课改的深入推进，一些新课程必需的教学资源又奇缺。学校的网上资源建设策略

---

① 陈醉，曾昊溟. 镇海中学 QQ 群里上作文课[N].浙江日报，2008－05－06(5).

对育教学的个性化产生深远影响。学校提出建设学科资料库的战略决策，一方面引入收费资源网站、收费资源系统，让各教研组、备课组获得海量的可选资源，另一方面，镇海中学强调各学科的资料库建设不是东拼西凑，必需打上了原创、校本的烙印。学校发扬集体备课的优良传统。通过"建库、合作备课、个性化在线备课"三步走来打造个性化备课。

以外语组为例：该组形成了"好的工作氛围还建立在同事间教学合作和教学争鸣基础上"的理念，热烈讨论，求同存异。从高一至高三备课组都建有丰富的备课资源库，每个备课组共用一份教案、实现教学思想互通，将一个学期的所有课程"分而治之"。同一年级任教的老师将教材的不同单元进行分配，每个老师负责写几个单元的教案，此后将教案通过 FTP、腾讯通等提供给其他老师，经过大家讨论后，在腾讯通中形成统一的教案。各位老师又根据各自的学情和个性进一步优化教案。教师们在备课的时候，经常会为了某一知识点争得面红耳赤，但争论的最后结果，是一份教案的更加完善。教师们分工合作，大大减少重复劳动，提高了备课效率，还节约出大量时间。节约下来的备课时间用于搜集更新颖的材料，构思更精细的习题。

5. 精选网络教育教学资源，形成个人网上教学资源库

随着教师博客、微博的兴起，镇海中学师生个人资源库也日趋丰富，同时，宁波市数字图书馆、宁波市科技文献信息服务中心等免费资源也日趋增多。镇海中学顺势而为，积极联系并主动为师生申请免费账号，通过宣传、引导和组织使用等多种方式，让师生尽早尽快融入这一信息利用的大潮，几乎让每位师生能娴熟运用这些免费资源库，利用 CNKI 知网、万方、维普三大中文数据库、名校视频课的教育教学、文化资源。教师充分利用这些资源写科研论文、学生用来做研究性学习课题。师生把这些专业资源分类保存，存放在个人博客中。

（二）地域资源的紧密化利用

教育教学是一种基于学生的现实生活、以提升学生的生活质量和生命价值为旨归的特殊的生活实践过程，是学生生存状态的积极展现，并不断充盈和丰富的过程，是引导他们追求更有意义、更有价值、更为美好和更符合人性的可能生活的过程。所以学校教育不该也不能让学生远离现实世界，更不能成为一道隔离学生与世界交流的屏障。宁波作为一座历史文化名城，蕴涵着包括自然环境、经济、人文、文化等多个方面的丰富而有特色的地域资源。而作

为与学生学习、生活息息相关的社区，其中也有着极为丰富的教育资源。学校看到了这些潜在的、可利用的教育资源，并进行充分地开发利用和挖掘整合，使学校教育更贴近学生的生活实际，使学生真正成为学习活动的主体、个人生活的主体和社会生活的主体。

1. 开发利用宁波地域资源优势，为学校教育教学注入新的活力

地域资源具有地方性、典型性、直观性和生动性等特点，学校利用本地地域文化这一重要资源作为学校教育教学的重要素材和切入点，贴近了学生的生活，提供了促进学生道德发展所必需的环境，提升了学校教育教学的现实性和易吸收性。宁波地域文化中蕴含的民主精神、人文精神和科学精神是学校教育的丰厚资源，探讨、挖掘其独特内涵和德育功效，并将其与学校教育常规相整合，对学校培养具有健全人格的高素质人才具有重要意义。

首先，弘扬宁波地域文化的"民主精神"，构建具有本校特征的学生"自我教育、自主管理、主动发展、自觉而为"的教育模式。从浙东学派的兼容并蓄、开拓创新到在抗倭、抗英、抗法、抗日战争中表现出来的伟大的民主爱国精神，"民主精神"是宁波精神的支柱之一。在学校教育中，"培养社会责任、参与公众事务、实现自身价值"应该是民主精神的一个重要方面。学校把这种要求整合到学校的日常教育之中，从学生干部的产生，到校纪校规的确立，日常行为规范的管理、检查、评比，再到对学生的考核、评价都由学生全过程参与其中。对于学生干部的选拔和产生，学校实施了公开招聘、自主竞争、公众评议、选举产生、培训上岗的制度，推行了人员能进能出、干部能上能下、职务能升能降的动态竞争机制。无论学生的身份是"竞选者"还是"选举者"，都能够主动行使自己的权利和义务，体现对学校事务的关注度、选择权和决定权；在校纪校规的制定上，学校有意识地探索学生参与的机制，如师生听证会。制度制定的过程及制度本身，就是一种教育力量，学生可以捕捉其中的民主精神、严谨的思维和依法治校的原则；学校一年一度的推优评先工作也逐步加大了学生参与力度。如学校在"镇中十佳"、新课程综合实践活动等地评定中实施自由申报、意见征询、风采展示、投票表决、学校审核、张榜公示六个程序，体现了机会均等、民主公平、遵守规则的原则；在日常行为规范的管理、检查、评比中，学校通过组织学生干部、校园义工定期检查或不定期抽查，发挥同伴教育和引领作用，提高学生的自我教育能力，引导学生朝着学校教育目标发展，从而营造出有共同的行为准则，人人积极向上、遵守校纪校规的良好风气；学校还利用中学生领导力开发课程，引导学生在改进公共政策的尝试中履行一个公民的权

利和责任,培养学生对团队、公众、社会和人类事务的责任感和使命感,发展自我设计、自我管理的能力。科学管理的方法、民主参与的精神与合情合理的操作,对学生健康成长起到了不可估量的作用。

其次,崇尚宁波地域文化的"人文精神",整合学校德育 12345 系统工程"三观、五心"教育,探索主旋律教育充实、生动、活泼、有效的途径。学校在长期的德育实践基础上创造性地形成了"德育 12345 系统工程",其中以"自强不息的人生观,弘扬中华传统美德、仁爱尊礼的处世观,走向新生活、自省自克的修身观"为内容的"三观"和以"把忠心献给祖国,把爱心献给人民,把诚心献给朋友,把孝心献给父母,把信心留给自己"为内容的"五心"是学生德育的主旋律。面对飞速发展的社会环境和学生不断变化的心理需求,学校摆脱主旋律教育"空洞、死板、僵硬"说教式的困局和"要求高、内容空、榜样全、口号响、目标远"假大空的误区,利用学校周边丰富的主旋律教育素材对学生进行"三观""五心"教育。学校开发编写了《自我镇海 爱我镇中》校本教材,把校本教材的教学列入学校整体教学计划之中,每学期给出 18 课时组织学生学习该书内容,并纳入期末的考查范围。教材中关于院士之乡和商帮故里的内容介绍让学生系统地了解了宁波的院士文化和商帮文化,提升了学生对家乡的认知度、认同度,强化了他们与地域文化、城市精神的血脉联系,培育了他们爱校爱乡爱国的情感与情怀;学校还经常组织学生参观游览体现宁波地域人文精神的纪念地和标志物。纪念地和标志物是一个地区历史文化的物质载体。通过对这些地方的游览,可以将地域文化资源和道德培育结合起来,既具有直观性、娱乐性,又富有生动性、趣味性,易于在学生心中产生共鸣。如组织学生参观宁波博物馆、宁波帮博物馆、"江南第一学堂"叶氏义庄、郑氏十七房等,让学生体会"宁波帮"见利思义诚信为本的经商之道、自强不息团结互助的创业精神、爱国爱乡的人文情怀等人文精神内涵;学校每个学期还会邀请宁波籍的名人名家做客"百家讲坛"给师生开设人文类讲座,并组织灵通社的小记者们利用机会采访来校的名人名家。通过这些精彩的报告会,我们把人文精神、治学态度和优良传统融入到师生的思想和学习中,让学生树立远大理想,为新一轮宁波的大发展发奋学习。通过一系列主动自觉地开发利用地域资源开展教育活动,给学校主旋律教育注入了活力,卓有成效地铸就了学生的心灵。

再次,尊重宁波地域文化的"科学精神",疏通学科教学过程中的教育渠道,使学科德育成为学校教育的另一翼。宁波院士之乡"严谨认真、求真务实、诚实守信、不畏权威、追求真理"的科学精神,是打开学科德育这把锁的金钥匙。学校要求老师们在物理、化学、生物等相关学科中参透相关领域院士的介绍，并专门安排课时观看录像视频、参观宁波院士雕塑园，真实感性、生动直观地让学生了解院士们在某一领域的杰出贡献，体会他们的科学精神和桑梓深情；学校通过在数、理、化、生物等理科领域开展科学探究教学活动，在信息、通用技术领域开展程序编制、网页制作、电子制作、科技制作等活动，在校本选修课程领域开展无线电测向、航模制作、地震测报、物理体验探究等活动，在社团活动领域开展加速度俱乐部、猎狐俱乐部、九章学社俱乐部等活动，催化、孕育和培植了一大批科技爱好者和实践者；利用新课程以来的研究性学习，鼓励学生到校外参观、采访、调查，用严谨科学的调查方法为课题写作提供真实可信的数据和材料，并通过开展课题答辩会评选优秀学生课题和"研究之星"，让学生学会思考、质疑、批判、追问、求真，提升学生动手能力、收集和处理信息的能力、获取新知识的能力、交流与合作的能力；学校每年举行以科技讲座、"金点子"创意大赛、"小制作、小改进、小发明"创新成果比赛、科技小论文评比、"镇中学子讲坛"等为主要内容的科技创新节活动，在师生中普及科学知识，传播科学思想，弘扬科学精神、培养科技意识和创新素养。宁波地域文化背景为学校的学科德育的开发与利用疏通了渠道，提供了载体，搭建了平台。

2. 挖掘整合镇海社区教育资源，使学校教育教学绽放新的精彩

社区教育就是在一定地域范围内，充分利用各类教育资源，开展旨在提高社区成员整体素质和生活质量，促进区域经济和社会发展的教育活动，它内容丰富、形式灵活多样。随着全民教育、终身教育日渐深入，社区教育已成为学校教育的有益补充和延伸，成为学校教育的校外实践基地。学校所处的镇海区有优越的社区环境和得天独厚的文化优势，为学校开放式的教育提供了丰厚的教育资源。在新课程背景下，学校加强与社区的沟通和协调，充分发挥社区的育人功能，形成多维度的教育网络，努力营造和谐育人氛围，促进学生健康成长。

首先，成立社区教育委员会，加强学校社区沟通联系。丰富的社区德育资源是对学生进行思想教育的宝贵精神财富，是学生接触社会、了解社会、熟悉社会的主阵地。为此，学校与临近社区成立了社区教育委员会。社区教育委员会由社区教育专干、学校政教主任、团委书记、义工自主管理委员会主任组成。社区教育委员会的成立旨在充分利用社区德育资源，开辟社区德育基地，促进学校教育与社会教育的结合，改善和优化育人环境，并通过社区教育活动培养学生社会责任感，锻炼学生的组织能力、交往能力、协作能力、生存能力，促进学生合理智能结构的形成，使学生得到全面健康的发展。

其次,建立社区实践教育基地,形成学校社区教育合力。学校在开展社区教育活动时充分利用场所资源、人力资源、活动资源等社区资源,积极组织学生在课余时间、双休日、假期开展志愿服务和社会实践活动。学校主动与街道、派出所、消防队、敬老院、驻地部队等单位建立联系,积极开展军训、消防安全演习、交通安全图片展、法制专题讲座、敬老院"献爱心"、社区环境调查、"我为社区添新绿"植绿护绿等活动;与街道联合启动"学生志愿者服务社区和谐行动",利用街道管辖的十个社区的优势,组织义工慈善队、义工环保队、义工艺术团,义工支教队深入社区开展志愿服务活动,打造了"和谐年夜饭"、"我的寻找之旅"义务支教、"慈善音乐会"等品牌活动。同学们在实践中发挥特长,展示才能,践行帮助他人,服务社会的志愿服务精神,自觉做中华民族传统美德的传承者,社会主义道德规范的实践者,新型人际关系的倡导者,在和谐校园、和谐社会建设中贡献了自己的青春和力量。

再次,净化社区环境,营造良好育人氛围。良好的社区环境,浓郁的教育氛围,是学生健康成长的重要保证。学校主动协助社区净化教育环境,打击黑网吧、游戏机室,整治校门口的三无产品,改善校园周边环境。学校还组织学生创办社区宣传橱窗、读报栏、板报,联合社区开展健康向上的群众文娱活动。如举行亲子运动会、家庭文艺汇演、合唱比赛、书画比赛、征文比赛、棋类竞赛、节日联欢会等,让学生在良好的社区氛围中健康成长。①

【案例3-3】　宁波市地域资源及镇海区社区资源分析

宁波是一座美丽的港口城市,也是一座历史文化名城,还是河姆渡文化的发源地和浙东文化的渊薮之地。陶瓷文化、藏书文化、建筑文化、浙东学派等构成了浙东文化的广度与深度:全国重点文物保护单位慈溪上林湖集我国瓷器的发祥地、唐宋越窑青瓷的生产中心及"秘色瓷"原产地于一身,在我国早期陶瓷史上占有重要地位;宁波的天一阁是宁波藏书文化和诚实、勤勉、恪守、淡泊、传承的藏书精神的象征;宁波的建筑文化既有保国寺"无梁殿"的举世奇迹,又有江南水乡民居建筑的淡雅悠然;以王阳明、黄宗羲、万斯同、全祖望等为代表人物的浙东学派"言性命必究于史"与"经世致用"的治学原则,具有社会进步意义的思想精神,为当时社会作出了卓越贡献、对后世产生了巨大影响。宁波是明清以来反侵略斗争的前沿。地处东南沿海的宁波人民具有抗击

---

① 周丽君.利用社区教育资源 构建校外教育体系.2006-11-14. http://www.fjgzjy.com/newsInfo.aspx? pkId=1600

外来侵略的光荣传统。明代的抗倭，鸦片战争时期的抗英，清光绪年间中法战争的抗法，抗日战争时期四明山作为全国十九个抗日根据地之一等，为我国的反侵略斗争史留下了光辉的一页。特别是镇海口海防历史遗址内容齐全，自成体系，是我国目前保存较为完好的海防遗址。这些都是中国人民热爱祖国，不畏强暴，抗御外侮，自强不息的历史见证。宁波是院士之乡和商帮故里。一代又一代的宁波人实业救国，教育救国，涌现出的工商巨子、学术大师、社会名流自强不息，他们奋发向上的精神形成的独特品格，就像一块石子扔入水中，泛起的涟漪波及全国。近百年来，在这片土地上孕育出了 26 名中国科学院和中国工程院的"两院院士"，占全国"两院院士"总数的近 2%，"密度"为全国之罕见；"宁波帮"是近代中国著名商帮，商帮人才济济，头面人物层出不穷，如包玉刚、邵逸夫、赵安中、傅在源等商贾巨子都是从宁波出发，旋舞世界。这些乡贤爱国爱乡，造福桑梓，为推动宁波的经济发展作出了积极贡献。[1]

社区文化是镇海区的一张文化名片。学校所处的镇海招宝山街道辖区内共有十个社区，而且全部被命名为宁波市文明社区、宁波市现代化和谐社区。其中七个社区被命名为浙江省文明（示范）社区，后大街社区被命名为全国十佳学习型社区，总浦桥社区被命名为全国敬老模范社区。十个社区还有自己的社区品牌：如文化型的后大街社区、绿色型的城东社区、科普型的胜利路社区、孝道型的总浦桥社区、爱心型的西门社区、工艺型的白龙社区、书香型的顺隆社区、军民共建型的蛟川社区、新居民自治型的涨鑑碶社区。这些社区资源满足了学生各方面发展和成长的需求，也为学校优化拓展教育资源提供了取之不尽、用之不竭的资源库。

得天独厚的地域和社区资源，具有鲜明的教育功能，洋溢着爱国主义、传统文化、感恩意识的教育素材，是转化为学校教育资源的鲜活内容，是学科教育的重要补充。这些覆盖范围广、密度大的教育资源，为学校开展形式多样、内容丰富的实践体验活动提供了广阔的舞台，为密切学生与自然、与社会、与生活的联系提供了保证。

（三）国际资源的补偿化利用

有专家指出，中国利用国际资源方面能力相当小，日本相当于中国的 4.8

---

[1] 宁波作为历史文化名城的基本特征. 2009 - 12 - 08. http：//news. cnnb. com. cn/system/2009/12/08/006350603. shtml

倍。中国利用国际资源占世界比重很小，1980 年仅为 0.59％，到 1998 年提高为 1.83％，而日本利用国际资源占世界的 8.80％。中国改革开放的前 20 多年，无论是出口还是进口贸易，中国占世界比重还比较低只有 2.5％～3.0％之间；中国版权和专利收入、支出不足世界总量 1％。[①] 显然，教育方面的国际资源的利用有非常大的提升空间。

1. 盘活国际交流资源，增进教育优势互补

在推进教育国际化的进程中，通过国家教育部等牵线，与发达国家著名学校缔结国际姊妹学校，定期开展师生社团文化之旅、节日庆典交流联谊活动。选派学校管理层、优秀教师代表去国外学习高效卓越的学校管理经验和先进教育教学理念。镇海中学先后与新加坡南洋女子中学、澳大利亚约翰·保罗国际学院等学校共建友好交流学校，盘活国际教育交流的优质资源，增进中西教育的优势互补，学校间积极开展各种交流活动。双方学校领导、老师互访，部分学生进行互动交流活动，深入课堂、相互浸润，不仅增强学生的国际意识与交往能力，同时也更新学生的学习观念，让中西两种教育方式有效整合，为学生的全面发展开拓出一片新的天地。

充分利用网络优势，把外国名校网络公开课和国际中学生领导力课程视频引进学校，让学生了解同龄人的真实学习、生活情况，增进国际了解。

2. 引进国际课程，朝国际化、创新性和个性化努力

为了顺应教育国际化发展的必然趋势、增强学校的综合办学实力、提高师资队伍的整体水平，一些中学相继引进、开设一些国际课程，意在加快学校办学多元化的进程。

国际课程及实验班正成为不少高中招生的新"卖点"。有业内人士认为，国际课程成为继"创新班"之后，高中又一种树品牌、创特色的方式。国际高中顺应新时代学生和家长新需求，也为孩子出国留学提供了"过渡期"。读完高中再通过英语考试后出国，往往由于中外文化、教育和思维方式的差异，一些学生可能会"水土不服"。但在国内高中读完国外高中课程，则可以为日后留学海外打下语言和文化基础。

学校正在进一步扩大国际部建设，使我们的学校教育扬长避短、洋为中用

---

① 胡鞍钢. 是威胁论还是互利论中国经济崛起对中日经济贸易关系的影响[EB/OL]. (2002 － 07 － 04)[2002 － 04 － 15]. http://www.people.com.cn/GB/shizheng/252/8483/8485/20020704/768095.html.

与国际接轨。国际高中教育要做到真正的国际化、创新化和个性化，正努力实现五大使命和任务：保留中国教育中优秀的元素；引入西方教育中合理的要素；全面塑造学生的健全人格；弘扬学生的个性发展；培养学生正确的同情心、价值观、世界观，特别是弘扬镇海中学优秀的校风、学风。

在国际化教育的进程中，镇海中学采取了多样化举措，引进知名国际课程——剑桥国际课程，引入理念先进的教育机构，加强本土教育与国外教育的合作与交流……镇海中学的国际化教育进程迈出了坚实的一大步。

将先进的理念、方式方法与本土文化融合，形成有利于中国孩子的国际化、前瞻式的优质的教育资源。通过中西方文化融合，用文化影响孩子、构建孩子认知发展的平台，让孩子感受优良的国际文化，具备初步的国际化生活的经验和能力。

国际课程班的开设，两种课程的对比有了现实参照，两种文化背景的教育交流有了现实的平台。中方教师参与国际课程的辅助教学，增进了两国教师的交流，对不同文化背景下的课程体系有了更深入的了解、对比，提升了中方教师的双语教学水平和课程研究能力。

3. 增进教师的国际交流

要保持教育理念与国际接轨，教学方式不断的改进和提升，与国外的交流必不可少。镇海中学与美国、英国、澳大利亚等国的专业学习机构和学术团体都建立了互访和交流的机制。每年，这些外国机构都会派员到镇海中学与老师交流，带来一些新的视野，老师的专业能力得到提升。

4. 组织师生游学活动，增进国际了解

组织师生到美国、英国、澳大利亚、新加坡、马来西亚、泰国等地游学，了解当地风土人情，并安排师生到当地师生家里居住和当地学校学习，实行浸润式教育，增进师生的国际了解。

5. 发展现代远程教育，分享国际教育资源

实施中美科普连线，通过视频连线与美国科技馆专家进行现场交流，提升科技素养。

几年的国际资源的互补建设，镇海中学"培养世界公民"的办学理念得到进一步落实，学生国际视野、学术水平、综合实践活动能力的加强、外语水平的提高、教学的多元化、教育思想的多元化等方面都有了长足进步。此外，近几年，镇海中学考取法国"精英班"，考取牛津、剑桥、美国加州理工学院等美国常春藤名校并获全额奖学金的学生也越来越多。

（四）视频资源的课程化利用

近年来，以中央电视台《百家讲坛》为代表的电视讲坛节目和以网易"世界顶级名校视频公开课"为代表的名校公开课网络视频受到大众的广泛关注和欢迎，成为大众学习、终身学习的一种载体，这些节目内容涉及文化、经济、科技、生活等各个领域，一般由国内外各专业领域中的教授学者们授课，深入浅出，并且大多制作精良、形式新颖，为广大学生所喜欢，学生通过观看这些视频可以打开一扇扇知识之门，感受学术、文化、科学以及主讲者的深厚学养和人格魅力，相当于多了不少某一领域高端专家的"老师"。学校采购了数千张正版讲座视频，每学期精选20个左右讲座视频并进行合理编排后向学生推出"镇海中学人文科技活动课"，每周五固定时间在报告厅播放，学生可以自由前去观看，适当时候也组织学生集体观看。该课程放大了以教材为中心的知识半径和以课堂为中心的空间半径，让师生的视野和思维从黑板上拓展到更加广阔的校外世界，提高了人文科技活动的质量，创设了校园人文科技氛围，学生也收获了大海的胸怀和气概、敢于担当天下的豪情与壮志，也将是他们生命中回味无穷的美好时光。

【案例3-4】《德育报》社长兼总编张国宏：
镇海中学的"人文科技活动课程安排表"

2008年10月28日，我参加了宁波市民营企业协会、宁波市中小学德育研究会组织的为全市青少年赠送《三江弄潮儿——甬上企业家的创业足迹》仪式，并与宁波的企业家和教育界同行就"当前德育的热点和难点"进行交流。之后，我和浙江省宁波市德育学会会长张骏乐先生参观了镇海中学。

镇海中学算不上一所"大"学校，占地面积只有80000平方米。但绝对是一所"精美绝伦"的学校，一座走进其中可以让我们的心灵世界得到净化的精神殿堂。不大的校园里，竟有三处全国重点文物保护单位、十多处历史人文遗迹（详细可登陆镇海中学网站）。这在全国中学校园中恐难再找第二。当然，只有历史和精神，没有与时俱进不断创新的教育理念，没有师德高尚的老师和志向高远的学生，历史也只能成为摆设，精神也会遭到冷落。让人喜悦的是，镇海中学从高一新生入学的第一课到毕业教育，一直注重坚持挖掘和发挥历史文化遗迹的教育功能，取得了丰硕的成果。取得了"连续十年重点大学升学率保持在80%以上，大学升学率保持在99%以上"的成绩。

在副校长姚宏敏先生陪同我们参观校园的过程中，镇海中学第二报告厅墙壁上的一张《镇海中学人文科技活动课程安排表 —— 2008 年 9 月至 2009 年 1 月》让我惊讶万分。我认真地看着表格中的内容：一个学期，每周一次活动课程，共 19 次，由政教处、信息中心、教科所、语文组、图书馆共同组织。三十多个话题中，涉及科技文化知识之多、领域之广、内容之深，说实话，令许多高等院校汗颜。比如：宇宙将走向哪里、书法与中国哲学、从感性阅读到理性阅读、美与物理学、利用太空新的机遇与挑战、经济增长与制度创新、艺术与科学的对话、西方经济的碰撞与沟通等。驻足于前，感慨万千，从中我似乎也看出了该校取得优异成绩的密码。特将其拍了下来。（另见《德育报》网站）

　　我想：在相当长的时间里，要想让高中不谈升学率是很幼稚的。但是，我们应该从哪里入手，在哪里收获，必须清醒。我们注意到，少数高考成绩还算不错的学校所进行的教学改革，可以说是老师教好了书、学生读会了书的结果。这当然也不易。但是，如果我们难以克服唯教材是中心、唯教材知识为中心的"关门教改"、"唯书教改"和"唯考教改"，几张小小的高考试卷将永远成为学生难啃的硬骨头，也将永远是教学难以跨越的大山，甚至成为一些虽然考取了重点大学的学生，再也不想回到母校的理由。镇海中学的实践探索表明，应该可以在进行教学改革的同时，放大以教材为中心的知识半径和以课堂为中心的空间半径，让师生的视野和思维从黑板上拓展到更加广阔的校外世界，提高人文科技活动的质量，创设校园人文科技氛围。授"生"以渔，而不是授"生"以鱼，将知识的大海展示给学生的时候，学生收获的将是大海的胸怀和气概，将是敢于担当天下的情怀与勇气，也将是生命中回味无穷的美好时光。如此，再大的高考试卷也将成为"小菜一碟"、"细浪几朵"。

　　我们注意到，少数高考成绩还算不错的学校所进行的教学改革，可以说是老师教好了书、学生读会了书的结果。当然也很不易。但是，如果我们在解放思想，克服唯教材是中心、唯教材知识为中心的"关门教改"和"唯考教改"的弊病。改变离不开教材、走不出课本的"唯书教改"，将师生的视野、思维的空间局从黑板上和校园里拓展到更加广阔的校外世界。像镇海中学这样，在进行教学改革的同时，注重人文科技活动，创设校园人文科技氛围。授"生"以渔，而不是授"生"以鱼，将知识的大海展示给学生的时候，学生收获的将是大海的胸怀和气概、将是敢于担当天下的情怀与勇气，也将是生命中回味无穷的美好时光。如此，再大的高考试卷也将成为"小菜一碟"、"细浪几朵"。

据了解,镇海中学从 2005 年开始每周至少开设一次"百家讲坛"以来,讲坛上既有中央电视台和凤凰卫视中文台等电视精品栏目中的人文科技录像,也有名家现场讲座。这一人文科技系列活动讲座人队伍和听众队伍都不断发展壮大,既有院士教授作家名师,也有广大教师和部分有科研特长的学生参与其中,可谓场场精彩,余味无穷。我们问到一个经常前往聆听的高二叶同学说:"听一次讲座,思路就开阔许多。我们懂得了人生的目标不是仅仅为了高考。一个人应该志向远大,文理兼通,理论联系实际,这样才能对社会有所贡献。"

第四章 文化①个性化：形神兼备，动感高雅

英国人类学家爱德华·泰勒曾对文化做出经典权威的定义："文化，就其在民族志中的广义而言，是一个复合的整体，它包含知识、信仰、艺术、道德、法律、习俗和个人作为社会成员所必需的其他能力及习惯。"②就校园文化而言，它是以学生为主题，以课外活动为内容，以校园为空间，以体现校园精神为特征的一种群体文化活动，是一种校园理念方式和行为方式，具有稳定而强劲的教育影响作用。

校园文化建设是学校教育相伴相随的恒久的话题。近年来，随着社会发展步伐的加快、基础教育改革的日趋深入以及新课程改革的逐步推进，校园文化建设也面临着全新的机遇和挑战，许多新问题、新矛盾需要我们共同去思考、去创新、去突破。镇海中学在个性化校园建设中在保持优良传统的基础上，在网络文化、社团文化、班级文化、书香文化等校园亚文化领域进行了有益的探索，形成了一系列独具镇中特色、成效显著、声名远播的校园文化品牌，为学生的个性化成长提供了优良的文化土壤。

一、创新校园网络文化

校园网络生活是网络介入学校生活而生成的生活形态，校园网的建设又使这种生活形态散发出浓重的学校风味。可以看到，青少年对网络有着天生的亲近感，他们对网络的兴趣浓、热情高，表现出良好的网络感和极强的网络操作能力。我们充分感受到网络在学生中点燃的热力，因势利导地组织多种活动让学生的主体精神、个性潜能在校园网络生活中得到释放、张扬，同时也丰富了校园文化。

---

① 此章中的文化指"校园文化"。

② E. B. Tylor. The Originsof Culture. New York：Harperand Brpthers Publishers，1958.

（一）别具一格的镇中网络文化

网络文化是指网络上具有网络社会特征的文化活动及文化产品，是以网络物质的创造发展为基础的网络精神创造，是以网络技术为支撑的基于信息传递所衍生的所有文化活动及其内涵的文化观念和文化活动形式的综合体。狭义的网络文化是指建立在计算机技术和网络技术基础上的精神创造活动及其成果，是人们在互联网这个特殊世界中，进行工作、学习、交往、沟通、休闲、娱乐等所形成的活动方式及其所反映的价值观念和社会心态等方面的总称，包含人的心理状态、思维方式、知识结构、道德修养、价值观念、审美情趣和行为方式等方面。

校园网络文化是校园文化在网络环境下产生的一种文化形态，是对传统校园文化的丰富与发展。随着网络信息技术的迅猛发展，尤其是网络经济的发展，使网络越来越具有文化的功能，网络文化作为一种新型的文化形态，对人们的精神生活正起着日益重要的影响。新世纪的中学校园里，校园网络文化全面渗透到了中学生的生活世界，塑造着当代中学生新的精神生活，网络生活已经成为新时期中学生学习与生活的重要组成部分。然而，开放的网络不仅具有得天独厚的优势，也随之带来了诸多负面影响。网络是一把双刃剑，它既可以拓宽我们的视野，充实我们的知识，使我们成为网络时代的成功者；网络同样也能让我们颓废、堕落，使我们成为网络时代的牺牲品。

面对机会与挑战并存的网络，面对网络大潮的冲击，是坚守传统的壁垒采取"堵"的办法拒绝网络以求所谓的稳妥可靠，还是紧跟时代发展的步伐采用"导"的策略接纳网络以期在新的领域取得新的突破？我们的做法是：面对日新月异的网络时代，与其落在学生后面埋怨网络的负面，倒不如主动出击，走在学生的前面去充当网络领航员。

镇海中学是一所有着百年办学历史的名校，学校历史积淀深厚，人文气息浓郁，拥有十二个历史文物景点，其中三处为国家级文物保护单位。多年来，学校依托得天独厚的历史文化底蕴，在营造校园文化氛围，发挥学生个性特长方面取得了令人瞩目的成就。进入新世纪以来，为了适应新时期教育改革的需要和镇海中学自身的可持续发展规划，加快现代教育技术应用的步伐，以期学校在加强素质教育，探索教育信息化应用等方面取得新的成绩，从而促使学校成为全面推行素质教育、具备国际视野的现代化的全国名校。2000年9月，随着学校千兆校园网的建成，如何在继承学校传统办学优势的基础上，充分挖掘校园网络的潜力，成了新世纪学校工作新的重点。为此，我们制定了校园网整体应用方案，明确了以校园网为基础平台，以校园网应用为重点，培育一支具有现代教育理念和能力、掌握现代教育手段的教师队伍，最终促使学生全面提高综合素质以适应现代社会发展的需求。经过十年的实践与探索，学校在继承传统办学优势的基础上，以校园网为平台的网络文化已经渗透到学校教育教学和管理工作的各个角落，学校的网络文化已成为镇海中学新的优势点。

1. 依托校园网平台推动学校管理现代化进程

学校管理是整个学校工作的枢纽，进入 21 世纪以来，各种现代教育理念对学校许多传统的管理方法和教育理念带来了巨大的冲击。面对这些冲击，我们没有满足于以往办学历程中所取得的优异成就，从而倾向于维持传统，以求稳妥可靠，而是在继承学校多年积累的成功办学经验基础上，以校园网络为平台，努力开拓新形势下学校发展的新优势，以教育信息化促进学校教学、管理现代化。

首先，我们引入先进的管理理念和管理手段，把提高教师的现代教育技术素养摆在突出重要的位置，通过各种形式的培训与讲座，促使教师树立现代教育技术的理念。同时，制定出台各项现代教育技术管理制度，强化政策导向，为教育信息化在学校中的深入应用打下坚实的基础。

其次，我们在构建先进校园网硬件平台的同时，按照"总体规划、分步实施"的原则，重点打造以学校网站为核心的校园网应用系统平台，从而为学校的办公和管理现代化创造了条件。比如，学校重大新闻在第一时间发布在学校网站上，在充分利用网络优势扩大学校知名度的同时，也实现了学校重大事件的数字化积累；创建了镇海中学电子相册系统，用数字化图片形式记录了镇海中学的百年办学历程；学校的工作安排与会议通知以及学校各部门的日常工作安排通过校园网的办公自动化系统及时传达给每位教师；教师和学生的的业务档案也实现了数字化管理。此外，教师之间、师生之间也广泛地通过校园网来完成自己日常的工作事务及相互交流。这些功能的实现，不但极大地提高了学校办公和管理的效率，也有效地提高了全体师生对校园网应用的热情。

2. 挖掘校园网潜力，促进现代教育技术和传统教学的整合

教学工作是整个学校工作永恒的主题，如何发挥校园网优势弥补传统教学的缺陷，进而提高课堂教学的效率，是镇海中学近十年教育信息化进程中的重点课题。学校实施教育信息化的指导原则是：利用校园网作为教学资源的

中转平台,通过创设探究性教学情境,运用多样化教学手段,形成互动式教学模式。

现代教育技术给传统教学最大的影响应该体现在教育理念和教育思想的转变上,但是,现在普遍存在一种误区,那就是片面夸大信息技术在日常教学工作中的作用,在课堂教学过程中滥用计算机技术的现象较为普遍,取得的效果当然不会理想。我们认为,现代教育技术对教学的作用重在"辅助",它主要用来实现其他常规教学手段和方法所实现不了或难于实现或效果不佳的教学境界,它不应该也不可能被用来取代其他的教学手段和方法。也就是说,现代教育技术的辅助作用,应该体现在巧妙地将计算机技术和传统的教学结合起来之中。例如理、化、生等实际的实验操作所带给学生的实际感受,文科通过语言的感知和形象思维的发展,是无法由多媒体来替代的,也正因为如此,"辅助"的手段应该是为现代化教育教学服务的,为教改服务的,它本身必须是多样化的,它与传统教学的手段、方法,一定要尽量互相配合,相得益彰,充分发挥各自的长处。

我们定期组织全方位的现代教育技术应用于日常教学的专题研讨,组织大家互相交流经验,逐步完善现代教育技术的辅助技巧。通过对教师进行网络应用、课件制作、网页制作等的分层次培训,先是让全体教师达到在平时的课堂教学中均能使用多媒体手段辅助教学的目的,普遍形成使用率高、使用面广的局面。再是进一步提高,由技术骨干带动整个教研组在教学过程中逐步深入应用现代教育技术,并在适当的时候开展跨学科的竞赛评比活动,交流经验,推出典范和精品。并在校园网中逐步形成了数字化的学科教学资源库,实现教师之间的教学资源共享。

3. 发挥校园网优势,加大教育科研的步伐

镇海中学的教育信息化建设也给我们的教育教学科研带来了无穷的生机。我们知道,传统的教学模式尽管存在着其固有的价值,但是,也存在着诸多非改革不可的弊端。首先,教学活动在时空上受到很大的限制,教师只能在特定的时间、特定的地点传授特定的内容,学生几乎不能对教学的内容和教学的进度进行选择。其次,虽然在课堂教学中有师生间的互动,但多为教师与整个班级的互动,多数情况下教师处于教学的中心地位,而学生则处于被动接受的地位。教师为了面向大多数学生,无法过多地考虑学生的个体性需要。其三,教学中更注重的是规定的课本知识的传授,在特定的时间内要完成特定的教学目标,教师无法做出太多的拓展和延伸,学生没有选择学习内容的自主

权，并且在不同程度上由此忽视对学生的自我学习、自主探究能力的培养，忽视对学生学习方法、学习策略方面的关注和指导。这些局限是传统课堂教学无法回避的现实。因此，新的教育形势期待着传统教学应该寻求新的技术和新的教育思想的支撑。

在全面分析了传统课堂教学和网络教学各自优势的基础上，2000 年下半年，学校开始实施以校园网为技术平台的教学课题《"课堂·网络的整合"——"超课堂"教学模式的探索》，该课题在 2002 年被宁波市评为基础教育教学成果一等奖的基础上，经过进一步实践和完善，在 2003 年又获浙江省人民政府第二届基础教育教学成果一等奖。

"超课堂教学模式"是一个整合概念，是传统课堂教学与网络教学两种教学方式的有机整合。立足于原有班级授课为基础的课堂教学，用网络教学的优势去优化传统课堂教学的各个要素，解决传统课堂教学在教学资源、异步交流、多信道交互、学生主体性发挥等方面存在的缺陷。网络技术全面介入备课、课堂教学实施和课后练习这三个主要教学环节，使课堂教学的框架结构和功能更为完整。

"超课堂"教学模式是由学校在现代化办学道路上遇到的问题困惑引发，再经分析问题、解决问题而形成的一种新型教学模式的理论与实践。它的研究基础来源于我们对课堂教学、网络教学两种教学形态的审视以及学校大规模的校园信息化进程。

4. 校园网催生学校网络文化的形成

2000 年以来，针对电脑与网络在学生中的使用率越来越高的现实，学校在继承传统校园文化建设的同时，积极开拓创新，下大力气把校园文化的触角伸向网络文化。我们在将长年形成的传统校园文化资源逐步数字化并送上校园网的同时，还在校园网网站中创立了许多文化韵味浓厚的版块，比如，镇中电子相册以数字化图片的形式记载了镇中百年办学历程的每一步，镇中电子相册成了镇海中学百年办学历史的缩影；校园网内"学子凡语"专栏，收录了6000 多条具有相当文字功底和思想内涵的学生原创格言，对学生的精神成长形成很好的激励作用。

此外，基于学校打造"具备国际视野的现代化的全国名校"这一新时期办学目标的需要，我们开始思考在学校网站上开设校园论坛（BBS）的可行性，我们认真总结了国内一些名校创办校园电子论坛失败的教训，针对镇海中学拥有高素质学生群体这一现实，在制定严格管理制度的前提下，以在校学生和校友为主体,辅以学校的正确引导,2001 年 1 月,正式创办了镇中网络论坛。

根据中学生个性特点并结合学校具体工作需要,我们逐步在校园网络论坛上开设了一些特色栏目。2001 年初,为配合学校九十周年校庆工作而开设的《校友专栏》吸引了大批历届校友会聚在镇中论坛,通过网络论坛表达对母校的感恩之情和衷心祝愿,为母校的长远发展出谋划策。以九十周年校庆为契机,以网络论坛为交互平台,2002 年寒假,北大和清华校友自发组建队伍,返回母校进行"情系母校"系列活动,此项活动经过不断完善发展,现已经成为母校、校友、在校学弟学妹之间多方交流的品牌活动,参与"情系母校"系列活动的校友也从最初的北大与清华校友扩大到全体校友。

经过十年卓有成效的探索与实践,学校校园网已经成为镇海中学不可缺少的重要宣传媒体,成为镇中师生、校友信息交流的桥梁,成为镇海中学校园网络文化建设的前沿阵地。

(二)不同凡响的"镇中论坛"运作机制

21 世纪的中学生,在过度的升学竞争渲染之下,承受着过重的课业负担,厌学情绪普遍产生;在狭隘的成才观的支配下,家长对子女的唯一要求是学习成绩,造成当代中学生普遍缺少生活的历练,缺乏克服困难的意志力,欠缺良好的交际能力;由于生理和心理的日趋成熟,男女中学生的情感问题也让我们的教育者颇感棘手。然而,在狭隘的传统教育价值观和市场经济趋向的双重影响下,无法期望中学生群体中普遍存在的心理困惑短期内通过社会大环境的改善来解决。

利用网络的虚拟性和当代学生对网络互动交流有普遍认同这个特点,基于镇海中学可持续发展的需要,也基于对在镇海中学深厚历史文化底蕴熏陶下的镇中学子素质的自信,2001 年 1 月,在学生和校友共同参与下,以排解学生心理困惑、培养学生形成良好的网络道德素养、挖掘学生个性特长为宗旨,充满浓郁人情味的镇中网络论坛开张了。

镇中论坛的成长史,其实也是一个文化、感情的积累史。镇中论坛经过十年的自我完善,已发展成包括"教学园地"、"心理社区"、"原创空间"、"校友寄语"、"海外学子"、"梓荫书友"在内的 21 个栏目,27 万多的帖子,被一些中学生刊物的编辑们形容为"一本大型电子杂志"。

1. 根据学生个性特点开设相应栏目

针对当前社会大环境下,学生承受着巨大的心理压力这个客观现实。我们首先在镇中论坛设立了以"吐露你心灵呼声、解脱你成长烦恼"为宗旨的栏目——《学生心语》。让学生在这个栏目里以一种轻松的心情说出自己内心的感受,谈谈对某些话题的看法,最终潜移默化地消除学生的心理困惑。通过网络交流,提高了学生的交往能力,促进了学生之间良好人际关系的建立。

同时,我们开设了由专职心理老师具体负责的《心理社区》栏目。通过这个栏目讲解心理知识、剖析经典的心理案例、传授自我心理释放的良方,从而让学生掌握必要的心理疏导技巧。由于网络的虚拟性,学生可以用匿名的方式通过网络论坛进行心理咨询,打消了学生的顾虑,心理老师则通过网络反馈的信息,了解学生心理的更多情况,有利于更好地开展心理教育工作。

此外,我们发现一些学生发表在各级各类中学生刊物甚至发表在校内学生刊物上的文章很有文学功底,很多学生写的周记、随笔等也颇具文采,立意也很新颖。在与学生深入接触过程中,我们还了解到,每一个同学都希望能将自己的文章变成铅字,而网络则可以让全世界都了解到他的文笔,而且显得更简单易行。这对他们无异是一种莫大的鼓舞!此外,对跟帖质量的要求也可以帮助同学提高文学的鉴赏能力。为此,我们在镇中论坛上创设了《原创空间》栏目,鼓励学生将自己的原创文章在这个栏目里展示。一时间,写原创文章,读原创文章成了镇中论坛的一大热点,原创空间成了学生发现自我价值、懂得欣赏他人的一个平台。

以开办原创空间取得成功为契机,我们根据学生个性特点陆续在镇中论坛创办了诸如《校友寄语》、《梓荫书友》、《动漫时空》、《音乐天地》等以挖掘学生个性特长为宗旨的特色栏目。这些特色栏目的成功创办,使我们的校园网络论坛从初期以排解学生心理困惑为宗旨的心理家园,发展成为一个为学生发挥个性特长、寻找自信源泉、实现心理突破的舞台,成为校友与母校、老师、学弟学妹交流感情的纽带。

2. 学生、校友参与论坛的管理

"我申请担任××栏目的版主,我推荐××担任××栏目的版主⋯⋯"

每年9月,论坛管理员发布招聘新版主启事后,学生都会这样积极地响应。

"我认为××栏目应该怎样建设,我认为××版主有滥用职权之嫌⋯⋯"

这是经常在我们的网络论坛中出现的针对栏目建设和论坛管理的建议信息。

让学生担任网络论坛的栏目版主,让学生参与网络论坛的日常管理,为发挥校友的榜样作用,聘请校友担任论坛的管理员,是我们在对网络论坛实施监管时,针对学生的心理需求而采取的一个管理手段。学生版主除了对自己负责的栏目进行日常管理外,还给论坛管理员反馈更多关于学生真实内心的信息,从而促使网络论坛不断自我完善。实践表明,让学生参与论坛的管理,有利于学生责任心的培养,有利于学生养成接受他人意见和与人沟通协调的能力,还可以让他们获得更多的心理满足。镇中论坛让学生参与校园网络管理,同样也给了想当版主的同学一些动力,他们会更关心论坛,帮助版主维护论坛秩序,努力把自己培养成为能够胜任这份工作的论坛管理者。他们逐渐成了我们镇中论坛的生力军。

3. 正确看待学生在论坛上的适度宣泄

校园网络论坛的开设,给学生提供了一个可以平等说话、相互交流、展现个性特长、激发灵感的舞台;给教师提供了一个了解学生内心动态,促进师生交流的新渠道;也给校友们提供了另一种"回到母校"的方式。

由于学生正处于心理的成熟期,表达问题的方法往往会简单而直接。这样,就有可能出现学生利用网络论坛对教师的教学和学校的管理工作提出一些片面的甚至偏激的意见,如果处理不当,甚至会产生一些负面影响。

那么,如何看待这种"自亮家丑"式的敏感问题呢? 我们的心得是:"宽容——源于对镇中学子自信的宽容"。

许多重点中学都在校园网中开设过网络论坛,然而,由于监管尺度把握不当,同时怕学生讨论出格、怕影响学生学习、怕家丑外扬,最终被迫把校园网络论坛一关了之。而我校决策层在认识到风险的同时,更看到了网络论坛在拓展校园文化、发展学生个性特长等方面的潜在作用,指示有关部门,在做好风险防范的同时,要把它建设成一个师生的生活空间、精神家园和个性舞台。并在人力物力配置上提供了各种便利条件。

我们认为,从心理角度看,学生的心理压力需要有地方宣泄。受学生普遍欢迎的网络由于其开放性和虚拟性,自然成了他们释放心理压力的最佳场所。在不违反有关法律法规和学生行为准则的前提下,应该允许网络中出现不同的声音,因为不同的声音在网下是客观存在的,只不过通过开放的网络表现出来而已。而来自网络的不同声音,给了我们教育者更全面更真实地了解学生内心的机会,进而可以有针对地对学生进行正确的引导与教育。此外,允许学生在网络中的适度宣泄,如果监管和引导得当,也有利于学生的心理健康。

为此,我们引导学生在表达自己真实想法时注意表达问题的方式和技巧的同时,鼓励更多的教师关注校园网并通过校园网去发现问题解决问题。并及时通过校园网开展了形式多样的德育教育工作。通过校园网，不但使老师获取了师生面对面交流所不能获得的真实信息，从而使我们的教育教学更贴近学生实际。同时，也激励学生以一种更为积极更加理性的姿态参与到网络文化建设中来，最终促使学校的校园网络文化建设逐步完善、走向成熟。

（三）典型案例

从原创版主到高考满分作文

镇海中学 2003 届校友 陈瑾

注：陈瑾，镇海中学 2003 届文科班学生，在校期间，先后担任镇中网络论坛《文学时空》和《原创空间》栏目版主，并在镇中论坛发表大量原创作文。2003 年高考，以一篇《从泪走到血——孙膑访谈手记》获得语文满分作文，成为当年宁波市文科状元、浙江省文科第六名，并如愿考入北京大学。本文为作者在大学期间撰写的关于在镇中论坛耕耘的一些感受。

当我得知自己的高考作文获满分时，简直不敢相信。《从泪走到血》是在不到 20 分钟的时间里写完的，可以说是灵感爆发，写作的时候感觉很顺畅，那个时候真是深切体会到"思如泉涌"的感觉。之所以可以如此顺利甚至可以说是轻松地在高考中写出高分作文，我想，这跟我喜欢写作有着密不可分的关系。而对写作抱有这么大热情的原因，又跟镇中论坛有关。

第一次接触镇中论坛是高一的寒假，刚念完一个学期高中的我，在论坛上看到了一个不一样的世界：张扬、炫目、横溢的才华、丰富多样的写作风格……于是，有了写作的激情，最重要的是，开始写一些不那么应试的、比较突显个性的文章。我想，自己的写作风格可能也是从那个时候开始形成的。不久，我接任了原创空间栏目的版主。

原创空间是镇中论坛的精华，而作为这个栏目的版主，自然要对自己高要求。我开始大量地阅读，并且在极高的写作热情下进行大量的写作，而论坛上那些或批评或表扬的回帖也让我有种"开花结果"的幸福感觉。随着镇中论坛日益受到瞩目，论坛上的帖子也常常会被报纸杂志拿去发表。有了镇中论坛，有了原创空间，我发表的文章比初中时多了很多，写作热情再度被激发，并且开始尝试写不同风格的文章。

说实在，写作是一件很寂寞的事情。当一篇文章还没有完成时，作者只能一个人默默地与纸笔为伴。如果一篇文章倾注了大量的心血却得不到关注，作者失落和无奈的心情是别人无法体会的。日子久了,就会对写作产生排斥感。在课堂中,老师一般不太可能仔细去品味每篇作文,学生某个灵巧的构思或者某句绝妙的话语有被忽略的可能。这对于学生写作的积极性可能会成为一个打击。而在论坛上,在原创空间里,作品会被很多人阅读。那些巧妙的闪光点会被发现,他们会对你奇妙的想法友善地微笑,那种满足感可以成为一种很大的写作动力。

让寂寞的写作不再寂寞,这是原创带给我最大的感动。

我觉得,拿高分作文,不仅要靠技巧,更多的是靠写作热情。对写作没有热情的人,写文章就好像是挖井。在地上画一个圈,然后挖啊挖啊,终于挖出那么一点水来。而对写作有热情的人,写文章就像是在一个大堤上凿一个口子,水一下子就汹涌而出了。对写作有了热情,就可以变被动为主动了。我常常在想,如果没有原创空间,我曾经写出来的那些文章只能烂在抽屉里,没有人欣赏,如果是那样的话,我还会有那么高的热情去写吗?原创空间让我一直生活在写作热情中,我真的很幸运。

二、丰富学生社团文化

随着高中新课程改革的日益深入,学生社团呈现出蓬勃发展的态势。高中学生社团在培养学生兴趣爱好、提升学生综合素质、完善学生知识结构、繁荣和活跃校园文化等方面发挥了重要作用。但是长期以来,由于学生社团多是兴趣性团体,社团成员都是抱着相同或相近的爱好、兴趣,自发地走到一起,形成社团。大部分社团在成立之初都没有自己的口号、徽标、宗旨、刊物、品牌等,更缺乏科学规范的管理,很多社团活动的策划与组织,只注重社团成员的兴趣性,缺乏对社团文化的培育与建设,因而也就缺乏凝聚力、感召力和影响力以及可持续发展的潜力和后劲。因而,注重社团文化建设,规范学生社团管理,引导学生社团向科学、全面、健康的方向发展对于学校的学生管理、校风学风建设、校园文化培育、学校品味提升以及中学生的成长成才都具有深远的理论意义和实践意义。

(一) 丰富多彩的镇中学生社团

百年风雨孕育出了镇海中学深厚的文化底蕴,而学生社团无疑为镇中的百年气韵更增添了一抹青春色彩。校园文化名牌——梓荫文学总社是在学校

20世纪80年代第一批社团早春文学社、读书会、灵通记者团基础上建立健全起来的。当时的早春文学社以其独特的文学魅力吸引了大批镇中学子，他们与社团共同经历着风雨洗礼，感受着时代变迁，并共同走向成熟。如今的梓荫文学总社融新闻、文学、读书爱好为一体，继承社刊《梓荫花》"愿《梓荫花》代代相传，越开越艳"的办刊精神，打破文学社以单一文学活动为主的樊篱，关注每个成员人文素养的提升。梓荫文学总社一次次迎来花开的时节：早春文学社曾获"省中学生优秀文学社"称号，社刊《梓荫花》、《梓荫书友》曾被中国作家协会研究部、《人民文学》杂志社等单位评为"全国中学九十九佳文学社刊（报）"，读书会被评为"全国优秀学生社团"，梓荫文学总社先后被教育部关工委等单位授予"全国百家优秀文学社"的称号，被文化部中国儿童文学研究会评为"全国中小学十佳文学社"。

在近30年的发展过程中，镇海中学学生社团也走过了由单一到多元、由简单到繁盛的历程，如今步入了百花齐放的春天。目前，学校共有学生社团、兴趣小组近50个，涉及学科类，如九章学社、加速度俱乐部、地震测报站、猎狐俱乐部、航模队等；文学类，如梓荫文学社、读书会、灵通记者团等；实践类，如兑门书社、广播站、义工自主管理委员会等；体艺类，如海天艺术团、视觉艺术工作室、风云体艺俱乐部等；公益类，如"爱的"慈善工作站、绿音环保社等诸多领域。

1. 镇中社团文化体系的形成和内涵

社团是由学生基于共同的兴趣、爱好、特长，经学校相关部门同意及经过一定的程序成立，并按照章程自主开展活动的学生组织[1]。而社团文化则是在社团发展过程中所形成的为全体成员所共同造就及认可的精神方面以及管理理念、规章制度、宗旨使命、行为规范等物质方面的总和。社团文化的建设，其实就是要让社团价值观、社团精神被广大成员所认同和接受，使成员在社团"文化场"的影响下最大限度地发挥主动性、积极性、创造性，从而提升会员综合素养，加快社团健康发展，提升学校文化品位。

学校社团在发展过程中，大多数社团规模大、会员多、活动好、影响广，自身建设完善，发展前景广阔，但有些社团在发展过程中也遇到了一些困难和挑战。比如说，一些传统社团逐渐失去了对学生的吸引力、号召力，发展空间日

---

[1] 毛立刚，蓝廖国.大学生社团文化建设中存在的问题与对策探讨[J].贵州学院学报，2009(9)：10－12.

益萎缩；一些如雨后春笋般涌现的新兴社团难以建立起自己的品牌活动，它们的存在犹如昙花一现，在做大做强的道路上不幸夭折。面对这些难题，除了在人员、经费、指导教师等问题上加以保障外，加强社团文化建设是保证社团可持续发展的必由之路。

基于此，我们主动顺应新的时代背景和教育背景，紧密结合学校实际，坚持继承与创新相结合，充分挖掘、整合、拓展学校各种资源，开展了以"自主、多元、开放"为特质的社团文化建设，"自主"即为自主管理、自主活动；"多元"即为多元选择、多元评价；"开放"即为开放活动形式、开放发展模式。我们通过以"自主 多元 开放"为特质的社团文化建设，使每个社团都确立起自己的社团宗旨和社团精神，打造出良好的社团形象和具有影响力的社团品牌；培养了学生的集体主义观念，锻炼了学生社会适应能力和实践创新能力；完善了学生的知识结构，促进了良好个性品质的形成；充分调动了普通教师参与社团工作的主动性和积极性，在指导社团活动中提升专业素养，拓宽育人领域，提高社团思想政治教育和活动管理的能力，创造性地引领学生社团朝着健康的方向发展；繁荣了校园文化，促进了良好校风、学风的形成，使学校各项工作和谐有序开展，使社团真正成为了学生自我教育、能力培养、拓宽视野、挖掘潜能、发展个人爱好和特长的广阔舞台。

2. 镇中社团文化的核心价值和积极作用

《国家中长期教育改革和发展规划纲要（2010—2020 年）》在"人才培养体制改革"部分着重对创新人才培养模式提出了要求，"加强学生社团组织指导"就是其中之一。近年来，学校全面贯彻党的教育方针，坚持实施素质教育，在"品质教育、以小博大"核心发展战略和"促进学生发展为本，适应社会发展需要，满足家长期望"三者有机统一的办学理念指导下，努力构建以"人文、和谐、自主"为特质的个性化校园，实现"尊重多元选择，促进高水平差异发展"这一核心价值。学生社团作为校园文化的重要载体和校园生活的重要组成部分，在其文化建设过程中我们也紧紧围绕学校这一核心价值，倡导社团的自主管理、自主活动，尊重学生的多元选择、多元评价，追求活动形式和发展模式的全面开放，充分实现学生"规范与个性"、"共性与差异"、"基础与特长"、"社会化与个性化"以及"学业水平与综合素质"的辩证统一和同步发展。通过近几年的社团文化建设，学生社团活动在培育学校和谐教育生态中的地位和作用日益凸显。

（1）学生社团活动是学校开展思想政治教育的有效载体。当今中学生的思想观念呈现出多元化的发展趋势。学校通过加强领导、科学管理、充实内容,从制度、措施、方法上加大对学生社团的指导和引导,而学生在自主管理、自主参与、自主活动中达到自我思考、自我教育的效果。社团活动在潜移默化中培养了学生的集体意识和团队精神,增强了学生的社会责任感,提升了思想道德素质,从而增强了学校思想政治工作的主动性、针对性和有效性。

（2）学生社团活动是学校开展素质教育的重要途径。创新是一个民族的灵魂,是一个国家兴旺发达的不竭动力。同样,创新也是一所学校实施素质教育的灵魂,是学校教育的目标之一。如今学生的主体意识、参与意识和竞争意识不断增强,他们热切地渴望通过参与各种形式的社会实践活动来锻炼提高自己的能力,而各类学生社团可以满足学生的不同需求。所以学校在"明目标、给时间、留空间、展特长"的方针指导下,着眼于学生的发展,利用社团活动平台,通过学生参与、历练、感悟、内化的途径,达到培养学生主体意识、公民意识、创新意识的主旨,从而达到了培养创新实践人才和实现人的全面发展的目的。

（3）学生社团活动是学校推进课程改革的有力推手。学校在新课程改革理念指导下,鼓励学生根据需求自主创建社团,并将社团活动与社会实践、社区服务、研究性学习、校本课程等进行优化整合和拓展,打造了一批像"爱的"慈善工作站、校园义工、兑门书社等一批有影响力的新兴社团品牌。学校还科学规划课程,建立多元课程体系,"社团活动"正被逐步纳入学校课程体系。学生社团唱响了"深化课程改革、活跃校园文化"的主旋律,成为学校深入推进新课程改革的助推器。

（4）学生社团活动是提升校园生活品质的重要举措。苏霍姆林斯基说:"学校的任务,不仅在于传授学生必备的知识,而且也在于个人精神生活的幸福。"我们在实施任何教育活动时要努力实现教育本质的回归:让学生追慕美好、追逐梦想、追求卓越。校园生活品质是师生对于学校生活的主观体验,创造丰富的、高质量的、高品位的校园生活应是学校办学过程中的一种价值追求。学校高品质的学生社团活动,就是一种高质量、多样化、可选择的内涵丰富的教育超市,它不仅能够满足学生多样化学习经历和体验的需求,满足学生个性化学习的需求,而且还能够让学生在多元化、可选择的学习过程中产生愉悦感、成就感。

（5）学生社团活动是培育和谐校园文化的有效手段。学生社团是校园文化中一支活跃的力量,它在继承、繁荣校园文化的同时,也在悄然塑造着校园文化的品格和发展方向,所以社团文化既是校园文化的重要组成部分,也是校园文化的具体表现形式和实践方式。一所学校长期形成的文化积淀、办学理念和人文精神可以通过学生社团加以传承，而精彩纷呈的社团活动和学生在其中表现出的精神风貌又给校园文化注入了巨大的生机和活力，对促进校园文化多渠道、深层次、高质量的发展和传承学校的优秀文化传统方面起到了积极的推动作用。

（二）寓意深刻的社团文化建设

社团文化的孕育、生成和传播主要取决于以下几个因素：

目标与宗旨。目标和宗旨是社团创立的信念、信条与理想，是社团行动的方针、纲领和基准，是社团成员的精神依托，是社团个性的集中体现。在社团文化诸因素中，目标与宗旨是统一社团文化的基础，是生成社团文化的平台；

组织与制度。在社团文化形成中，必须形成一系列制度、规范，用来约束、统一社团成员的言行，使他们以最佳的状态和集中的精力投入到社团活动和社团发展中去，统一社团精神；

社团活动。社团活动即社团在运作过程中开展的活动，是社团运作和存在的主要体现，是社团的生命力所在。社团文化主要从社团活动过程、活动形式、活动影响力、成功性中体现出来，没有社团活动，社团文化也就失去了载体而无从体现；

宣传认同。对社团文化而言，它必须为所有的成员所认同，铭记在成员的思想里，融化在整个社团活动过程中，否则，社团骨干们、管理层有"文化"意识，成员无"文化"意识，社团整体的文化则无法形成。①

基于以上分析，学校在社团文化建设的管理运作上做了以下探索和实践。

1. 学校政策大力支持，确保学生社团的可持续发展

学校把规范管理和扶持激励相结合，从政策和经费上给予社团建设必要的支持。一是将学生社团纳入科学的管理体系，先后出台《镇海中学学生社团管理办法（试行）》、《镇海中学学生社团指导教师聘任考核办法》等一系列文件，建立健全学生社团各项管理制度，使学生社团工作有章可循、有据可依，为学生社团创造一个良好的生存和发展空间。二是对学生社团指导老师给予更多承认和支持。学校每年给指导教师颁发聘书，将其指导社团的工作计入正

① 夏立治.大学生社团文化建设现状及其价值取向研究[J].法制与社会，2009(2)：203 - 204.

式教学量并发放课酬,同时评选出"优秀学生社团指导教师"予以表彰,极大地激发了指导教师的积极性,保证了学生社团活动的品质。三是将学生参与社团活动纳入评优评先指标体系和知名高校各类推荐的准入门槛,促进了社团参与率,提高了广大学生活动积极性。四是在经费保障上除了加大行政划拨外,还积极鼓励学生争取社会赞助。这样既增加了社团的活动经费,而且学生在寻求外界赞助的过程中提升了人际交往能力,丰富了社会阅历。

2. 学生会社团部搭建桥梁,推动学生社团的规范化管理

校团委于 2008 年进行了学生会机构改革,新增社团部负责学生社团管理工作。社团部主要以管理、监督和服务本校各个学生社团组织为工作重心,与各学生社团之间建立起管理与服务、监督与合作、引导与协助的多元化工作关系。一是推行社团分类管理。在原有的三级管理模式(校团委－社团部－学生社团)的基础上,社团部对社团进行分类(学科类、文学类、实践类、体艺类、公益类)管理,倡导大类下性质相近的社团开放合作。二是搭建"一网"、"两报"、"三展"等平台。"一网"即校园网,"两报"即《镇中社团》简报和团刊《梓荫花》社团专刊,"三展"就是依托社团文化节、社团开放日、社团招新三大活动集中展示社团文化。三是加大社团干部队伍建设力度。社团部定期举办新任社长培训班及社团沙龙,实现社团培训的日常化。实行每学期一次的社团干部考核和社团内部的成员评价制度,设立"优秀社团干部"、"优秀社团会员"、"社团活动积极分子"等奖项,培养了一批责任心强,有能力的社团干部,同时也促进了社团内部成员的合理流动。

3. 社团文化培育根植,提升学生社团的凝聚力建设

作为一个优秀的组织必然会有一个明确的核心价值观作为其向导来指导它的行为动作。对于社团来说,就是要构建其本身的社团文化。社团文化是一个社团的灵魂,是一个社团凝聚力的重要源泉,也是推动社团不断向前发展的强大精神动力。一是准确定位社团性质。明确社团自身的目标、宗旨以及发展方向,使社团成员为一个共同的目标而奋斗,创造一种宽松、和谐的绿色社团文化氛围。二是培育先进社团文化。社团通过自己的社刊、报纸、杂志、博客、论坛、会徽、口号、社团理念、文化衫、品牌活动等来培育和体现社团文化。三是把握社团活动品质。通过举办社团周年庆典、宣传教育、文娱体育、读书学习、代表学校社团形象同其他学校社团交流、同社会接触等高品质的主题活动来深化社团文化,使社团价值观和社团精神被广大社员所接受并传承,使成员的积极性、主动性、创造性最大限度的得以发挥,从而产生归属感、使命

感,形成向心力、凝聚力。

4. 优质资源整合利用,加快学生社团的品牌化建设

校园文化系统的相对封闭性已经成为大多数社团发展的主要瓶颈,俗话说"它山之石,可以攻玉"。一个成功的人必定是一个善于学习、善于借鉴的人,社团的发展也同样如此。所以学生社团要得到健康发展只有充分利用校内外资源,保持社团充分的开放性。一是积极开展校内社团之间的合作和交流,实现资源的共享,提高社团活动的档次和水平。二是加强联系和交流,努力做到与高校的无缝对接。加强同宁波市及其他地区学校社团的联系和交流,鼓励社团与高校和兄弟学校联合开展活动。通过"请进来、走出去",使社员开阔视野,增长见识,提升能力,在思想心理、知识储备和能力素质上都提前做好了顺利迈入高校的各种准备。三是鼓励学生社团走出校门、走向社会,同时积极为社团创造与社会联系的机会,开拓社团与社会交流的渠道。学校利用社会的广阔舞台和丰富资源,来充实学生社团的内涵,增强学生的社会适应力,达到最后从学校走向社会、服务社会的目的。

(三)典型个案

行走在爱中的天使
——学校成立慈善类社团的探索和实践

镇海中学"爱的"慈善工作站是学校的一个慈善类社团,也是区慈善总会在我区学校中建立的第一个分支机构,于 2007 年 12 月 28 日正式挂牌成立。这是宁波市第一家挂牌的慈善总会校园工作站,在全省也是首家。

在中学校园里成立慈善类学生社团,这个想法缘于学校陈潜等六名同学的研究性学习活动。因为联合国儿童基金会亲善大使奥黛丽·赫本的一句话"其实每年只需要 8 美分就能使一个孩子不至于失明,8 美分只是两片维生素 A 的价格"让陈潜萌发了想要从事为爱而奔波忙碌的慈善事业的想法。于是有着相同志向的六名同学选择了题为《天使在校园——关于如何在本校开展慈善活动及开展此活动意义的研究》的慈善意识调查研究,在近四个月的查找资料、调查访谈中,他们感受到中学生慈善意识和行为多集中在"慈善一日捐"等有限的活动中,而且此类活动往往并不能真正有效地培养同学们的慈善意识,营造慈善的氛围。而且余姚人严瑾女士成立的民间慈善组织"爱心之家"的成功运作,使得他们对如何从中学时代就着手提升"慈心为人,善举济世"意识和建立学生乐于接受并自我管理的校园慈善机构的前景充满了希望。基于此，由陈潜等六人组成的课题组主动寻求政教处、团委的支持和引导，成立了隶属于镇海慈善总会的学生社团。这就是镇海中学"爱的"慈善工作站诞生的故事。

2011 年是慈善工作站成立的第四个年头。从刚建社团时的不足 10 人，短短三年，已成为拥有注册会员 50 余名的镇中明星社团之一。截至 2011 年 3 月，工作站共募得善款近 26 万元，帮助各类人群达 2000 人次以上。而且慈善工作站在校内外开展的一系列慈善公益活动获得了一定的社会影响力，《浙江日报》《宁波日报》《东南商报》《教育信息报》《德育报》等多家新闻媒体对此进行了相关报道。2011 年 7 月，工作站被授予第二届"宁波慈善奖"，是 25 个获奖机构中唯一一个学生慈善团体。三年来的风雨兼程，见证的不仅是壮大，还有工作站成熟的轨迹。

一、社团组织建设：强化管理，激发活力

1. 明晰职能，机构设置更加科学。

2010 年 10 月，工作站进行了第三次的换届选举和成员招新。新一届工作站成员本着务实高效的工作原则大胆地对过去的组织架构进行了改革，采取了"社长总负责＋部门责任制＋考核奖惩制度"的工作模式，将原来站长、副站长、财务人员和普通社员的机构组成，改成了由站长（总体规划）、副站长（协助站长工作）、秘书处（例会和活动记录）、财务部（账目整理、核对，资金统计）、宣传部（稿件撰写、刊物编写；海报创作、刊物设计）、策划部（活动策划、方案构思）、后勤部（活动场地布置）等构成的组织机构，根据社员特点将他们分配到各个部门。各部门工作任务明确，各社员职责明晰，提高了办事效率，实现人力资源的最优配置和最佳利用。

2. 加强管理，运行机制更加完善。

为更加有效地对社团进行宏观层面的指导和管理，引导社团良性发展，修订完善了《镇海中学"爱的"慈善工作站章程》；严格实施每月例会制度，工作站每月召开一次全社大会，传达学校学生会社团会议精神，总结工作站该月工作情况和收支情况，布置下月工作计划；建立健全了会议签到制度、请假制度以及社团年度评优细则，这既加强了成员的组织纪律意识，也便于工作站内部的年度考核和评选；完善了工作站档案收集整理制度，对例会会议记录、每次活动的策划书和总结等所有文字资料都进行存档，为社团以后的发展提供可供参考的资料；继续实施财物公开制度，财务部每季度公示工作站收支情况，接受全校师生监督。

二、社团文化建设：精心设计，凝聚合力

1. 明确定位，着力打造工作站核心文化

第四届工作站成员在原有基础上进一步明确了工作站的宗旨为：弘扬中华民族的传统道德精神，借鉴吸收现代社会文明成果，立足于社会道德自律和自身素质的提高，团结动员全校师生和社会各界力量，宣传慈善观念，呼唤公益爱心，募集慈善资金，帮助他人、提升自我、服务社会。深化工作站的口号"只要我们在一起，没有什么不可能"和工作站站标的内涵，并出现在每次活动当中，提高社团成员对工作站核心价值观的认同感，同时提升工作站在全校师生当中的影响力和号召力。

2. 挖掘内涵，切实提升工作站人文文化

通过社团内部交流、和浙大红十字会交流等活动，逐步形成工作站成员共同的价值观，它包括有共同的信念、信仰、信心，共同的责任意识，行为方式以及在此指导下形成社团风貌、行为规范、社团精神等。实施"以人为本"的管理思路，增强社团成员的竞争意识、效率意识、管理意识、效益意识、信誉意识、开拓创新意识，提高成员认同感和对工作站的归属感，培养和造就高素质的社团人才，并在此基础上提炼形成本社团的管理文化。

三、社团活动建设：开拓创新，打造品牌

1. 宣传：增强慈善的感染力，营造校园慈善氛围，提高师生慈善意识

慈善本身是一种以利他主义价值观为根基的高尚行为，是人性真、善、美的体现，参与者也通过帮助他人得到心灵的升华。慈善事业的广泛开展更有利于整个社会的稳定。然而，在社会转型的特殊时期，整个社会的物化风气对在校学生的价值观也产生了不利的影响。所以在校园内加强慈善宣传力度，宣传扶贫济困、诚信友爱、互帮互助、奉献社会的良好风尚也是慈善工作站的首要使命。慈善工作站通过在校园内外开展慈善海报展、举行校园慈善论坛、学习高校慈善组织运行模式、向兄弟学校推广经验成果等传播和呼唤爱心，营造人人关注、参与慈善的浓厚氛围。

2. 募资：通过多种方式和途径扩充募资渠道

开展慈善活动，解决资金问题是关键。募资工作是慈善工作中的重中之重，没有大量的募集资金，慈善就成了无源之水、无本之木。而募集资金的多少直接取决于募资渠道和募资方式。慈善工作站募资的主体主要是在校师生（也包括部分市民）。只有把在校师生调动起来，继而影响周边群众，慈善工作

站才有可持续发展的社会基础。要解决这一问题，需要走多元化的募资道路。一方面，在发生重大灾难或是为特定对象募集资金时，由慈善工作站自上而下发动募捐活动。在汶川地震、玉树地震、西南旱情发生之后，慈善工作站迅速行动起来，向全校师生以及周边居民募集善款；另一方面，利用各种契机，通过在校内外开展吸引力强，师生、群众乐于参与的活动来募集资金。比如2010年，慈善工作站开展了爱心义卖、义演活动5次，募得资金5000多元；此外，动员校友、企业家等社会各界人士通过赞助慈善工作站活动的方式来筹集资金。由于慈善工作站社会影响力不断增加，学校慈善工作站在2010年10月收到一名爱心人士捐赠的50000元善款，成为慈善工作站成立以来收到的最大一笔个人匿名捐款。

3. 救助：主动寻找救助对象，突发性救助和长期结对帮扶相结合

慈善工作站募集到善款后，如何更好地分配和使用善款也是慈善工作站长期以来思考和探索的问题。首先，对遭受天灾人祸等突发事件的集体和个人，及时通过区慈善总会把善款送到救助对象手中。如在玉树地震、西南旱情等天灾人祸等突发事件中，通过区慈善总会对受灾群众进行帮扶救助。其次，开展和夏金生福利院、外来务工人员子弟学校、低收入农户青少年、青川瓦砾乡6名受灾儿童、校内贫困生等弱势群体长期结对帮扶活动。

三、建设班级特色文化

班级是学生学习生活的主阵地，也是学校教育的前沿阵地，更是学生的精神家园。班级文化是一个班级的灵魂，是每个班级所特有的个性特质，也是培育学生良好品质的"空气和水分"。班级特色文化流露着班主任的教育追求、展示着班级学生独特的生活品味。镇中在建设班级文化的过程中承载镇中深厚的文化底蕴、汲取学生喜闻乐见的时代气息，逐渐形成"班班有特色、班班有文化"的良好局面。

（一）绚丽多姿的镇中班级特色文化

1. 班级特色文化内涵

班级文化可分为"物质文化"和"精神文化"。物质文化是一种"显性文化"，指可以摸得着、看得见的环境文化，比如教室墙壁上的名言警句、文化长

廊、科普长廊、"生日祝福"、挂在教室前面的个性化班训、班风等醒目图案和标语等等。精神文化则是一种"隐性文化",包括制度文化、观念文化和行为文化。制度文化包括各种班级规约,构成一个制度化的法制文化环境;观念文化则是关于班级、学生、社会、人生、世界、价值的种种观念,这些观念弥漫在班级的各个角落,潜移默化地影响着学生;因制度和观念等引发出来,从学生身上表现出来的言谈举止和精神面貌,则是行为文化。

班级特色文化,是指具有独特性和优异性的班级文化,是"因班而宜"、"因师而宜"、"因生而宜"的班级文化。它或者是针对班级学生存在的问题的,或者是充分发挥班主任、课任老师的优势、特长的,或者是充分利用学生的优势、特长而建立起来的。它是学校、班级不可或缺的德育前沿阵地。

2. 班级文化建设的理念

著名教育家马卡连柯说:"不管用什么样的劝说,也做不到一个正确组织起来,自豪的集体能够做到的一切。"班级文化是一个无形的道德"场",影响着学生的思想行为;它是"润物细无声"式的滋润着学生的心灵,使之产生"久熏幽兰人自香"的熏陶感染效应。

班级文化建设不是简单的表象的变化,而是质的提升。加强班级文化建设,不仅是学校德育工作的新途径,更是学校育人方式的转变,其意义在于用文化建设的理念统领班级工作,实现对学生的管理从制度约束向文化影响、文化育人的教育行为转变。

班级文化建设不仅是探索、解决在教育中所遇到的瓶颈问题的一种有效途径,也是培养学生人文精神、学科素养的最终手段。班级文化建设就是使教育回到文化育人这个原点上来,让校园充满浓郁的文化氛围,浸润学生的一言一行。

3. 镇中班级特色文化建设的思考

近年来,班级特色文化的开发和建设往往拘泥于"整体划一"的班级环境文化、班级制度文化、班级课程文化的建设,更滞后于多元的校园文化建设。因此,以这种乏味的班级文化为载体的学校德育、班级德育就缺少了针对性、主体性、特色性和可持续性。即使开展班级文化活动,也是过分强调全校各班"统一要求"、"统一内容"、"统一形式",很少考虑班主任、班级学生的差异,所以"千篇一律"、"一哄而上"、"只有要求没有体验"、"只有操作没有文化"、"只有活动没有特色没有实效"的弊病随处可见。

可见,发挥班级物质文化、制度文化、观念文化和行为文化作用的同时,调动各班主任、课任老师和学生参与德育的积极性，有必要打造出镇中班级特色文化。只有班级特色文化才能发挥它们之间的相辅相成、互补和谐的共振作用同时，使班级文化百花齐放、张扬德育个性，大面积地提高德育的实效性。

【案例4-1】 镇海中学校长对建设班级特色文化的思考

在2008年一次教育考察中我有幸接触到山西大同二中的班级文化建设，该校健康向上、生机勃勃的班级风貌给我留下了深刻印象，"班班建文化、班班有特色"的做法也给了我很大启发。回到学校后，我与有关领导和老师商议，大家都觉得在学校原有积淀深厚的校园文化基础上进一步突出班级文化建设很有必要，并达成了初步的工作规划。此后两年，我们分两批组织全校班主任老师赴大同二中实地考察学习，政教处等部门紧密结合学校实际加强研究和创新，开展了班级文化建设方案设计比赛、班级风采大赛、经验交流会、主题班会、先进评比等一系列活动，班级文化建设逐步深入，已初步形成了与学校发展定位相符又各具特色的目标、内容、策略、路径，班级文化建设已成为高中新课程下学校德育工作的重点和亮点之一。

在我看来，班级是学生在校最主要的学习活动场所，是学生成长过程中最重要的身体和精神栖居地，班级整体的外观风貌、制度规范、理想信念、价值取向、生活态度、思维方式、行为方式等对班级每一个体的素质能力增强、人格个性完善、学业成绩提高都会产生长久深远的影响，班级文化既是一门隐性课程，更是一种显性的教育力量。在高中新课程背景下，传统的班级管理、班级文化在很多方面已经不适应新课程的要求，班主任老师应在先进教育理念的指导下，进一步树立课程意识、经营意识、文化意识，以课程的标准、经营的策略、文化的高度来设计、规划、建设班级文化，把班级打造成学生的学习乐园、心灵憩园、幸福家园，为学生创设宽松、自主、富含教育意义和人文力量的优质空间，以更好地实现"学生共同基础上的个性发展"这一高中新课程核心追求，凸显"尊重学生多元选择 促进高水平差异发展"这一镇中办学特色。

从各班递交的文化建设方案来看，过去两年大家通过班牌、班训、班规、班风、教室绿化、墙面布置、班级口号、教室标语、班级活动等文化载体将班级文化的物质、制度、文化三个层面有机结合起来，初步形成了本班级的独特风格和文化特色，如高一（7）班的名校文化、高二（8）班的团队文化、高三（2）班的"和而不同"理念，等等，都是值得肯定的。但不容回避的是，相当数量班级在推进文化建设使更多的还是停留在物质和制度层面,精神层面的班级文化建设显得信心不足、方法不多、无法深入,同时,班级文化建设一定程度上还存在雷同化、模式化、表面化、形式主义的倾向,部分学生、部分任课教师的参与度不高,等等,这些问题都应引起我们高度重视,认真总结反思,不断深化实践,在下一轮班级文化建设中加以改进完善,更上新台阶。

摘自《镇海中学班级特色文化建设专辑》序言(2010 年 1 月)

(二)竞相生辉的班级文化运作机制

1. 班级特色文化的建设机制

(1)学校规划。班级特色文化建设与个性化校园建设的主线——人文、和谐、自主相一致。每学年初,学校工作计划中都会对各年级提出各年级分层班级文化建设主题:高一年级,观念理想(习惯养成、先进人生观、价值观教育,引导科学规划高中生活以及人生)培育;高二年级,健全人格(民主法治、自由平等、责任与感恩意识)培育;高三年级,信念气度(勤奋、意志、情感、气度、理性)培育。

(2)职能部门协助、指导。苏霍姆林斯基曾经说:"无论是种植花草树木,还是悬挂图片标语,或是利用墙报,我们都将从审美的高度深入规划,以便挖掘其潜移默化的育人功能,并最终连学校的墙壁也在说话。"班级文化建设首先要抓好教室的环境布置,总务部门积极联系有关物质文化建设方面的制作单位,协助班级制作好班牌、展板、白板、盆景等。

政教、团委重点做好各年级的精神文明建设的导向工作:方案的制订与修正,各班按要求制订实施方案并及时指导修正;过程的检查与指导,政教处在每学期开学后第一个月末对各班实施情况进行检查记载;特色的展示与观摩,学校在每年在高一、高二年级展开班级特色文化建设成果的展示与观摩活动;效果的评估,每学年期中考试前后,由政教处牵头组成评委组,对各个包括班级特色文化建设方案、过程性材料、总结、随笔等成果进行综合评估,将结果纳入班级量化考核之中并进行表彰奖励。

(3)班主任为班级特色文化建设定调。班主任应该为班级特色文化建设定好"背景色"。从班级特色文化建设的责任来看,作为掌舵者的班主任,有责任要根据学生的具体情况、班级的实际状况走一条有自己特色的路,让班级具有独特的"品牌"。有责任让人走进每一个教室,接触每一班学生,都给人崭新的感觉，在个性中表现出积极向上的共性。从班主任对班级特色文化建设的影响力来看，一个班级的文化特质往往与班主任老师的个性、教育教学风格、教育理念甚至是文化取向息息相关，每一个班级特色文化也是班主任老师的一面镜子，都是一道独特的风景线。

（4）班级学生构思、实施细节。首先，特色文化建设的内容方面要倾心关注学生文化的特点，以平等、尊重、欣赏的态度接纳学生文化，保护学生文化的独立性和存在的权利。其次，要把特色文化建设的实践工作交给学生，教师不可越俎代庖，一手包办。赋予学生班级环境的建设权、班级工作的管理权和班级活动的组织权，充分调动学生的自主性、积极性和创造性，使他们的情感、需要、愿望、兴趣等得到发展。让全体学生都成为特色班级文化的营造者，实现学生的自我管理和自我教育。

2. 班级特色文化的发展机制

（1）班级特色文化的纵向发展。特色班级文化的纵向发展指的是特色班级文化机制在同一班主任先后所带的不同班级之间的传承与创新。班主任已经历了一次以上的成功建设班级文化的经验，形成了较为稳固的班级文化特别是物质文化、制度文化建设、管理经验。新的班级与原有的班级在所处的内外环境之间的相似性的多少决定班级文化纵向延伸中传承与创新的比例。传承主要是指在新带的班级中延续班主任在原有班级形成的管理理念，这是新的班级中班级精神文化的重要源泉；创新则是指经验化的特色班级文化在新的班级环境中的适应性创新，它主要表现为在传承原来理念的基础上发展完善。

学校采用一定的奖励机制鼓励班主任在条件成熟的时候，将学生在取得的这种优势和特色的过程中所形成的有效策略和思想内涵进行强化和提炼，将其定格为班级个性、班级精神、班级价值观、班级个性等班级文化的内涵。帮助班级特色文化建设中脱颖而出的班主任老师建立"名牌""名优"班主任。

（2）班级特色文化的横向发展。班级文化的横向延伸指的是一种良好的班级文化向同校其他班级的延伸，并在条件可能的情况下由班级文化上升为校园文化的内涵。确切地讲，横向发展更应该称为推广，是其他班级对原班级一些比较好的管理措施的模仿。学校通过德育年会、班主任发展论坛、班级文化建设经验交流等多种形式，向广大的年轻班主任、新班主任推介优秀班级的特色文化，助推整个学校乃至地区的班级特色文化建设。

（三）典型个案

1. 特色物质文化之班训与班牌

（1）班训——脚踏大地，仰望星空。

如图4-1所示，蓝色为底色，字为毛笔字变形，颜色为墨色，边上有白色雪花效果。这个标语为纯手工制作，花费同学很多精力，旨在制作出一个符合同学心意，大方美观的班训。

图4-1

班级对班训的认识：北京大学资深教授，著名人文学者钱理群先生对青年朋友说："要使我们获得健全的发展，最重要的就是这两条：一是如何脚踏大地，如何和我们生存的这块土地、土地上的人民、土地上的文化保持密切联系；另一个就是如何仰望星空，有一种超越于物质现实生活的精神追求。"班主任希望全体学生脚踏实地、学好知识和技能、做能立于激烈社会竞争的人；希望全体学生经常地仰望天空，学会思考，做一个关心社会发展和国家命运的人。"脚踏大地"可谓踏踏实实，一步一个脚印，激励同学们要去浮躁，全身心投入学习；"仰望星空"则取其展望未来之意，以之鼓舞同学充满信心，为自己的理想而奋斗。进而展现班级的风貌，表现同学共同的生活信念，即"努力与希望同在，奋斗与梦想并存"。

（2）班牌——"天宫E号"。

如图4-2所示，上有班级宣传语："有质量，又能量，才有分量"；下方与集体照嵌合；"$E = MC^2$"与"class five"的水印效果；右边地球形象，运载火箭正蓬勃向上。

图4-2

集体照所展现的造型实为能量公式"$E = MC^2$"，此理科重要的质能方程与"有质量，有能量，方有分量"的宣传语对应，作为一种价值观念已经深入每个班级成员的心中。

"天宫E号"。这是一个航天器（2011年预计发射）的名字，取此名原因有二：其一 2008 届在 2011 年高考，寓意腾飞；其二是"E"为英文字母表第五个字母代表五班．而且"E"让学理科的同学很容易想到能量公式："$E = MC^2$"，这与集体照的造型相符合。

2. 特色精神文化建设之制度文化——以团队促团结

（1）团队建立办法。以学生自愿为基础、班主任建议为辅助，依每 5～10 人一组，班级共建立 5 个团队。每个团队有自己的特色名称，他们是"Sparkle""没女""7th heaven""锁友"（如图 4-3）"喜羊羊"，有各自的成功理念，也都有为班级进步的特色服务。

图 4-3

（2）值周团队基本任务。每个团队负责一周内班级卫生纪律，并且根据"团队值周奖惩方案"，获得相应的奖励——"梦想基金"或者惩罚——"降级"。团队要认真撰写班级日记，记录每天的班级事务特别是个人关于班级各种现象的认识和看法，还要书写班级白板（如图 4-4，关于成功教育的名言或者"班级凡语"）。

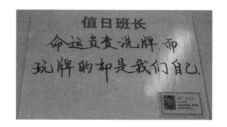

图 4-4

（3）团队评价制度。关于团队的评价，我们实行分类评价和分项评价制度。分类评价指班级成员、班干部的评价，权重值分别为：同学评价（40 分），卫生委员评价（10 分），纪律委员评价（10 分），评价小组评价（20 分），班主任评价（10 分），综合评价（10 分）。分项评价指评价项目，有"月素质考核最优团队"和"期中期末最佳进步团队"，在班级讲台设置两个荣誉牌，分别放置两项团队的集体照片。

（4）以团队展板、书架、班级博客为主体的团队展示。每个团队都有自己的展板，主要陈列各个团队成立以来的荣誉以及团队成员的各级各类获奖证书"模拟"奖状。各个团队都有自己的书架，共同组成班级书架。各个团队都有自己的学科特色，把自己认为最精彩、最值得与班级学生分享的书籍放在班级书架的团队负责区。

班级博客每周由班长和团支书更新，全面总结一周中的班级学习生活情况，着重展示值周团队的工作成绩和班级的进步。班级博客（http：//blog. sina. com. cn/zhzx0808),从建立到 2010 年 1 月,博客访问次数达到 16448 次,特别是受到家长的高度关注。通过团队在班级博客的展示,忙碌的家长闲暇时每周都能了解班级的情况和学生的学习生活情况,都能看到自己孩子的进步。家长、学校、学生、老师能通过博客这个平台帮助学生更好成长。

3. 特色精神文化之观念文化——班级共识

征求全体同学的意见,在自身修养、人际交往、学习生活等方面班级提出 16 条全体同学认同的观念作为班级的一项文化建设内容。利用班会课时间,逐条班级共识由学生自由发言斟酌讨论,投票通过能做到的项目,最终形成文本。

【案例 4-2】 高一(5)班级共识

自身修养——地球是圆的,只要你走下去,怎会有绝路?

1. 独自一人时要有勇气,要学会顶住压力,牢记我们身处逆境时的表现就是对自己的意志是否成熟的最好考验;

2. 避免产生与自己年龄、心智不相称的行为,要形成与自己相符的对自我的认识;

3. 要有勇气承认错误,不要为自己找借口,要学会对自己的行为负责;

4. 明确自律的重要性,把自律作为动力去做我们认为应该做的事,即使我们不愿意;

人际交往——你的胸怀有多么博大,你的世界便有多么宽广

5. 不要矫揉造作,弄虚作假,但要显示出自己的最佳状态;

6. 做到值得信赖,当我们说要做什么或不做什么时,别人能够相信我们;

7. 用不侵犯他人权利的正当方法,达到个人与集体的目的;

8. 在与他人的交往中,做到谦虚有礼,包括认真倾听他人的发言;

9. 要像自己所希望受到的对待那样对待别人,确认这个原则适用所有的人,不分成绩、籍贯和生活习惯;

10. 认识到没有人是生活在真空,那些看起来纯粹属于个人范畴的行为,实际上常常影响到自己周围的人或影响到所处的集体;

11. 尊重他人,包括他人合乎规定的言论和劳动成果,这个原则也适用于我们不喜欢的个人和班级;

学习生活——我们都有成功的愿望,我们都有成功的潜能,我们都可以取得多方面的成功。

12. 无论干什么工作都要尽力干得出色;

13. 具有良好的体育道德，认识到虽然求胜的愿望很重要，但赢得胜利并不是最重要的；

14. 在注重道德、行为的场合，正确地表现自己；

15. 爱护他人财产——如同学财产，班级、学校财产，还有父母的财产；

16. 养成有益于身心健康的习惯，制止那些有害于达到这些目标的活动；

——摘自镇海中学2008届高一（5）文化墙

四、营造师生书香文化

人文科学知识是形成人文素质的基础，人类千百年创造的艺术、美学、文学、宗教等人文科学经典是人文观念的基础，人文心灵的故乡。但长期以来人文教育受功利主义影响而得不到应有的重视，学生阅读面窄，阅读对象肤浅，导致学生只懂 abc，只懂 xyz，对中国传统的文化历史却知之甚少，目光短浅，感情淡漠，文化僵硬。教师也同样存在着人文知识的空白，知识面狭窄，思维僵化，不能融会贯通，工作内容、教学形式趋于教条化、课本化，对教书育人的认识和把握的层次较低，凡此种种，对学生以及国家的长远发展无疑是不利的。针对这种情况，镇海中学提出并实施了"书香校园"工程，营造"多读书，读好书，会读书"和"亲近经典"的浓浓氛围，让快餐文化、低俗文化在镇中师生中没有市场，让他们得到鲜活丰厚的人文滋养，有意识地补充丰富的人文科学知识，培养学生的中国眼光、民族精神和世界意识，成为一个丰富的、有高尚境界的现代人。

（一）立意高远的镇中书香文化

"书香"是我国古代传统文化中常见的一个名词，这是我们中华文化特有的一个典雅的词汇。书香是指文化，指高雅的典籍，也指读书人的书卷气息和文化氤氲。对一个校园而言，书香校园本是应有之义。但在学校文化建设的热潮里，人们在慢慢淡忘这种最根本的文化，甚至认为是一种不需要建设的文化，那就是我们"读书的学校里闻不到书香"，这似乎成了教育中普遍存在的怪现象，特别是在高考重压下的高中学校，教师、学生埋头于教辅资料之间，其他书籍被打入冷宫，其实，这样的阅读怎么能代替学生的全部阅读呢？这样的阅读现实如何为学生的发展提供全面发展和创新能力需要的个性化知识储备？尊重个性就是尊重生命。我们相信，个性化阅读才能促进学生的个性发展。

而个性化阅读是建立在师生大量阅读的基础上的。"一个人的精神发育史就是一个人的阅读史;一个民族的精神境界,在很大程度上取决于民族的阅读水平。"①苏霍姆林斯基还认为:"读书对一个人终身的发展、终身的成长具有非常重要的作用。"他说:"学校毕业以后的教育主要是自我教育。"那么,一个人的自我教育靠什么? 靠阅读习惯的养成。阅读习惯养成了,学生自我教育水平提高才成为可能;如果没养成阅读的习惯,也不会养成自我教育的好习惯。所以他说:"当一个人在上学的年代里爱上阅读,学会通过阅读认识周围世界和认识自己的时候,他毕业以后的自我教育才有可能;如果在学校里没有打下自我教育的基础,如果一个人在走出校门以后不再阅读,不知道阅读为何物,或者只是限于看那些侦探小说,那么他的精神世界就是粗鲁的,他就会到那些毫无人性的地方去寻求刺激性的享受。"所以,我们要让阅读成为每个人的生活方式。同理,没有书香的校园,不是真正意义上的校园;没有书香的文化建设,是空洞的文化建设,甚至有专家提出,书香校园是校园文化的精神底色,应该让师生养成阅读的好习惯。因此,营造书香校园是提升学校文化品位的不二之选。

学校文化凝聚着一个学校的价值取向和群体精神,体现着学校所追求的目标,是学校发展无形的向导。而书香校园则是学校文化的集中显现,代表着一所学校的办学品位。近年来,镇海中学全方位、深入打造书香校园,引领师生精神成长,一座书声琅琅、书香袭人的校园已然形成。走进镇海中学,你总可以被一种别致的文化氛围所浸染,所触动。近年来镇海中学把打造书香校园纳入了学校重点工作,把它当作学校走内涵化发展道路、提升学校办学品味的内在需要。除此之外,镇中人也从百年校史的"梓材荫泽,荫庇学子,源远流长"的文化渊源中,继承、丰富和发展了镇海中学一脉相承的"青青梓荫山,结社传书香"的读书传统,"书香校园"建设对于镇海中学,既是弘扬传统文化,也是发展先进文化的重要举措。近年来,在树立大阅读理念、营造书香环境、培养书香教师、建设书香课程、开展书香活动等方面取得了喜人的成绩,实现了"书香满校园,书香促成长,书香冶个性,书香催创新"。

(二)多元互动的书香文化运作机制

在多年的"书香校园"建设探索中,我们认为,在"书香校园"建设中,至少要从以下几个方面着手开展:首先是班级读书文化的兴起,或者班级图书角

---

① 朱永新.读书应该是一种民族"信仰"[N].中国教育报,2006 - 01 - 12(5).

的建设,把班级图书架做起来。其次是学校图书馆的建设,让图书主动流进师生常在的活动场所,不妨开设流动书库。让学生在课余休息的时候,甚至在自修课的时候,他可以拿到书阅读。第三,要有领导的重视。学校里要有一把手校长或者分管校长、或是教务处主任亲自抓,总要有人对读书负责,要亲自干预、亲自抓这件事。第四,要有一些机构或一些组织。比如,"教师读书会""学生读书会"、兑门书社等,定期不定期交流阅读心得,交流思想。第五,开展丰富的阅读活动。第六,建立相应的阅读评价体系,使阅读活动深入人心的同时,树立起一些阅读标杆,推进"书香校园"建设向纵深发展。

1. 树立大阅读理念

近年来,镇海中学扎实践行"立足现代教育、弘扬传统文化、熔铸人文精神、培育世界公民"的办学理念,大力弘扬科学精神和人文精神,营造浓郁的人文氛围,积极开展校园读书活动,推动学校"书香文化"教育品牌的形成。在"书香校园"建设中,树立大阅读理念,给学校的书香校园建设,无疑注入了一剂强心针和开辟出一片阅读新天地。

所谓"大阅读",既读人文名著,也读科技经典;既可以是手捧经典,也并不一定就是开卷,还可以听讲座听音乐观影观赏高水平演出等艺术活动(听一场高质量、高水平、高纯度的专题讲座,其收获不但绝对不会少于阅读一本心仪的书,而且有更形象、更生动、更活泼的一面,正所谓"听君一席话,胜读十年书");既读有字书,又读无字书,学校不仅重视让学生多读名书,也强调给师生搭建"拜名师、访名校、寻名胜"的机会和平台,让师生外学而内化,使读书之功显成效。

在大阅读理念的引领下,近年来,镇海中学涌现出诸多文化品牌,读书节、艺术节、校"百家讲坛"、"镇中学子讲坛"、"人文科技录像活动课"、教师读书会、全国阅读示范工程文学社——镇海中学学生读书会,"全国中小学九十九佳文学社报(刊)"——《梓荫书友》杂志、学生读书会、兑门书社、教研组外出学术考察活动、江南名城(镇)文化采风系列活动······

2. 营造书香环境

环境对人的发展起着决定作用。校园环境是一片土壤,它能养育人;校园环境更是一种精神,它能凝聚人。营造浓郁的书香环境,是打造书香校园的基础。镇海中学在营造浓郁的书香环境方面做了大量细致的工作,取得了良好的成效。

营造自然、人文相融合的校园"立体"阅读环境——学校充分挖掘并发挥环境的暗示和熏陶作用，用心设计，精心维护，为学生提供一个自然、人文相融合的良好校园阅读环境。

镇海中学校园拥有得天独厚的历史文化，这里汇集了抗倭、抗英、抗法、抗日及解放战争时期的历史遗迹，共有17处之多，其中3处是全国重点文物保护单位，它们与镇海海防遗址一起被列为全国36个共青团中央命名的"全国青少年爱国主义教育基地"之一和中宣部公布的100个爱国主义教育基地之一。丰富的文化遗迹和丰厚的历史馈赠，在近10年间得到了不断修缮、充实、保护，它们的育人价值和阅读意义，通过"新生第一课"和生动活泼的"阅读嘉年华"活动，得以重温和光大。

让师生随眼能看到。除了在教学楼、办公楼、教师书吧、学生阅览室等处挂上师生的阅读格言和阅读书画外，针对学校校园环境一流，文化底蕴深厚的特点，在校园环境中原有的古典与爱国主义相结合的景点基础上，加以整治，点缀以"诚信"、"慎独"、"思"、"尊师亭"等有现代人文气息的石景、亭景。从2005年至今，校阅报栏的文化图片展已展出图片已超100期，每期的图片展融知识性、教育性、趣味性和艺术性为一体，选题广泛，内容丰富，选用图片极具视觉冲击力，既有订购的图片，更有图书馆老师从众多书刊资料剪贴、编辑而成的大量图文。这些做法还曾在宁波市教育装备站组织的宁波市图书馆同行参与的观摩活动中进行现场展示会。学校从2005年开始推行的镇中学子人文寄语至今已超过10000条，已汇编成读书校本教材《浙江省镇海中学学子凡语》两辑。学子人文警句重在原创，贵在体验与自省。这一创举被新华网、新浪网、《中国中学生报》、《都市快报》和《东南商报》等多家媒体报道。

让师生随耳能听到。校学生广播站"读书时间"节目，从2004年开播以来，播出超过200期，播诵美文、学生优秀读书笔记超过300篇。

让师生用动作能演绎到。组织课本剧、读书小品活动、阅读辩论赛、朗诵会和"阅读嘉年华"等丰富多彩的活动，让阅读的华彩能通过师生自己的表演演绎出来。

校内长长的阅报栏和"星语心愿"墙，张贴各种知识和见闻，开阔学生视野，成为连接学生和社会、文化之间的一座桥梁。

建设藏书丰富、装备现代的学校图书馆——学校图书馆常被誉为学生的第二课堂。镇海中学非常重视学校的文献信息资源建设，学校拥有5150平方米的图书馆，可藏书22万，同时容纳800名师生共同阅览。计有书库6个，990平方米；供学生使用的借阅厅和阅览室5个，920平方米；教师资料、阅览室共613平方米；报告厅1个，360个座位。图书馆总藏书10余万件

（册），包括线装古籍、《四库全书》等，每年订阅期刊近 500 种，报纸 60 余种。为了满足高水平教师读书沙龙活动的需要，学校还在风景优美的植物园中建设一个 200 平方米的师生书吧，师生们可以喝着咖啡品着茶伴着音乐进行阅读活动。

创建突破时空限制的图书馆网站——充分利用校园网络的适时性与交互性，开设"读书网站"和"梓荫书友"专栏，指导学生如何有效利用图书馆和网上信息资源，推荐学校图书馆的新书和好书，宣传图书馆组织的各项读书活动。"读者交流"为师生提供读书交流平台，"镇中文库"和"电子阅览室"向读者推荐优秀的图书。

设置方便、实用的班级图书角——为了让学生随时有书可读，学校发动各班设置读书角。图书角的书籍来源于每位学生，班级定期更换图书馆图书报刊。图书角是教室里的一道亮丽风景线，学生们借书阅读的热情很高，大家交流读书心得，推荐好书，促进彼此的阅读和进步。

成立学生兑门书社。在学校大力支持下，在教学楼附近（对面），建立学生兑门书社（"兑门"既为"阅"字的合体，又是教学楼"对门"的谐音），书社采用积分制，接受全校师生的图书捐赠，由于阅读活动深入人心，宁波市关工委特地赠送 3000 元图书以示支持，书社义工和宁波大学园区图书馆和校图书馆建立长期联系，调拨图书几千册，同时，书社不定期从图书馆挑选、轮换图书充实书社的书库，书社还备有"读书墙报"，供学生们画画、写诗、抒发感想、提意见等，充分展示自己才能。

创办各具特色的读书杂志——镇海中学有许多教师和学生自己编辑、出版的报纸和期刊，它们是师生宣传科学知识和先进理论、表达自身思想与情感的重要媒介；它们是一条条奔走的信息流，在校园里传播着各种具有积极意义的消息和画面；它们是一道道亮丽的风景线，向社会展示着学校的丰富的精神底色。它们既有教师读书会的《教师读书通讯》、学生读书会的《梓荫书友》，还有学生自发编辑的《陪唱团》和心理社编辑的《健康心理、美好人生》口袋书等，通过这些报刊，师生们"我手写我心"，营造出了一种和谐向上的校园书香文化。

"桃李不言，下自成蹊。"丰厚的校园文化底蕴，浓郁的校园读书氛围，潜移默化地陶冶着学生的心性，激发着学生对知识的追求，对阅读的渴望。

3. 培养书香教师

阅读，是万世之基，也是素质教育的基本途径，是提升教育水平的重要法宝。要打造书香校园,为学生提供优质的服务,首先应该把教师培养书香型、学习型教师。镇海中学在教师中倡导"让读书成为享受,让思考成为自然,让写作成为习惯",大力培养学习型、反思型、研究型的教师队伍,并在教师中评选"读书明星"。

学校建立机制,激发教师广泛阅读。为了达到读书使教师丰富起来、深刻起来、精彩起来的目的。学校建立了"一补二评三奖"机制。"一补"即每学期补贴教师读书会等阅读骨干200元不等的报刊费;"二评"是评比读书明星、读书优秀教研组;奖是奖励读书优胜者、论文发表者、竞赛获奖者等,使教师的读书行为从激励逐步发展成为自觉、自发和自律读书行为。镇海中学大力推行的鼓励教师订阅文化教育报刊制度,教师人均订阅教育文化报刊数 2.5 册,大部分报刊费用由学校报销,广大教师还充分利用好学校为每位教师办的席殊书屋购书卡、新华书店购书卡,自购书刊。

学校图书馆提供丰富的书刊,鼓励教师大量阅读;工会、教科所组织多种"悦读"活动,带动教师重视阅读;办公室组织继续教育,引导教师拓展阅读;各教研组研讨,帮助教师定向阅读;课题研究,促进教师学研结合;实施"师徒结对",带动教师学练结合;校优秀论文评比,激励教师读写结合……在学校的政策支持和组织领导下,教师们勤于阅读和笔耕,理论水平和教学能力有了长足的进步。几年来,无论是学术论文评比,还是教学设计评比、说课评比和公开课中,都有骄人的表现,显示了学校有一支名副其实的"学习型教师队伍"。

学校还鼓励教师"走名校、访名师、寻名胜",读懂社会这本无字书,提升教育水平。近几年来,仅以语文组为例,已考察了温州中学、安徽省重点屯溪一中、南京金陵中学、杭州高级中学等全国知名中学,并寻访了雁荡山、黄山、南京文化古迹。名校就是一座丰富的教育文化宝库,是教育发展的缩影,只要你深入实际,就会感受到学生学习的浓厚氛围,领会学生学习的拼搏精神;就会感受到教师的执教风格,体悟教师在教学中对真知的探索精神;就会耳闻目睹学校的管理风格,学习领导的管理艺术和管理创新能力;就会沉浸在浓浓的学校文化中,潜移默化地影响自己的教育教学行为。寻名胜就是一个陶冶自己的情操、开阔自己的视野、增长自己的见识和创造力、丰富自己的人文性的有益过程,让生活这本教科书启迪教师的智慧,增长教师的睿智。教师既要是教育的行家,又要是阅历丰富,具有极强人文性的社会学家。

在镇海中学,读书对教师们来讲,已经从一种学习习惯升华为教育信仰和内在需求,成为教师们无法放弃的精神生活方式。

4. 建设书香课程

书香校园的建设离不开学校课程的有力支撑，镇海中学在这方面进行了积极而有效的探索。

一是学科教学保障学生大量阅读。提高课堂教学实效性，保证学生享有更多课后阅读时间——学校明文规定，要求各学科严格限制作业量。在减少作业数量的同时，提高作业的质量。通过教师更精心地备课、设计作业，更高效地上课，努力增加学生的课外阅读与活动时间。这是学校一直以来践行的一条教学基本原则。

启发式、探究式教学，引导学生自主阅读课外书籍——作为浙江省新课程实验样本学校，镇海中学以严肃认真、锲而不舍的态度，脚踏实地开展课堂教学方式和学习方式的改革。启发、探究的教学方式促使学生带着强烈的求知欲去主动地、大量地开展课外阅读。当学生对书籍产生一种强烈的需要，当读书成为学生的一种生活习惯的时候，他们也就获得了一种可持续发展的动力。

教师参与晨读，师生共享读书好时光——星期一至星期五每天的晨读，是师生共同读书的宝贵时光。语文教师和英语教师轮流下到教室带领学生阅读，与学生共赏美文佳作。

二是校本课程促进师生拓展阅读。校本课程的开发与教学，是促进师生广泛阅读的有效途径。

学校在以校本课程建设促进教师专业发展方面，制定了"个人研习"与"同伴帮助"、"专家引领"相结合的策略。在学校的政策引领下，教师们以高涨的激情和负责的态度积极参与校本课程建设，为学生提供了40多门校本课程。这些琳琅满目的课程人文与科学并重，体育与艺术齐举，涵盖各个学科，为学生提供了丰富的精神食粮。

组织教师编写和出版校本课程教材，是学校促进"特色课程精品化"的重要举措之一，这一过程无疑又进一步地起到了开阔教师阅读面、提高教师阅读深度的作用，成为提升教师理论素养和科研能力的极佳途径。学校对此项工作给予高度的重视，在资金支持、专家帮助和出版途径等多方面给予大力支持。同时，校本课程教材的建设也是一个长期性的工程。学校鼓励教师在教学中善于向同事、向书本和向外校同行学习，边实践、边修改，不断提升校本教材的科学性和适应性。

学校组织语文组教师编写《诵读诗文选》结合镇海中学学生实际情况，为学生精选古今中外适合诵读的诗文。

学校的精品校本课程"人文科技活动课",常年开设,延请社会各个领域的专家学者来校传授科学知识、畅谈个人学习和研究心得,极大地扩展了学生的阅读面。

三是研究性学习活动推动学生深入研读。研究性学习活动致力于培养学生的基本研究能力和创新精神。学校要求学生的课题研究必须以广泛阅读相关图书、论文为基础,开题报告必须有文献综述介绍本课题研究现状,结题报告必须有相关理论支撑并还附上学生在课题研究过程中查阅过的参考文献目录。

研究性学习课程目标的实现,要求学生对书籍、文章的阅读不能停留在泛泛而读的层次上,而是必须结合自己的研究课题,选择合适的书籍、文章作深入的精读与思考,因此研究性学习对学生阅读的促进作用很大。在学校的多方引导与支持下,镇海中学学生人人参与课题研究,学生研究性学习硕果累累,这些优秀作品都是学生们广泛阅读、深入思考、勇于创新的学习成果。

5. 开展书香活动

打造书香校园,说到底就是要培养学生爱阅读,读好书的习惯,让学生灵动的心自由地翱翔于"学海"、"书山"之间,使阅读成为一种乐趣、一种风气、一种氛围、一种习惯。学校为了提高学生的阅读兴趣,除了在语文、外语等课开设阅读课外,教务处、政教处、教科所、语文组、图书馆等多个部门合作组织了文化采风、阅读嘉年华等多种活动,收到了良好的效果。

(1)开展读书节系列活动。从 2003 年至今,每年一届读书节活动,至今已历八届。学生参与非常踊跃,收集了很多优秀的阅读作品,参加宁波市"书香伴我行"征文评比,多次获得"优秀组织奖",并有一大批学生获得各种奖项。

(2)建立图书馆义务管理员协会,会员必须通过图书馆技能与知识的培训,协助图书馆进行开放管理,向学生传播图书馆理念。

(3)利用校本选修课程《读书与写作》等,向学生介绍学校图书馆的文献资源和电子设备,提高学生信息检索技能及阅读能力。

每年为学生推荐介绍优秀读物,帮助学生选择吸收人类优秀文化果实。以多种方式吸引学生关注图书馆、了解图书馆、喜欢图书馆。比如,在学校社团汇上宣传图书馆的藏书资源,在学校社团阅读嘉年华等活动中设立关于学校图书馆藏书和开放情况的趣味问答,组织"图书馆室内设计"活动等等。

(4)组织学生成立读书会,培养学生爱阅读、爱写作——学校语文组在引导、组织学生阅读和写作方面做了大量工作。该组组织了三个学生社团:文学社、读书会、记者团，每个文社团都有自己的刊物，以"阅读·生活·新知"为社团宗旨，阅读成为三个社团的发展之本。学生积极参与，写作阅读。社员曾获全国新概念作文大赛一等奖等。

（5）加强寝室文化建设，引导学生爱阅读、讲文明——学校政教处在促进学生阅读方面做了大量工作，努力创建和谐寝室、文明寝室。每个学期，政教处组织各个宿舍举办手抄报设计大赛。这是一项非常受学生们欢迎的活动。由政教处主办，不定期出版寝室文化刊物。该刊物图文并茂，内容丰富，以欢快、健康的格调反映学生们的宿舍生活，成为了引导全体学生努力学习、文明生活的一面旗帜。

（6）组建学生社团，造就学生阅读个性化、特长化——缤纷多彩的学生社团组织是学生群体活动的重要生力军，它们在校园文化活动中发挥了不可替代的作用。学校对社团发展都给予了人力、物力、财力等方面的支持，关心和指导好学校各类社团的发展，真正做到培养学生的兴趣爱好，促进学生发展和提升综合素质。社团部现有一批具有实践、文艺、学术、体育、公益特色的社团，如广播站、模拟联合国、梓荫文学社、兑门书社、街舞社、猎狐俱乐部等。在有组织、有计划、有特色的社团活动带领下，学生们开拓个性化的阅读天地，通过读书、交流和活动，在兴趣的基础上形成特长。

（三）典型个案

宁波教科网：镇海中学师生同燃书香构建新读书理念赋予校园文化博雅内涵

5月4日，镇海中学每位老师再次收到校图书馆提供的宁波市网络图书馆的新的用户名和密码，这是继学校鼓励老师充分利用网络资源充实备课资料库，利用中国期刊全文数据库等国内三大中文期刊全文数据库和超星数字图书馆构建网上信息家园之后，又一次宣传、鼓励教师充分利用宁波市政府主导全公益性数字图书馆。迄今为止，在两个多月时间里，仅教师下载三大中文期刊全文数据库的文章数量已超过1500篇。

1. 读书新理念，文化大阅读

在近两周的时间里，镇海中学师生用自己的行动欢度第14个"世界读书日"的到来，诠释了对读书的新理解。梓荫文学总社发起并承办聚焦"家庭教育和学校教育"、"知识与素质"何者重要和"山寨文化利大于弊还是弊大于利"的辩论赛、兑门书社主办"荫阅之声"百科知识竞赛、海天艺术团等组织器乐专场音乐会、心理社在心理教师指导下编辑了《健康心理、美好人生》的口袋书。4月25日，镇海中学师生读书会、梓荫花文学总社部分成员前往宁波市图书馆聆听镇海籍著名文艺评论家、上海三联书店总编吴士余主讲的《改变美国的二十本书》讲座，经历了一次美国文化精神的思想之旅。5月8日，镇海中学郭天彪老师在校"人文科技讲坛"为近200名师生奉献上了一场主题为《漫谈旅行》的讲座。郭老师结合近十年的旅行经历，谈"读万卷书"是偏抽象的阅读，而"行万里路"则是感性的阅读。"旅行不在于目的，而在于过程"。

学校从每周五的"人文科技讲坛"、周六的励志影院，到每天一条学生原创的"学子凡语"和生气勃勃的"由内而外、一班一品"班级文化建设，师生共同打造新鲜的读书文化，"苟日新，日日新，又日新"，师生在健康、丰富的信息世界中汲取人类的文化精华……在镇中人心目中，读书，不只是传统意义上的捧起书本，可以是听讲座、读帖、读音乐、读电影……关键在于获取信息，交流信息，丰富智慧，提升情趣。镇海中学的书香是流动的，生生不息的，百年书香的承递，为学校文化的开放、博雅性格奠定了根基。

2. 学校倡读书，读书育性灵

近年来，镇海中学推行鼓励教师订阅文化教育报刊制度，教师人均订阅报刊数2.5册，广大教师还充分利用好学校为每位教师办的席殊书屋购书卡。读书、读书，从校领导到每位教师，深刻意识到打造书香校园，培育世界公民的重要性。现在，越来越多的镇中人习惯并喜欢运用地球村里的"图书馆"，并参与到让校园的角角落落跳动书香的各项活动中去。

一个人读书是自我的休闲，一群知同道合的人一起读书是思想的分享。镇海中学除了读书节、教师发展论坛、教师读书沙龙、阅读促教学案例展示会、梓荫书友BBS等交流平台，还有科研带头人、师生读书会等对读书有不同爱好与要求的群体读书组织，师生在思想的交锋与砥砺中，教育技艺得到不断提升。群体读书活动的良好氛围除了促进了师生读书活动的繁荣，还催生了以"服务师生，促进课本循环，增加师生阅读量"为宗旨的义工社团——"兑门书社"。

"兑门书社"是由学校高一学生郑声达等5名同学联合创办的。"兑"与"门"合起来正好组成"阅"字，而书社又开在教学楼的对门，兑与"对"、阅与"悦"谐音，蕴含近距离方便并且快乐阅读的理念。这5名学生在研究性学习课程中，进行了题为《校内书社筹建的研究与项目设计》的研究学习项目设计活动，并试着组建学校书社，建立读书交流平台，实现书籍的循环利用，增加同学们的阅读量。在学校的支持下，书社以校园义工的形式创建起来了。开放3个月来，书社通过书籍循环利用、募集等方式，很快汇集了各类书籍近千册。书社管理采用积分制，如某位同学捐赠的图书越多、质量越高，他就能获得优先借阅更多图书的权利。这些学生义工们利用中午和放学后的休息时间，开放书社。到目前为止，借阅书刊的学生累计已超过1600人次。目前，该书社的影响在不断扩大，宁波市关工委获悉镇海中学有这样一个特别的社团后，还特意送去价值3000元的图书表示支持。

　　随着教育阅读的推动，镇海中学教师不断把读书转化为教育生产力，教师在全国、省、市、区等各级教学论文比赛中，仅2010年，共54人次获奖，教学设计共13人次获奖，基本功比赛共10人次获奖。"腹有诗书气自华，最是书香能致远"，师生共同营造了浓浓书香氛围。本学期，镇海中学还荣获浙江教育报刊总社主办的第三届《教师周刊》有奖读书征文活动组织奖，全省共3所学校获此殊荣。该校王金立老师《心怀敬畏，心理咨询师的最高职业道德》等多篇征文分获一、二、三等奖。上学期末，镇海中学12篇学生读书笔记在浙江省读书征文和宁波市第三届中小学生"书香伴我行"读书活动征文中分获一、二、三等奖，学校第二次荣获宁波市"优秀组织奖"。

第五章 师资个性化：德艺双馨，整体强盛

学校发展，教师为基。教师队伍建设历来是学校教育发展关注的重要命题，当然不同时期关注的理论视野和实践触角会有所不同，甚至是大相径庭的。近年来，教育改革的深入和基础教育多元化、内涵式竞争格局的日益深化对教师队伍建设提出了更高要求，也使教师在学校组织中的地位、作用、功能日益凸现出来。在一个组织中，人无疑是最重要的因素，而对于一所学校来说，教师是相对稳定的，学生则始终处于一种流动的状态，教师与学生之间的一种近似的服务与被服务的关系也提醒学校管理者应该把更多的目光投注到教师身上，当我们把教师的整体状态调整到最佳的时候，我们自然能够向学生和社会提供最优质的服务，也才能够体现一个学校组织的真正价值。从这个意义上说，教师是推动学校发展的根本动力，也是一个学校赢得比较优势、凸现发展特色、累积综合实力的关键所在，是核心发展力。在个性化校园建设中，我们将打造一支"德艺双馨，整体强盛"的高水平师资队伍作为工作重点，大力提升包括师德师风、教育科研行为、团队协作为主要内容的教师整体专业化水平。

一、深化师德群体创优

教书育人，师德为先，师德师风更多属于精神和文化层面的东西。一个学校的发展也是需要一种精神的，态度决定一切。镇海中学的地理位置、发展空间、教育教学资源等等办学条件与同类学校相比没有什么优势，所以学校组织特别是教师队伍的思想境界、精神面貌、行为态度、团队意识就是一种战斗力、一种核心发展力、一种比较优势。也因为此，这些年来，课题组在实施品质教育过程中做得更多的是思想政治工作，抓得更硬的是"精神文明"，关注更多的是师德师风和校风学风，

（一）价值观引领

价值观决定了教育行为的强度、高度、持久性和品位，我们在师德师风建

102

设时首先注重更新教师的教育理念、观念，坚定他们的教育信念和价值判断，提高他们对自身职业角色的认同度，不断增强他们的教育自觉。这方面我们主要通过办学理念、发展目标、价值追求等的制定、宣传和内化来实现，如高中新课程实施以来，我们明确提出了以"尊重多元选择，促进高水平差异发展"为核心价值的品质教育办学思想体系，制定了"具备高度核心发展力、鲜明特色、国际视野的现代化全国名校"的组织愿景，提出了"校长的价值体现在教师的发展，教师的价值体现在学生的成长"的行动口号，倡导"充实＋快乐＋意义"的镇中教师幸福观，等等。在这些价值观的引领下，学校教师普遍增强了发展的使命感、紧迫感，对自己的当下工作和长远发展有了更加明确的目标和更高的标准，并逐渐形成了一种宝贵的教育自觉。

（二）制度规范

师德师风建设离不开制度约束和管理规范。我们从学校实际出发，制订了切合镇海中学办学水平和发展目标要求的教育教学常规、教师考核评价体系、值周制度、学习制度、办公制度、请假制度等相应的系列化规章制度，还汇编了集岗位职责、规章制度和机制改革条例等为一体的《镇中管理新编》，教师人手一册，使大家有章可循，各司其职，更好地规范了教师的各种行为，增强了教师的服务意识，保证了学校的教育教学质量。

在教师管理上，我们把具备良好的师德师风作为全体教师最基本的要求，作为选择、聘用、任用、奖励、辞退教师的首要条件，把师德师风问题当作长远的战略任务来抓，当作评估学校阶段行为的基本点来抓，当作检验自身和考察每一位教师、干部的重要指标来对待，并且采用深入实际、听课、党政工团活动、学生座谈、家长联系、听取社会意见等方式，及时了解师德师风建设中存在的问题，并且不失时机地反馈到实际工作中去，妥善加以总结、改进，从而不断提高学校整体的师德师风水准。

（三）文化熏陶

镇海中学历史源远流长，文化底蕴十分深厚，校园内有吴公纪碑亭、泮池等多处海防历史遗迹，有林则徐、柔石、朱枫等多位历史精英的鲜活的历史遗踪，还有"惩忿窒欲"摩崖石刻，寓意政治清明、前景宽阔和灿烂的"光风霁月"亭等深厚人文积淀。学校有意识地开发这些校园物质文化环境的人文价值和教育意义，整理成文字材料，使其成为提升教师精神境界、增强使命感、责任感的良好载体。2003 年，学校发起了为时近一年的"镇中精神大讨论"活动,受到了全校师生和海内外校友的广泛关注和积极参与,凝练了"敬业奉献,博雅沉静,创新卓越,和谐自主,开放合作"的镇中精神。2010 年,我们又开展了历时近半年的"镇海中学教师形象语"征集活动,共收到教职工撰写的形象语 40 余条,最后确定"梓材荫泽·止于至善"为镇中教师形象语。镇中精神和教师形象语的确立进一步丰富、深化、提升了全体镇中人特别是镇中教师的价值取向、内隐规矩和集体无意识,成为学校可持续发展的精神源泉和强劲动力。

(四)榜样示范

榜样示范是心理学上模仿学习理论的运用,也就是以先进典型、模范人物的事迹和风范去影响、感染、激发广大教师求真求善求美的心向和行动。在镇海中学百年发展过程中涌现了一大批"学高为师、身正为范"的德艺双馨教师,他们的优秀事迹和高德风范被一代代广为传颂,成为学校文化的优秀内核。因此,继承学校优秀的师德师风传统,推广他们感人的事迹,宣传、学习他们崇高的为师之道,就成为学校师德师风建设的天然优势与有效途径。我们充分挖掘整理创始人盛炳纬先生、备受师生爱戴的李价民校长、自学成才的浙江省第一批特级教师胡明德老师、全国优秀教师许克用老师等先辈或离退休老教师的先进事迹和崇高风范,编写了《硕德清芬》等教师学习材料,开展了"许克用老师对我的影响"网络讨论会等。我们还大力宣传现职的黄国龙、姚宏敏、王青玲、张宇红等师德楷模、优秀教师、德艺双馨教师的优秀事迹,请他们现身说法,并在师徒结对活动中突出师德师风的"传、帮、带"。同时,我们还通过观看电影、录像、举行报告会、组织专题学习等形式学习于漪等全国教书育人先进楷模以及宁波市"关工之星"金时荣等模范教师"充满爱心,忠诚事业,学为人师,行为世范"的师德师风并努力践行。

(五)活动深化

活动深化是指通过开展一系列常态化或主题性的活动为教师学习、践行师德师风创设良好的平台、载体。我们每周三都有一次常规的师德师风学习交流活动,或全校大会、或教研组学习,交流经验,寻找不足,树立新标。每年暑期在上级教育行政部门的统一组织下结合学校实际举行为期一个礼拜多种形式的师德师风建设活动。结合学校发展需要,我们定期开展"镇海中学先进教育工作者"、"镇海中学优秀园丁"、"镇海中学科研兴教先进教研组、先进个人"等"扬先进、树标杆、促共进"的评比,举行了"21 世纪我怎样当镇海中学教师"、"我为镇中教育献一计"、"为爱守望、幸福花开"、"《英才是怎样造就的》读书征文"等主题论坛、演讲或征文比赛活动。针对党员教师比重大的优势，我们结合党建工作，大力实施形象示范工程、民心实事工程、德育艺术工程、最优发展工程、人才高地工程、基础网络工程，以"五带头"（带头开展教育创新、带头履行信用承诺、带头调查研究、带头访问学生家庭、带头帮助困难学生）活动为载体，开展了"党员教师进学生家庭"、党员教师"带一（一个青年教师）帮二（二个困难学生）"、"诚信立身、信誉立教"等系列活动，切实发挥"一个党员一面旗帜"的模范作用。通过这些着眼创新、注重实效的活动，学校教师进一步明确了教育方向，增强了创新意识和为民服务意识，树立了崭新的教育理念，提高了实施素质教育和模范履行师德规范的自觉性和能力。

【案例5-1】 镇海中学优良师德师风的四种意识、三种行为

镇海中学是宁波市首批师德群体创优先进集体，全国文明单位，全国教育工作先进集体。近年来，多名教师被评为浙江省师德楷模，一名教师获评感动甬城学子十大教师，可以说，学校教师的师德师风表现具有良好的口碑，受到学生、家长、社会各界及各级教育行政部门的高度肯定和普遍好评。我们学校教师的优良师德师风可以概括为四种意识及三大行为。

一、四种意识

1. 爱与责任意识

爱与责任是教师的天职和教师职业道德的核心。镇中教师的爱是一种大爱，是对国家、社会、学校的热爱，是对教育事业和自身教育教学工作的挚爱，是对所有学生一视同仁、科学严格而又无微不至的关爱。因为爱，所以才有担当，我们有对努力担当国家进步和民族复兴的高度历史使命感，有对尽力满足学生成长、家长期盼和社会需要的强烈社会责任感。也因为爱，我们才懂得放弃一些名利、安逸、休息的时间、对家庭的照顾等，才能对转型期中国社会各种纷繁芜杂的欲望、诱惑保持清醒认识和自觉抵制，不断提升自己的教育理想和职业境界。

2. 服务意识

服务意识是指学校教师基于爱与责任基础上的全心全意服务于学生、学生家长和社会的工作观。镇中教师的服务意识体现在以下几个方面：一是落实"以生为本"的理念，关注、关心、关爱每一名学生的成长进步，努力成为学生的良师益友，成为学生健康成长的指导者和引路人；二是尊重学生，尊重学

的原有基础,尊重学生的需要、动机、个性等种种心理需求和心理特征,尊重并坚信学生的能力、品质、潜质及光明的前途;三是与学生民主、平等、和谐地相处,使学生从师生关系中体验到平等、自由、尊严、宽容、理解、友爱等人性素质,建立起开放的、富有人情味的师生关系;四是勇于承担责任,甘于无私奉献;五是树立大服务观,不仅要服务好学生,而且要尽力为家长、社会提供优质服务。

3. 品质意识

品质意识是学校教师对自身素质水平和提供的教育服务质量的一种高标准、高品质要求的反映。学校教师对学校办学层次、家长社会的期望、自身工作要求有比较清醒的认识和明确的定位,所以普遍树立了以品质之师成就品质之生、铸就品质之校的信念。我们自觉加强学习、研究和创新,不断提高自己的专业化水平和综合素质,不断提升校园生活的品质,努力促进学生全面发展和高水平差异发展。

4. 团队意识

团队意识是镇中教师学校大局观、整体育人观、协同工作观的反映。学校大局观是指镇中人具有强烈的大局意识、集体观念、归属感、荣誉感,当教师的利益与学校、学生利益发生矛盾时,能首先服从于学校和学生的利益;整体育人观是指我们能认识到学生成长是一项系统工程,是所有教师、所有学科、所有学校资源共同影响的结果,所以能自觉地科学协调自己学科、自身岗位在这育人系统中的量与质;协同工作观指镇中教师能够互敬互爱互助少内耗,能够互相支援、互补长短、协作攻关、同甘共苦,注重整体的力量,集体的智慧。

二、三大行为

1. 敬业

镇中教师把"敬业奉献"当成自己的天职,视工作为事业,执事敬,并至真至诚。多年来,我们一直践行"以校为家"、"全身心服务学生"、"学生在,老师在"、"不搞有偿家教、谋第二职业",这些行为能使教师和学生之间达成最有效的无障碍的交流、沟通,学生的困难、困惑总能从教师那里得到最及时的帮助,体现了一种高贵、纯粹的职业精神,这种精神也时时感染、熏陶着所有的学生,影响着他们的人生价值观、职业观和态度。

2. 乐业

镇中教师信仰"选择了一种职业就等于选择了一种生活方式或者说生命

方式"，我们能充分认识教育工作的价值，对教育、对学校、对自身工作充满认同、真诚和热情，能把追求理想、塑造心灵、传承知识当作人生的最大乐趣。能"心甘情愿当人梯，鞠躬尽瘁育英才"，能"静下心来教书、潜下心来育人"。我们淡泊名利，博雅沉静，能日复一日、年复一年的"辛苦着、快乐着"，能在平凡的生活中真切感悟到人生的真谛，享受到职业的幸福。

3. 精业

镇中教师具有强烈的开拓意识和创新精神。我们不墨守成规，不安于现状，思维活跃，讲求效率，致力于开创新局面，取得新突破；我们不故步自封，勇于超越，精益求精，追求卓越，努力做同类中的最好；我们致力于专业发展，致力于做名师、做大师、出精品。

二、强化教师团队协作

团结协作、和谐相处是现代公司、企业或者一个团体取得成功的一个重要因素，是新时代所提倡的一种重要文化和精神，也是每个教师应该具备的一种重要的职业素质。镇海中学注重教研文化和学科文化重建，以团结协作、和谐相处作为学科建设的一个重要指导思想，强化学科团队协作，努力营造和谐发展的团队。要求各学科组教师在生活上相互帮助，思想上相互沟通交流，教学上相互合作，能心情舒畅地工作，高效地完成教学任务。

（一）构建非线性学科团队，提高学科的整体功能

现代的耗散结构创新理论认为，一个系统具有非线性的单元组合是一个系统进行创新、发展的一个十分重要的因素。我们认为，构建多样化、多层次的人才梯队实际上是构建一个非线性的团队，它是一个学科组实施创新发展的重要因素和力量。为此，我们强化教学研究和学科文化建设，根据新课程下教师专业发展特点和要求结合学科组教师个性特长和兴趣爱好，提出了镇海中学教师教学专业研究如下领域：学生创新能力培养研究与实践，探究教学研究与实践，研究性学习研究与实践，学科竞赛辅导教学，学科实验设计制作，现代教学技术应用研究与实践，新课教学设计研究与实践，课堂教学实施研究与实践，学科高考复习教学研究，学科课程资源系统化建设的研究与实践，校本选修课程建设与实施，班主任德育教育研究与实践，学科教学课题研究与实践，学校宏观教育课题的研究与实践，社团活动组织与实施等。不同的教师有

不同的主攻方向,虽然个人的专长有点窄,但作为整体就覆盖了学科教学的方方面面,促进各个领域特殊人才辈出,大大提高了学科组和学校的整体水平,促进了教学的创新发展。

(二)课程资源共建共享,提高工作效益

随着新课程的深化推进,学科教学理念、教学目标、教学内容、教学要求、教学方式、教学评估方式都发生较大的变化,原有的课程资源较多不再适合新课程要求,教学中需要大量适合新课程的课程资源、教学设计、教学手段等。传统的单打独斗的工作方式越发显示出效率低下,缺乏多样化和创新性,大大牵制广大教师的精力和时间,导致较多教师抄袭沿用原有课程的教学设计和课程资源等,课程资源缺乏创新性、针对性和有效性,严重影响新课程的有效实施和教学效益的提高。为此,学校注重学科制度建设和文化重组,强化课程资源共建共享来提高工作效益和教学质量。

(1)实施"三维"备课制,提高教师备课效率。学校强化备课组长的职责,完善备课组的功能,要求各年级备课组实施"三维"备课制:特级教师、各级名优教师进行总体教学方案设计,备课组教师经讨论完善教学方案,写出教案(我们称之为文本维);多媒体专长教师对教学方案进行具体落实,寻求有关材料,制作多媒体课件(我们称之为演示维);实验专长教师寻求相对应教学手段和技术的支持(我们称之为实验维)。这样备出的一节课质量较高,充分突出了广大教师的专长,发挥了整体功能。既提高了教学质量,同时实现资源共享,减轻教师负担。

(2)强化学科资料系统化建设,实施共建共享。构建具有学校学科个性特色的学科资料系统是提高教学质量的一个重要的途径。为此,学校要求各学科组在认真学习《学科指导意见》《学科高考考试说明》的基础上,根据学科章节教学目标、教学要求、教学内容,结合学校学生的认知水平、情感需要和价值取向,强化学科资料系统化建设。充分发挥学科组的团队作用,根据教师的个性特长和兴趣爱好,承担相对应的构建任务。例如,有些教师承担"预设性"学科资料构建任务,有些教师承担"巩固性"学科资料构建任务,有些教师承担"拓展性"学科资料构建任务,有些教师承担"整合性"学科资料构建任务,有些教师承担"综合性"学科资料构建任务。通过学科资料系统化建设,实施共建共享,不仅提高学科资料的质量,减轻教师负担,更重要的促进教师专业水平和教学质量的提高。

（三）开展务实的"师徒结对"活动，促进年青教师快速成长

1. 明确开展"师徒结对"活动的重要性

从一般意义上讲，实施新课程对教师提出更高的要求，要求教师不仅具有扎实的专业知识，较强执教能力，浓厚的科研实力，丰富的情感感染力。对于镇海中学教师而言，学校和时代赋予教师一个特殊使命（静下心来教书，潜下心来育人）。做好"适应期"的年青教师的培养工作对于促进教师专业水平发展和职业情怀的提升具有十分重要的作用。为此学校开展务实的年青教师培养工程计划——"师徒结对活动"。

2. 构建《镇海中学师徒结对协议》，明确权利和义务

为了切实有效地开展学校师徒结对活动，提高年青教师教学水平，缩短教学"适应期"和"成熟期"，提高课堂教学质量。学校根据时代发展要求结合学校实际，构建《镇海中学师徒结对协议》。

（1）明确努力目标。争取在三年内熟悉课堂教学和课堂管理，熟悉教材，掌握学科教学的基本方法，炼就比较扎实的教学基本功。带出第一届高三毕业班，完成第一阶段的拜师任务。参加学校和区级各项教学业务比赛和优质课评比，并能取得较好成绩。

（2）落实具体要求。根据本学科特点，制订三年师徒结对学习计划，要求明确努力目标，提出实施目标的措施、策略和途径，并进行教学小结和反思；学习师傅的先进教学思想、高尚的师德、优良的教风和为国家的教育事业无私奉献的精神。主动地、虚心地向师傅请教，认真听课、备课、上课、评课、命题、批改作业，写好教案和教学总结。具体要求如下：

① 课前认真准备。原则上做到上课前钻研教材，设计教学方案，再听师傅上课，然后修改教案写出详案，最后经师傅同意后实施课堂教学。

② 保质保量听课。原则上要求徒弟听师傅所授课的 2/3 以上，并有听课记录和评课记录；要求每个学期在师傅指导下做到"六个一"：（a）开一节汇报课或公开课；（b）说一节教学设计课；（c）评价一节教学公开课；（d）出一份考试试卷；（e）写一份高质量教学案例；（f）完成一篇高质量的教学心得。

③ 接受检查和考核。接受学校的考核和检查：教案检查、课堂教学检查、教学业务考核（参加宁波市十校联考和宁波市模拟考试）、教学设计检查、教学效果检查、听课评课记录检查，接受教研室的检查和考核，接受师傅的检查和考核。

④ 享受应有权利。对于在三年内顺利完成拜师任务的徒弟,学校将给予一定的资格认可;对于在三年拜师活动中,不仅顺利完成任务,而且成绩显著的徒弟,学校将给予一定的精神奖励,在职评和各级各类评优时,在条件同等前提下,将优先考虑推荐。

3. 构建多样化"师徒结对"活动模式

随着学校办学规模的拓展,学校师资队伍的扩大,年青教师所占比例日趋增大,迫切需要大量具有丰富经验的教师承担培养年青的重任。同时,近几年随着"名师工程"的积极深入推进,有些学科具有较多区、市、省名优教师。为了解决不同学科名优教师分布不平衡对学校"师徒结对"活动带来制约,充分发挥各级各类名优教师的作用,学校在原有"师徒结对"活动模式的基础上,创新工作思路,在原有"一师一徒"模式的基础上,根据不同学科的实际情况,构建多样化"师徒结对"活动模式。对于名优教师较少的学科,实施"一师多徒"模式,对于名优教师较多的学科,实施"多师一徒"模式。实施多样化"师徒结对"活动活动,促进学校"师徒结对"活动的高效开展,也促进徒弟和师傅专业的共同提高。

4. 积极实施"师徒结对"活动方案,提高"师徒结对"活动的质量

(1)开设公开课,组织实施对年青教师课堂教学水平的检查评估。每年10月中旬,教务处组织有关人员(学校领导、教研组长、学科教师)对新教师课堂教学情况进行检查。反馈年青教师课堂教学情况。学校领导十分关心师徒结对活动中新教师课堂教学,专门召开年青教师课堂情况反馈会议,指出存在问题,提出新的要求。

(2)开展评课活动。以课堂教学创新为契机,对年青教师进行教学设计、评课培训,从而规范了年青教师教学设计和评课要求。

(3)定期检查年青教师听课情况。提出存在问题,提出整改要求,确保年青教师听课的数量和质量。

(4)积极开展说课训练和评比活动。每个学年的第二学期,进行年青教师说课训练活动,使广大年青教师初步了解所教学科说课的要求和方法。在教务处组织安排下,以教研组为单位,开展了年青教师说课评比活动。通过说课评比活动,暴露出年青教师在教材处理和教学设计中存在问题,同时提高了这方面的水平。

(5)强化业务考核。借助宁波市十校联考和市模拟考,组织年青教师参加教学业务测试。年青教师通过参加十校联考,知道自己的教学业务水平,找到差距,明确今后努力的方向。

（6）注重总结和反思。大部分徒弟在师傅的指导下，及时上交听课笔记、教案总结、单元考试命题等，认真总结反思"师徒结对"活动，填写"师徒结对"活动实施记录本。

三、推进教师教育科研行为转型

现代教育、现代学校的一个重要特征是教育教学工作和管理行为对教育科研的依赖性。随着教育事业的发展和教育改革的不断深入，我们迫切需要从教育科研中寻求新的生长点和发展动力，不断提高教师教育教学工作的精细化程度和技艺化水平，不断增强教师的教育智慧，使教育改革和学校发展能够更加科学、规范、高效地纵深推进。在掌握着众多优质资源的重点高中，教育科研的失范、异化乃至缺失等问题的存在与普通高中相比似乎有过之而无不及，教育科研对重点高中内涵发展、特色发展的贡献并不明显。课题组综合各种文献资料以及在浙江省10余所重点高中的调查分析结果来看，由于深受现行中小学教育科研管理和评价体制以及传统的教育科研模式的制约，由于长期来对教学的过度强调而造成的教师教育教学行为的刻板的功利性模式，导致不少重点高中教师对教育科研的认识不深，热情不高，投入不足，功利性倾向明显，行为方式和成果表达方式单一，即使有教育科研的意向但所能支配的有效时间、空间和资源缺乏，教育科研与教师具体的教学实践很多时候处于两张皮的状态，相关度不高。这种机械低效的科研工作现状无疑不利于教师的专业成长和职业生命的丰盈，无疑不利于高中新课程的纵深推进，无疑不利于高素质创新型人才的培养和个性化校园、品质教育的构建。

针对此，课题组提出了"重点高中教师教育科研行为亟待转型"的命题。转型，即是型态的转换（变），它内在地包含了正面的、积极的指向，是一种现实型态改造到、进步到、上升到另一种具有比较优势的目标型态。这一命题不是指教师教育科研行为中某单一形态的转变，而是指重点高中教师教育科研行为的整体形态、内在基质和外部环境的全方位转换，是教师自身层面（行为方式）与外部层面（支持系统）的全方位改进，是由机械低效型向生态高效型的提升。我们认为重点高中教师教育科研行为转型的核心任务应是营造适应新的教育背景的可持续发展的学校教育科研工作生态，创造新型的教师教育科研文化。在这种生态文化中，教师的教育科研行为能体现出多元性、丰富性、实用性、生动性、科学性、与具体教育教学相生相成等特征，都应该符合高中新课程改革的要求。

（一）教师教育科研行为转型的内容与目标

1. 教师自身层面转型的内容与目标

一种行为的变化，一种型态的转变，行为主体在其中起着决定性的作用。重点高中教师教育科研行为自身层面的转型应该包括教师教育科研意识、态度、动力源泉的转型，科研行为定位的转型，研究方式和成果表达方式的转型等。

（1）意识、态度、动力源泉的转型。意识率领行动，动力推动行为，态度决定一切。当前教师教育科研意识、态度、动力源泉的问题症结在于它的被动性和外部性，也就是说，教师科研意识淡薄、态度冷漠、动力低下是因为他们把教育科研当作一件被动应付的额外的有点迫不得已的工作，他们没有意识到教育科研的真正价值，没有对教育科研工作形成一个完整清晰的认识和把握，没有领略到教育科研工作的艺术和技术审美，没有把教育科研工作真正融合到自己的教育教学工作中去成为自己职业生活的有机组成部分。这也就是重点高中教师教育科研意识、态度、动力源泉转型需要努力的方向，变淡薄为浓厚，变冷漠为热情，变外部动力为内部动机，变被动应付为主动执行。

（2）行为定位的转型。行为定位在相当程度上决定了行为的方式、轨迹及最终的成效，恰当的行为定位能够引发行为主体最大的投入并获取最佳收益。不少教育专家比较一致的观点是中小学教师的教育科研行为是一种在课堂上、在行动中、在应用中的研究，这种行为应表现出更多的实践性、生成性和校本性特征。如郑金洲认为行动研究、叙事研究等表现出了作为中小学教育教学情景中的独特的天然优势，应该成为中小学教师教育科研的主要定位。笔者认为在当前，重点高中教师教育科研行为应该定位在以行动研究、叙事研究、调查研究、准实验研究为主要模式，以解决问题、凝练智慧、实现自我为主要价值取向的能够深层结合教育教学工作的更为丰富、灵活、多元的实践性行为。

（3）研究方式和成果表达方式的转型。单一、机械的研究方式和成果表达方式降低了教师投入研究的兴趣和热情，限制了研究的深入展开，教师需要寻找到便于操作、与工作实践相辅相成、"工研"矛盾不突出的研究方式或成果表达形式，使他们感到科研的亲和力和适切性，能自觉地着力掌握运用。所以此项转型的中心任务和目标就是根据中小学教育教学工作特点及教育科研工作定位倾向进一步丰富研究方式和成果表达方式，如行动研究、教育叙事、教育反思、教育日志、教学课例、教育案例、教育随笔、教历研究、课堂观察、校本课程开发、网络博客、学校发展设计、创意设计、课例研究等研究方式以及专著、相关论文、研究报告、规章制度、教改方案、教材读本、教育案例、教育软件、教具、音像资料等成果表达方式，改观现阶段主要以写论文、做课题的局面。

2. 教师外部层面转型的内容与目标

有关教师专业发展的研究表明，个别教师的专业成长是通过个人的内驱动力来实现的，而多数教师的专业成长是需要外部动力系统的支持。同样，作为教师专业发展内容之一的教师教育科研行为，其现状也是由教师自身层面和教师外部层面共同作用导致的，在传统的教育教学和教育科研工作框架内，教师外部层面的负面影响力极大地制约了学校教育科研工作及教师教育科研行为的良性发展。因而在重点高中教师教育科研行为转型过程中，笔者认为教师外部层面的转型与教师自身层面转型同等重要，两者应该同时跟进。教师外部层面的转型应该包括学校发展模式的转型，学校管理和教师文化的转型，教师继续教育、在职培训行为的转型，学校教育科研管理和评价方式的转型等，也就是能够在高中新课程理念和教师专业发展理论等指导下为教师教育科研行为创设一个有力的外部支持系统。

教师教育科研行为转型外部层面转型一项至关重要的工作是需要纠正和引导当前一些突出的中小学教师教育科研工作的异化问题。

（二）教师教育科研行为转型的核心任务——提升工作生态

重点高中教师教育科研行为转型的核心任务是营造适应新的教育背景的可持续发展的学校教育科研工作生态，创造新型的教师教育科研文化。"生态"是指系统之间、系统内部各要素之间一种和谐共生的状态。就"学校教育科研工作生态"而言，我们可以理解为学校教育科研工作的外环境（学校的其他工作、学校乃至社会的理解与支持系统等）与内环境（结构、程序、关系、形式、内容等要素）之间以及内环境各要素之间能够建立起一种自然的、健康的、合规律的、相互支持、互促互进的和谐关系，这种工作系统拥有强大的自我更新、自我净化的功能，能最大限度地消除产生病态、畸形、生硬、机械、相互牵制的各种消极因子，使系统能够保持足够的活力和张力。也就是说，在这种生态中，一方面，教育科研工作已经完全融入了学校整个工作系统中，它不是强加给学校的一种额外负担，而成为了学校整体不可或缺的重要组成部分，教育科研工作一旦缺失、失范或异化将会直接导致学校系统功能的弱化，同时学校系统的其他子系统会自觉提供给教育科研工作足够的支持和呼应,因为它们从中能取得不菲的回报。另一方面,学校教育科研工作系统内部已经生成了必需的各种要素,拥有浓厚的文化氛围,合理的体制架构,健全的制度设计,灵活的机制创新,丰富的平台载体,多样化的活动形式等,各要素各司其职,运转良好,并能形成系统合力。

(三)教师教育科研行为转型的主要实现路径

在研究实践中,研究者深深体会到重点高中教师教育科研行为核心缺失的东西也许可以归结为两个字——自由,他们缺少自由的时间、空间,自由的研究方式和表达方式,自由的技术和资源,自由的心态,更别说自由的性灵了,所以相应地可以从构筑教师教育科研行为转型的动力系统、时间系统、空间系统、能力系统入手,为教师教育科研行为转型构建一个有力的支持系统。

1. 内励外驱唤醒深层教师意识,给教师教育科研行为更大动力

科研动力本质上来源于教师职业意识的觉醒和专业成长的内在需要,这种觉醒、需要一方面依赖于教师自我的内化生发,另一方面也需要外部环境的激发、感染和熏陶。故而学校领导应深刻理解并高度重视教育科研在教育教学改革与学校发展中的重大作用,真正树立并践行"科研兴校"、"科研兴师"、"科研促教"的办学理念,转变学校发展的价值取向,变应试导向为全面发展导向,变粗放发展为内涵发展,对教师的管理也从业绩关注转变到人文关怀,有了这种"科研优先"共同价值观的引领和规束,教师从事教育科研工作的认同度、自觉性、积极性会日益增强,能逐渐视教育科研为提高教学效率、解决教育教学新问题、提升专业化水平和完善自身全面素质的重要途径,把重视和实践教育科研内化为自觉的个体行为。

在增强教师科研动力方面,学校还可采取的干预措施有:订立科研契约,明确对教师教育科研工作的底线要求和基本标准;指导教师制订职业生涯规划,围绕"教学研究型"、"胜任型"、"专家型教师"、"科研型教师"、"德艺双馨教师"、"教育家"这些学校倡导的教师发展取向,让教师的精力、时间、智慧更好地聚焦到发展目标上,激发教师自我发展需要;榜样示范,树立典型,注意挖掘学校教师典型,开发他们的示范辐射效应,产生感染人、鼓舞人的作用,引导教师追求职业发展的高端层次和高尚境界,生成一种对教育之美、智慧之美、学术之美的向往与追求;机制激励,通过实施科研工作量制度、教科研成果奖励制度等使教师从教育科研中获得更多物质和精神层面"实惠"。

2. 科学整合深化内涵发展，给教师教育科研行为更多时间

许多重点高中教师觉得自己从事教育科研工作的最大障碍是没有时间，没有时间读书、思考、写作，这实际上是教师认识和实践上的误区，是一种习惯性思维或者说偏见，是他们对教育教学工作本质规律缺乏完整、正确认识的表现。本质而言，教育教学是一种研究性活动，"教师即研究者"，教师的研究时间与工作时间是融为一体的，因而教师并不缺研究时间而是缺少研究意识以及将研究与工作有机整合的能力。作为学校来说，首先就是要在舆论、机制、文化上积极引导教师转变时间观和科研观，积极引领广大教师由经验型向科研型转化，由教学型向教学研究型转化，让日常的教育教学和管理工作时间融合、升华为"教学—研究"时间。其次，要注重教学各环节的内涵挖潜，切实推进减负增效，让教师逐渐减轻升学高压，摆脱题山文海，拥有了更多自由支配的时间。并且原先许多经验性的做法在强制性的"减负增效"行动中暴露了其孱弱、低劣的一面，迫使他们向教育科研寻找出路，"减负增效"多余的时间转换为"教育科研"的时间，并且这两种时间是对立统一的。再次，还可以通过适度干预，注重在机制和制度上为教师教育科研提供相对独立、完整带有强制色彩和任务要求的"专门时间"。

3. 制度创新完善工作体系，给教师教育科研行为更广空间

在以往，学校教育科研工作在学校工作系统中是不起眼的一块"鸡肋"，它自身的地位和体系的建设本就十分薄弱。而事实上，科研行为的常态化、科研氛围的活跃、科研文化的营造需要借助多元化、多样化平台载体的搭建，这就要求学校创新体制机制，开辟平台、载体，建立完善的学校教育科研工作体系。这个工作体系应主要包括以下几个方面：职能机构建设和运作，科研管理制度机制的制订，校本教育科研资源建设，校报、校刊、网络等教科研交流、展示载体的搭建，"教师发展论坛"等科研培训平台的开辟，科研先进个人（或集体）评比、优秀教育教学论文评选等科研活动的常态化开展，科研工作坊、教研组科研带头人制度等科研工作组织形式的创新等。

在此过程中，根据科研工作和科研素养提升的内在规律，我们特别注重开发和运作好综合性大平台、大载体，如实施校级课题工作制度，形成工作课题化、课题工作化格局；借助重大课题研究的涵养与历练功能；加强校本选修课程建设，为教师综合运用专业知识和技能创设舞台，这些措施有助于使教师获得认知、认同、参与教育科研的更广空间。

4. 培训引领提升科研素养，给教师教育科研行为更强能力

教师的教育科研素养实际上是与他更为深广的全面素质联系在一起的，如果仅仅着眼于提高其教育科研的一般规范与能力，那么其最终的行为将缺少足够的底蕴与张力。校本培训不应仅仅着眼于教育教学和专业知识层面，而是更多地关注教师全面素质的提升，不断提高校本培训和教师继续教育的针对性、丰富性、有效性、互动性。

针对教师开展教育科研工作时表现出来的理论修养、研究能力和成果表达能力欠缺三大软肋，这三者的提高一要靠学习、二要靠训练。首先，学校强化研究方式和成果表达方式的学习与训练，使其掌握基本要领和规范，并开展相匹配的征文、评比、点评、推广等活动，促使教师在不断的运用、写作中最后比较熟练地开展研究、表达成果。其次，学校还与有关高校联合举办骨干教师教育技艺培训班，使中青年教师普遍一次接受教育科学研究方法、信息技术与学科整合、教育心理学、校本课程开发等课程的相当于教育硕士深度的系统培训，切实提高包括教育科研、教学设计、信息技术整合、课程开发等在内的教育教学技艺水平。再次，学校鼓励并服务好教师读书，促进教师信息汲取和学术积累，建立起一个广博精深的知识结构，增强思维的广度和深度以及发现问题、解决问题的能力。

第六章　课程个性化：丰富多样，规范自主

　　课程是学校教育的主要载体，浙江省高中新课程的课程设置体现了较传统课程大得多的弹性、选择性、包容性和开放性，国家、地方、校本三级课程协调并存的格局得到了真正的体现和落实。这对于广大基层学校来说，在获得更为充分自由的课程自主权的同时，如何根据新课程精神要义、结合学校发展实际特别是学校的育人目标构建具有本校特色的学校课程体系也成了必须思考的新课题和必须承担的新使命。在课程个性化探索中，我们着重完善学校课程体系的多样化架构、创新课程管理制度，并在综合实践活动、校本选修课程健身方面进行了较为深入的实践创新，初步形成了课程品牌，成为促进学生个性化、高水平差异发展的孵化器和助推器。

一、学校课程体系的多样化架构

　　目前，尽管许多高中学校还受资源、师资、场地、社会支持系统等方面的制约，不能达到高中新课程所设计的理想状态，但应正确处理理想与现实、原则与灵活、整体与局部、一般与特殊等关系，积极稳妥地强化课程设置、优化课程结构、提高课程实效。过去几年，课题组充分整合各种资源，创新构建多样化、多层次并能体现学校办学特色的高中新课程学校课程体系。

（一）规范架设"三位一体"课程体系

　　学校本着为学生全面发展着想，遵循上级教育行政部门的有关规定，全面规范地开设八大领域、十七门学科的课程，构建了国家、地方、校本"三位一体"的课程体系（见图 6-1）。新增旨在培养学生综合素质和综合能力的综合实践活动课程，成立研究性学习教研组，明确责任，落实任务，分解社区服务、社会实践活动的组织责任，制订综合实践活动考核评价办法等；新增旨在培养学生科技制作和实践能力的通用技术课程，成立技术教研组、培训通用技术教师、制订通用技术教师职责和考核办法、装备通用技术评价专用教室等；新增体现

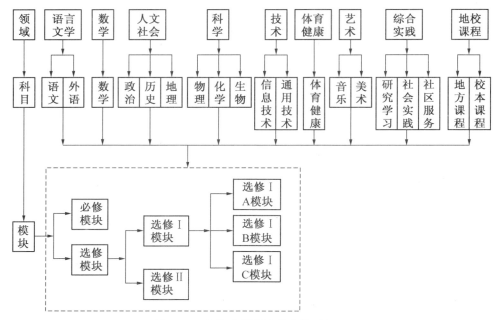

图 6 - 1　镇海中学学校课程体系框图

地方特色的省、市地方课程,成立地方(校本)课程备课组。重视体育艺术教学,规范体育艺术课程开设,培养学生体能素质和艺术素质。"三位一体"的课程体系,促进了学生整体素质的提高。

(二)全面开设选修 IB 课程

根据浙江省第一阶段新课程实验有关文件精神,学生高中毕业至少要完成四大学习领域选修 IB 课程中 6 个模块的学习任务,并获得相对应的 12 个学分。根据新课程高考方案的规定,参加新课程高考的第一类大学的文理考生,必须参加自选综合试卷中四大学习领域 9 门学科中 18 个模块所对应的 18 道题目中的 6 道题目。对于学校学生来说,他们中的绝大部分都会参加第一类大学测试,因而无论是落实新课程的理念,还是提高学生在高考中的竞争力,选修 IB 课程的教学质量就显得十分重要。而选修课程的开设和教学班的管理却是学校管理中的一大难题,涉及教育、教学、后勤、信息等多方面的工作。为此,学校高度重视 IB 课程选修和走班制的实施,提前召开高二年级选修 IB 课程动员和辅导大会,使广大教师、学生和家长明确 IB 课程开设的重要意义,在此基础上,学校根据省教育厅有关学生选课的文件精神和新课程高考方案，在尊重学生个性特长和兴趣爱好的基础上，结合学校的师资条件和硬件设备，确定了"积极规范、尊重学生个性差异、结合学校实际"的选修 IB 课程开设原则。同时，学校集思广益，通过分析论证"限定选修"与"自由选修"两种选课方式的优缺点以及"高二下开设"与"高三上开设"两种开设时间的优缺点，最后确定了选课方式和选修课程开设时间。选修方式：在自由选修基础上，进行适当的限定调节。开设时间：高二下为主，高三上为辅，每个学生在高二下选修 4 个模块，在高三上选修 2 个模块。此外，学校还编制了整个选修课程工作流程图，该流程依次为成立学校选课指导委员会、编制《学生选课指导手册》、制订选课指导教师职责、制订教学班教师和学生职责、召开选课指导教师辅导会议、召开选课动员及辅导会议、进行教师指导下学生选课、汇总学生选课单、根据学生选课志愿和学校实际组建教学班。上述开设原则、选修方式、开设时间以及工作流程的确定构建了学校选修 IB 课程的基本实施框架。

为了使学校的选修 IB 课程得到切实有效的实施，我们强化了有关选修课程管理制度建设。制订了一系列与课程管理相配套的制度。共制订了《镇海中学选修课程实施方案》、《镇海中学学生选课指导手册》、《镇海中学选课指导委员会成员及职责》、《镇海中学选课指导小组成员及职责》、《镇海中学教学班教师职责》、《镇海中学教学班学生守则》6 个文件，这些制度性文件为学校选修课程顺利开设提供了制度保障。

为促进选修课程有效开展，确保选修 IB 课程教学质量。我们还建立了教学班常态化管理机制，加强对教学班的日常管理，使走班过程有条不紊，安全高效。针对选修 IB 课程相对必修课程和选修 IA 课程很难用统一考试成绩来评价教学质量的特殊性，学校科学制订了选修 IB 课程教学工作量考核细则和注重过程性评价的教学质量评价细则。

（三）构建校本选修课程体系

除高质量做好选修 IB 课程工作外，我们还在选修 II 中的校本课程部分也实行了自由选修，充分整合课程资源和育人目标，大力构建校本选修课程体系，实施走班教学，大力建设校本选修课程体系，凸显办学特色。我们结合自身的资源条件、价值取向开发了若干门科学规范、质量较高的校本课程，学生在这些课程范畴内能最大限度地实现自由选修，满足自身课程需求，获得相应学分，促进个性化成长。我们认为，校本选修课程是高中新课程的重要内容，是实现共同基础上的差异发展的重要载体。从更为深远的角度看，通过校本课程建设，学校还将进一步整合校内外优质资源、汇聚教师智慧、发挥教师专长、凸现教师个性,使校本课程开发成为学校教研组建设、备课组建设和教师个人专业成长的有效载体和重要途径。

【案例6-1】 镇海中学已开发校本选修课程名单

综合素质类(共41门):

《知我镇海 爱我镇中》、《高中职业生涯规划与职业指导》、《高中生自我管理》、《礼仪与文化》、《中学生领导力开发》、《读书、新闻与写作》、《无线电测向》、《西方绘画艺术的表现魅力》、《篮球基础》、《篮球提高》、《乒乓球提高》、《羽毛球提高》、《葫芦丝演奏入门》、《吉他弹唱入门与提高》、《涂鸦＋设计》、《中国书法文化》、《陈氏太极拳入门》、《航模制作》、《建筑模型设计与制作》、*Know yourself*，*Love yourself*、《生活中的化学》、《时政与生活》、《影视音乐风》、《自主招生面试技巧》、《新闻故事与高中生活》、《青少年电子技术基础》、《软式排球基础》、《竹笛演奏》、《素描技法》、《校园植物的分类与养护》、《高中生生涯规划》、《演讲与口才》、《人生地理》、*Happy Minds*、《食品营养与食品安全》、《龙鼓镇海》、《音乐戏剧影视表演》、《水彩画与漫画》、《西方哲学家故事》、《时政述评》、《影视同期声》

学科拓展类(共13门,不含学科竞赛辅导):

《物理创新教育》、《力学习题中实验装置的制作》、《趣味体验物理》、《高中物理拓展与思维训练》、《高中化学创新拓展与训练》、《化学与科技前沿》、《化学拓展》、《数学拓展(理)》、《数学拓展(文)》、《英语高级阅读》、《英语报刊阅读》、《英文翻译与写作》、《原声英语听力》

(四)尊重必修领域的选择权

在信息技术、音乐、美术、体育等学科的必修学分中,都存在多个模块中选择某一模块作为学习内容的情况,学校尽可能创造条件,满足不同学生的不同需要,逐步做到让学生自由选择,从而达到激发兴趣、培养特长的目的。

二、课程管理制度的整体性重构

我们深刻认识到,这次新的课程改革某种意义上讲是新旧教育的转型,在转型过程中更加需要运用管理制度来规范和约束师生的行为,根据实际需要来进行管理制度的创新,为规范、深化实施新课程提供制度上保障。在新课程实施过程中，面对新的教学理念、课程体系、教学目标、教学方式、教学组织方式，我们感受到原有管理制度与新课程产生矛盾，远不能适应新课程实施。为了确实有效地实施新课程，必须深化管理制度的建设和创新。

（一）深化课程管理制度建设和创新

1. 科学合理地安排课时，提高课时整体功能

针对新课程实施过程中课时紧、学生负担重等突出的问题，我们克服原有课程课时安排定势的影响，根据新课程的课程结构和模块内容，在遵循省教育厅有关文件精神的基础上，提出了按照学科模块数比例来科学合理地安排不同学科、不同学段的周课时。这样既控制了总课时，使学生具有一定数量的自主学习时间，同时也解决了原有课时安排不适合新课程的矛盾，平衡了不同学科的课时数。学校新课程总课时相对其他同类学校要少，在高三年级比老课程减少 4 节/周。科学合理地课时安排，减轻了学生过重的学业负担，提高教师备课质量，增强了整体学科教学功能。

2. 加强新增学科管理制度建设，促进新增学科顺利实施

针对研究性学习开设过程存在师资不够困难，我们根据这些学科的特点、目标和要求，引进"项目管理"方法，优化和整合人力资源，成立学校研究性学习教研组，明确了该教研组性质（在教务处的领导下，出各学科中有一定研究经验与潜力的教师组成的一个以业务研究为主的组织），该组织突出了跨学科、综合性和研究型的特点八人员设置（专职教师 2 名，半专职教师和指导教师若干名）、教研组的职责、教研组人员的职责、教研组人员的考核和待遇等。要求专职教师承担通识培训教学和课题研究方法辅导以及少数开放性研究性课题的辅导，半专职教师承担跨学科研究性课题的辅导教学，其他指导教师承担有关学生课题的辅导教学。通过优化和整合人力资源，缓解了研究性学习课时多而专职教师不够的矛盾。

考虑到省地方课程内容的广泛性以及修习地方课程班级的增加，学校地方课程任课教师（由专职和兼职两种）相应增加，为了规范这门课程教学管理，提高教学效率，成立地方课程和校本课程备课组。学校确定这门课程的教学课时，由备课组长具体规划落实课程的开设。这样做既调动了教师实施地方课程的主动心和积极性，同时增强了教师上课的针对性（由相关专业的教师担任相对应内容的教学），提高了教学效率，提高了学生学习这门课程的兴趣和热情。

3. 强化选修课程管理制度建设,有效实施选修课程

一个先进的教育理念要得到贯彻实施,必须以相配套的规范化的管理制度作为保障。为了使学校的选修课程得到切实有效的实施,必须强化有关选修课程管理制度建设。我们根据新课程要求和省教育厅有关文件精神,在学习考察的基础上,移植实验省兄弟学校成功的经验,结合学校的具体实际,制订了一系列与选修课程管理相配套的制度。共制定了《镇海中学选修 IB 课程实施方案》、《镇海中学 2006 级学生选课指导手册》、《镇海中学选课指导委员会成员及职责》、《镇海中学选课指导小组成员及职责》、《镇海中学教学班教师职责》、《镇海中学教学班学生守则》、《校本选修课程开发方案》、《学科竞赛选修课程管理细则》8 个文件,这些制度性文件为学校选修课程顺利开设提供了制度保障。

《镇海中学选修工　B课程实施方案》从整体上全面系统地勾画出学校选修 IB 课程结构及实施要求。确定学校选课指导原则,成立学校选课领导小组,建立选课和课程管理机制,规范学生选课操作过程,提出了选修 IB 课程的开设和管理方法,制订了选修 IB 课程的考核和评估细则。

《学生选课指导手册》则从学生层面上系统介绍了学校选修课程开设情况。阐述了选课的目的意义,系统介绍了镇海中学选修 IB 课程结构,制订了各学科选课指导意见,提出了学生毕业后不同方向发展选课基本要求,提供了镇海中学学生选课清单,提出了镇海中学选课操作规程和方法。

《选课指导委员会成员及职责》确立了选课领导机构,明确选课领导机构的职责。制订《选课指导委员会成员及职责》目的是为了切实加强对新课程学校选课工作的领导力度,建立合理。有序、高效的选课机制,全面深入贯彻实施新课程,促进学生在共同基础上的个性发展。

《选课指导小组成员及职责》的目的为了切实加强学校新课程选课指导力度,确保学校选课工作的有效开展,帮助学生选择适合自身发展的课程,全面深入贯彻实施新课程。《镇海中学教学班教师职责》的目的是为了顺利推进新课程改革的实施,切实有效地抓好教学班学生的管理工作,更好地促进学生的健康成长。

《镇海中学教学班学生守则》从教学、卫生、纪律、安全等角度对教学班学生提出要求,强调学生的自主管理、整体意识和协作精神。

4. 构建“超前申请学分”制度,为培养个性化创新人才提供自由时空

学校作为省一级重点中学和省新课程实施样本学校,在新课程实施初期,沿用原有课程中一些传统的做法,在课堂教学组织形式上实施整体化上课,在

教学内容和要求上运用统一模式，在学业评价上运用统一时间、统一标准实施考试和评价。随着新课程的实施，由于各学科周课时减少，教学内容减少，教学要求降低，按照常规课堂整体教学和评价方案，部分优秀学生潜力和个性特长得不到开发和挖掘，对学科学习的兴趣和热情以及自主学习能力得不到很好的培养，出现整体教学和个性化创新人才培养矛盾。为了鼓励这些学有余力优秀学生在学科竞赛学习和科技制作中超前学习新课程某些模块内容，做到学科竞赛学习、科技制作与学科模块超前学习的整合，促使优秀学生具有更多的时间进行个性化自主探究学习，提高学习效率，培养具有个性特长的创新人才。我们移植高校学分管理方法，构建了《超前申请学分规定》，实现了课程管理制度的移植创新。所谓"超前申请学分管理"就是学校让部分优秀学生超前自主学习学科模块，由学校超前进行考核评价，评价合格的学生给予该学科模块的学分，并允许这部分学生自主选择该学科模块的学习方式和地点。《超前申请学分规定》制度的实施，有效地培养学生的自主学习能力，为培养个性化创新人才打下有效的基础。

通过深化课程管理制度建设和创新，不仅促进了教学管理的有效性，也提高了教学管理人员的管理水平，间接提高了学校新课程实施效益。

（二）深化校本评价体系的建设和创新

1. 科学全面制订学生学业评价方案，促进学生的全面发展

新课程实施以来，我们更新评价观念，注重终结性评价、过程性评价、发展性评价、综合性评价等多种评价方式互补结合，运用集体智慧，通过分析论证和讨论，构建既符合新课程理念、又具有镇海中学特色的学科模块、综合实践活动课程学业评价和学分认定方案及细则。

（1）构建学科模块成绩和学分认定评价方案。制定了《镇海中学学科模块成绩评价细则》、《镇海中学研究性学习成绩评价细则》、《镇海中学社会实践活动成绩评价细则》、《镇海中学社区服务成绩评价细则》、《镇海中学学业评价和学分认定方案》等。

（2）构建学生综合素质评价实施方案。为了科学全面地评价学生综合素质，制定了《镇海中学学生综合素质评价实施方案》、《镇海中学学生综合素质项目（操行评语）评价细则》、《镇海中学学生综合素质项目（审美与艺术—音乐）评价细则》、《镇海中学学生综合素质项目（审美与艺术—美术）评价细则》、《镇海中学学生综合素质项目（运动与健康）评价细则》、《镇海中学学生综合素

质项目(物理实验)评价细则》、《镇海中学学生综合素质项目(化学实验)评价细则》、《镇海中学学生综合素质项目(生物实验)评价细则》、《镇海中学学生综合素质项目(通用技术)评价细则》、《镇海中学学生综合素质项目(探究与实践)评价细则》等。

另外学校还开展规范学生成长袋记录工作,动态跟踪学生学业成长过程;构建与新课程相配套的学生学业评价记录表(镇海中学学期综合评语考核记录表、镇海中学新课程科自修业记录表、镇海中学新课程综合实践活动记录表、普通高中新课程素质发展记录表等)。

2. 根据不同课程特点,构建评价教师课程实施质量的评价体系

传统教学评价注重班级平均成绩的终结性评价。这种评价方式对于强化教师的责任性起到一定的促进作用,但也有一定的负面作用。有的教师片面追求平均成绩,加班加点,投入较大,效益低下,增加了学生负担。针对终结性评价存在问题,我们更新评价理念,根据实际需要,拓展评价方法和手段,建立起终结评价(考试成绩)、过程性评价(注重教学过程评价)、发展性评价(所教学生成绩变化)"三位一体"的更加科学合理的评价体系,使广大教师更加注重平时的教学过程,通过提高课堂教学效益来提高教学质量,充分发挥评价的正确导向功能,促进整体教学的有效性。

对于3+X高考科目,由于按照行政班实施教学,就注重终结性、过程性、发展性评价互补结合;对于自选综合高考科目,由于按照教学班实施教学,采用注重过程性评价为主终结评价为辅的方式,由所有学生对任课教师进行整体化、比较化评价;对于体育、艺术、综合实践活动、技术、校本课程等非高考性科目,注重过程性评价、课程影响力评价互补结合,由学生整体评价结合师生学习和学术成果对外影响和辐射示范作用两方面进行评价。

3. 共性评价和个性评价互补结合,构建新课程下教研组评价体系

新课程拓展了学校办学目标,提出新教学理念,构建了新的课程结构,要求新的教学方式和学习方式。由此导致教研组和教师职能的拓展和变化,教师在搞好本学科教学同时,还要承担综合实践活动指导、学生选课指导、教学班管理以及校本课程的开设等工作。新课程在导致教师工作量普遍增大的同时,导致部分教师工作量大幅增大。原有评价体系导致评价不全面、不科学、不公正,不能适用新课程的实施。因而必须制订适合新课程的教师评价体系,以满足新课程实施的需要。学校根据新课程实施实际需要结合深化新课程下学科建设活动,构建了共性和个性相结合的评教研组评价体系。共性部分是

要求每个教研究组应做的内容(包括自身发展规划、教学常规、教学质量、业务比赛、教学研究、教研活动、教育教学改革)，个性部分是根据教研组自身特色额外完成的内容(包括参与学校重大临时活动、参加学校个性化项目、辐射示范作用、开设新课程示范课、进行外出学术专题报告，"师徒结对"专题讲座，校本教研讲座，特色项目等)。共性结合个性评价方案在促进各教研组共同提高的基础上，开展特色学科、特色教学、教学名牌建设，调动了各教研组积极性和创造性，推进了新课程下深化学科建设活动。

三、综合实践活动的高水平实施

根据《浙江省普通高中综合实践活动课程实施指导意见》(浙教基〔2007〕93号)，高中综合实践活动课程是国家规定、地方指导、学校开发与实施的一门必修课程，包括研究性学习、社区服务和社会实践三个科目。设置综合实践活动课程，目的是要让学生联系社会实际，通过亲身体验进行学习，积累丰富的直接经验，养成探索自然、亲近社会、发展自我的个性倾向和初步能力；让学生有更多的机会把学校环境中的学习与社会、家庭环境中的学习结合起来，培养他们的创新精神、实践能力，养成良好的社会责任感和健康积极的个性品质；改变普通高中过于注重学科知识的偏向，实现普通高中课程结构的均衡化，促进学生素质的全面发展。概言之，综合实践活动课程是在教师引导下，学生自主进行的综合性学习活动，是基于学生的经验，密切联系学生自身生活和社会实际，体现对知识的综合应用的实践性课程。

综合实践活动作为高中新课改推出的一门全新课程，从21世纪初开始，综合实践活动逐步在各层面推广，专家们总结出各地探索走过的弯路有：综合实践活动开课难，缺乏详细的开课流程；各层部门缺乏对综合实践活动的一致认识；相关的活动使实践活动逐渐变味；综合实践活动逐渐沦为走形式，走过场。一句话，"知道综合实践活动对学生终身发展的重要性，拘于当前的教育现实而不作为、难为，课程缺乏专业性的实施"。但作为学生个体的学习基础，三维学习需求模型包含了群体—个性、知识—体验、发展—反思，从这个模型我们可以看出，群体、知识与发展是国内当前教育模式的基础，它们代表了教育的外在表现。可是如果没有有效的实践过程，我们就无法推动教育走向个性、体验和反思的内涵层面。

郭元祥教授在《综合实践活动课程的理念与实践》一文中进一步指出，作为一种独立的课程形态，综合实践活动课程集中体现了新的课程管理和发展制度。在新一轮基础教育课程改革中,综合实践活动课程是由国家统一制定课程标准和指导纲要,地方教育管理部门根据地方差异加以指导,学校根据相应的课程资源,进行校本开发和实施。因而综合实践活动课程不仅仅是哪一级的课程,它体现了三级课程管理制度的特征和功能。[①] 到目前为止,国家尚没有制定详细、统一的综合实践活动实施细则,只有类似大纲的"指南",而没有课程标准和教材,这就需要各个学校根据省上综合实践活动课程指导意见,结合各自实践有效开展。当前,实施得较好的学校都不同程度地将各自的特色融入综合实践课程中,以促进学校的特色发展。因此,综合实践活动的实施已成为高中学校多样化、个性化、特色化发展的重要支点。基于这一认识,镇海中学在十年来的综合实践活动探索中,努力在研究性学习活动、社会实践和社区服务中都找到一种适合校情、校本实施的成功模式。

(一)构建综合实践活动的支持系统

作为校本实施的国家课程,学校课程管理是综合实践活动"常态化"和"有效性"实施的核心。镇海中学编制翔实的"综合实践活动手册"(含《镇海中学研究性学习活动手册》、《镇海中学社会实践手册》和《镇海中学社区服务手册》),学校从师资建设、组织建设和制度建设等方面着手,从开发、实施到评价都不断加强综合实践活动的全程管理。学校成立综合实践活动领导小组,建立专任教师资格任职制度,建立专兼职相结合的教师队伍,学校规定每一位教师都有义务参与综合实践活动的指导,并把它当作教师职称考评的前置条件。制定相关的课程管理制度,把研究性学习活动教学和指导核算成合理的工作量,提升教师参与综合实践实践的积极性。学校形成了综合实践活动课时管理制度(不得在综合实践活动课时上其他课内容,或挪作他用)、协作教学制度、设施设备使用制度、分配置与认定制度、制定检查与评价制度和综合实践活动课程指导教师考核和奖励制度,建立开放的教研制度,开展各种形式的综合实践活动校本研究……给予综合实践活动一定的政策支持。建设"物理探究性教学实验室"和通用技术活动室,与招宝山街道联合举行"学生志愿者服务社区和谐行动",并与高校强强联合开发资源,要求学生按手册完成至少2—3道研究课题或项目,把社区服务时间、课题研究和担任研究骨干作为北京大学"中学校长实名推荐"的前置条件之一,在课程建设、资源建设(充分利用校园资源、整合各学科资源、发掘海内外著名高校校友资源、家长资源,从单

---

① 郭元祥.综合实践活动课程的理念与实践[M].北京:首都师范大学出版社,2002.

一的研究性学习活动成果展示发展成科技创新节等）、教研组建设、研究性学习活动成果的多元化建设和校园社团活动等方面进行了有效整合。学校在综合实践活动领域内也进行有效整合（社区服务、社会实践和研究性学习活动的整合），把综合实践活动和校本课程、通用技术、信息技术、校园资源、研究小组社团化等进行有机整合，为综合实践活动向课程的转化和提升创造了重要条件。

（二）构建"二级三层"教研模式

教研组是学校保证学科教学有序推进的最基础的教学团队，没有教研组，学科教学就会缺少主心骨，而学科骨干则是推动学科发展的主要力量。综合实践活动课程不像其他学科那么单一，课程涉及面广，与多种学科相关；课程实施中，活动时间与空间多变，活动可以在一节课里完成，也可以在一个学期甚至更长的时间完成；活动可以在校园里进行，也可以在社会这个大课堂里进行。所以，综合实践活动的实施，必须发挥教研组和专职教师的核心作用，由教研组的统一部署、协调和专业管理。避免那种"有组织无人管，有计划无人做，有研究低水平"的机构空转和研究低效的现象。如图 6－2 所示，综合实践活动专职教师和研究性学习教研组的设立，把传统的多层架空管理转化成了"二级三层"推进机制和教研模式，保证有专人规划、有专人组织、有专人指导的二级三层扁平管理模式，促进了综合实践活动实施的常态化和有效性。

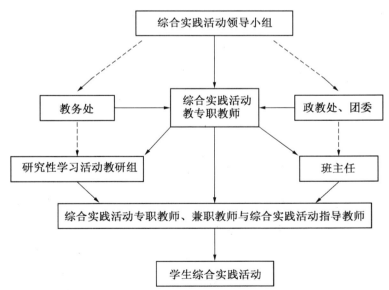

图 6－2 镇海中学综合实践活动"二级三层"教研模式

镇海中学从 2001 年开始,站在培养学生实践能力、创新精神和培养学生个性化发展的高度,积极实施全校性的研究性学习活动,十年来,从学科小论文、小课题研究到规范的综合实践活动,从个别老师的参与,到一个年级任课老师的全员参与,到综合实践活动专职教师的确立、研究性学习教研组的成立与动员全校参与,镇海中学综合实践活动以研究性学习活动的实施为核心,在规范化、专业化、综合化和有效性方面取得了显著成绩。

(三)完善综合实践活动"五维一体"运行机制

1. 第一维:以课题研究为抓手,提升学校科研管理水平

关键词:政策落实、总体规划、长远目标。

作为综合实践活动之一的研究性学习活动是国家规定名称、课时和一般要求,由学校自己开发和实施的课程。因此,学校意志决定了课程实施的走向,而校级以上各级教育行政部门的监督力度则决定了其执行力度。

十年来,镇海中学研究性学习活动对培养部分学生学习自信心和学习兴趣、各高校的自主招生、新课程发展的前景等方面,看到了研究性学习发展的潜力,多年来常抓不懈。从时间安排、教师配备上给予保证。在新课程全面实施之前,主要保证有研究性学习讲座、答辩会,并明确规定所有高一任课教师至少指导一个课题,研究性学习的指导与评优、教师专业成长和工作量挂钩。学校给研究性学习发展创造相对宽松的环境,给了参与规划的老师一定自主性和政策支持。而学校也希望通过实施研究性学习,提高学生的综合素质,并帮助部分老师在专业成长中找到新的增长点。近几年,更是围绕省教学研究规划课题《高中研究性学习活动"五维一体"运行机制研究》和教育部综合实践活动项目子课题《有效实施综合实践活动,提升学生实践能力和创新素养》,开展深层次的综合实践活动管理创新研究。

2. 第二维:加强学科组建设,促进研究性学习活动实施的专业化发展

关键词:集体备课、集体研究教学内容、集体指导与个人指导相结合。

从研究性学习专任教师、学科指导教师——综合实践专职教师——研究性学习教研组,在六年里实现了三大跨越,保证了研究性学习活动的师资和指导力量。现在的教研组确保全校的研究性学习活动实施的总体规划上有了更科学的论证,不是做了一年算一年,一般要求对每一届学生有一个三年实施规划。集体备课、集体评价等促进了研究性学习活动的健康发展。

进一步探讨研究性学习活动的专业性，学生高中三年完成两三个课题后，通过实践和科学方法测试两种手段，评价他们的研究方法和研究能力，让他们在研究性学习活动中从理论到实践都能有所收获。

为了避免以学科为主导课程的研究性学习活动成为变相的学科学习，我们探索了适合跨学科学习的评价标准，如提出必须符合跨学科（主导课程必须是两门以上）、实践性（有校内外相应的观察、调查研究、访谈等实践过程）的特点。一方面，这是对学科学习的有效拓展，同时，也是对学科学习的实践检验，并培养学生的综合与创新思维能力。最终把部分教师从功利的应试中解放出来，拓宽教育视野。如物理组全员参与的探究式教学模式的研究与实践，为物理教学拓展了新的教学空间。

3. 第三维：建设学生管理委员会，落实学生自我评价和评价多元化，保证研究的本真性

关键词：自主管理、合作管理。

现在的学生评价委员会建设相对成熟。学生自己组织评委、选出班级展示会和答辩会主席、答辩速记员和记分员等。需要进一步做好学生研究性学习内容调查研究组的工作。让研究性学习真正成为学生喜欢的课程。需要研究学生在研究性学习活动中存在的问题，在现行教育体制下，提出一些深入开展研究性学习的有效对策，有的对策显然可以从学生的集体智慧中获取灵感，获取建议。

发挥学生会及各级班级中学生干部的组织协调作用，积极调动其他同学参与各项研究性学习活动的积极性，减少应付研究，通过学生管理学生，学生自我评价，避免挂名研究、代替研究、抄袭研究等情况，在学校培育真实研究、体验式研究和重过程的研究。

在评价方面向学生自我管理倾斜，避免以课题研究成败论英雄的一元评价，重视过程评价。表彰积极参与者（多尺度评价）、点拨指导中间群体、扶持研究性学习困难者，引导研究性学习应付者甚至反感者。在这方面，实践证明学生群体的引导功能比老师的说教作用要大得多。研究性学习活动内容、评价和活动建议等均可来自于学生，调动学生组织自我管理研究性学习活动的积极性，加以引导、指导，锻炼他们的自我管理能力。

4. 第四维：建设答辩、评价与研究性学习成果展示的平台，促进有效交流，进一步提升研究性学习活动水平

关键词：评价多元化、交流、互动、互助、共进，促进研究性学习的常态化

与平民化建设(避免精英教育的大环境下只重视精英研究),探索中不断完善自我评价与他人评价、社会评价相结合的多元化评价机制。

网络、每年至少一辑《镇中研究学刊》和班级、年级展示答辩会等都是研究性学习成果展示的载体。如何创新载体,让更多的学生获是研究性学习成功的喜悦,我们正进一步鼓励学生开发出适合班级或各课题组的研究博客,鼓励学生的研究贴近生活实际,并把自己的研究成果拿到社会上由各行各业去检验,让学生的研究打上更多社会化的烙印,不是"为研究而研究",而真正做到"为生活而研究"。

从综合研究参与能力方面评价校"研究之星",从课题研究的质量方面评选班级、校级优秀课题,评选班、校优秀选题,基于学生的各方面特长,评选优秀开题报告、优秀评委、优秀答辩人、优秀听众(提问人)、优秀活动建议、优秀调查问卷、优秀课题报告、优秀课题组长、优秀答辩组、优秀辩手、优秀书记员和优秀答辩速记员等多角度的研究性学习的优秀,有单项评比,也有综合评比。这也为课题研究的最终等第评定(特别是评 A)有了更多真实的、具有可操作性的参考标准,也为新课程"考试"提供了一个多元化评价的尺度,让更多的学生获得成功体验和展示、交流的机会

正如镇海中学《高中师生眼中的新课改》学生课题组在报告中写到的:"如果我们不是用一把尺子衡量所有的人,而是用 100 把尺子衡于不同的人,就可以把只在一个项目上竞争、只能有一个冠军转变为在 100 个项目上竞争、可以产生 100 个冠军,让没有定型的学生有足够的空间张扬个性……真正实现天生我才必有用。"避免研究性学习活动也落入精英教育的单极化格局,倡导学生自主组织,人人参与,积极交流。我们在努力营造多极化评价格局。有些同学在学习上备受挫折,但通过研究性活动的参与找到自信,"原来我可以很优秀。"

5. 第五维:社区化、多元化、灵活化管理,丰富研究性学习活动资源

关键词:校友研究性学习顾问团、挖掘学校已有活动资源、创造同学主动接触社会、了解社会的机会,开阔研究视野。

深入开发、利用学校已有文化艺术节、读书节、校运会,辩论赛、灯谜会等资源,让学生参与制定活动游戏规则,如选择评委的最佳方案等。如学校已有的各项学生活动,可以以作业或"项目管理"的方式,以研究性学习课题的方式向全校同学招标。让同学自己申请标王。高二年级一同学曾向团委申请,自主组织年级羽毛球比赛,自主组织学生组委会、请师生裁判,讨论决定赛制,到

校外拉赞助等，活动搞得有声有色。这类活动多年来仍在延续。而这些活动的组织同学，已具备非常强的研究性学习活动资源意识和研究意识，他们在活动的同时也在做研究。

发挥家长、校友联系广泛的优势，从指导资源到活动资源，都可以讲究灵活性。如学校组织的以校友为主的研究性学习顾问团即是一例。随着学校研究性学习活动的深入、全面推进，学校学生思维活跃、研究兴趣五花八门，很多知识对于我们中学教师的知识结构是严峻的挑战，有时缺乏相关知识的研究，有时甚至闻所未闻。镇海又因地域关系，作为研究支持相应的科研机构和学术团体相对较少。但学校有丰富的校友资源，在十年来的研究性学习活动实践中，有不少校友通过网络、电话等多种形式在支持母校的研究性学习活动，或直接指导，或提供专业知识和相关信息，或者联系相关专家，或者联合做课题做调查等。2005 年 1 月 6 日的《教育信息报》以"镇海中学网络论坛热火朝天（做研究）"为题报道过学校的此类与大学校友联合做研究的做法。一方面，借助镇海中学已日趋成熟的校友"情系母校"活动；另一方面，希望能通过这一平台，为校友寻找更多类似于社区服务和社会实践的机会，也为"情系母校"寻找更丰富的活动载体。为了使这个活动持久进行，学校发出研究性学习活动顾问团正式聘书（为期一学期、一年或更长时间），校友和母校之间互相提供相应的支持，促进这项活动正规实施。

学校还组织学生实施诸如"我体验家长一天（一周）的工作"等生涯规划主题活动，让研究性学习活动更具体验性。再如模拟法庭、模拟银行和模拟联合国等活动，也让同学更早了解社会需要的素质和在社会真实的情境中探究社会对自身提出的素质要求。同时挖掘已有基地如农场、海防纪念馆、海防遗址和学校作为 36 个青少年爱国主义教育基地和中宣部公布的 100 个爱国主义教育基地之一、全国七个国家安全教育基地之一等可供研究的当代价值。

综上所述，我们努力以综合实践活动的方式推进综合实践活动，深入研究本校、本地区实际，研究学生、研究管理模式，为学生提供丰富的活动时空，为教师提供更多研究性学习指导的资源与培训机会，提升活动水平。

（四）探索、完善"校园义工"新模式

在社会实践和社区服务方面，学校将这项工作与研究性学习活动、学生社团、校本课程等进行优化整合和拓展，进一步丰富了载体、平台、方式和方法，形成了合力，提高了质量和效率，并打造了一批有影响的活动品牌。如"爱的"

慈善工作站是省内第一家挂牌的慈善总会校园工作站,它的成立缘于学校陈潜等六名同学的研究性学习课题《天使在校园——关于如何在本校开展慈善活动及开展此活动意义的研究》。再如"校园义工组织"就是学校创新中学生志愿服务模式、践行国际化办学理念、深化学校德育工作的一个重要举措。学校确立了"学生自主管理为主,学校指导帮助为辅"的方针,组建了义工自主管理委员会,制定了《镇海中学义工(志愿者)服务管理办法》,招募义工1000多人。目前,学校已拥有了义工慈善队、义工环保队、义工书社队、义工艺术团、义工导游队、义工会务服务队等特色服务队伍。秉承"学会感恩、播撒爱心、志愿服务、提升自我"的宗旨,镇中义工已经成为学校精神文明建设中的重要力量。成立短短一年多的时间里,已招募义工1000多人,在校内外开展服务活动近100次。活动内容更是涉及爱心募捐、绿色环保、图书借阅、文艺义演、校园导游、会务服务、卫生保洁、爱心支教、结对助学等方方面面。协助校慈善工作站募集善款20多万元;图书借阅次数超过3000次;接待了数批国内外贵宾并为其进行了校园景点讲解;为各类大型考试、区运会等提供了高水准的会务服务工作,得到有关方面和人士的高度肯定与赞誉。为此,由镇海区教育局和镇海区团委等联合推出的镇海区"校园义工"模式推广现场会在镇海中学举行,《中国教育报》、《浙江日报》、《中国中学生报》等10多家媒体报道了推广了镇海中学"校园义工"的成功探索。

(五)综合实践活动学科内外的有机整合

社会实践和社区服务是综合实践活动中相对容易开展的项目,学校可以通过集中或分散的方式开展。人们通常认为社会实践和社区服务要走出校门才能开展,其实不然。在学校范围内,就可以将社会实践和社区服务有效开展起来。这就是切实完善校园义工制度,学校把校园打造成学习、生活社区(有时可以采用"请进来"的方式,如校园义工"我的寻找之旅"就是同学们利用假期在校内举办义教班,为城区的一些小孩提供免费的暑期辅导并组织各类游戏活动),学生到社区才能完成的服务项目如敬老、服务各种考试、礼仪服务、家教服务、导游服务、维护公共卫生等,在学校就可以完成。同时,学校通过军训,各种社团、协会的丰富活动,就可以将社会实践开展好。而且,立足学校开展社会实践和社区服务还有一个有利之处,就是防止学生在社会实践和社区服务中造假,随便找社区盖个章,从而使社会实践和社区服务流于形式。

1. 以校和区爱教基地为基础，形成学校综合实践活动内容特色

综合实践活动是一门国家规定、地方管理和学校开发的校本课程，它必然打上地方特色的烙印。学校借助校园爱教基地，学校的百年人文底蕴及已开发的人文系列教材，并结合镇海人文环境和商帮文化特色"商帮故里，院士之乡"，初步探索形成镇海中学之"海防、爱教基地系列"和"校园、乡土人文系列"两个综合实践活动系列，在校园网上建设完善爱教基地、人文资源图文专栏、在镇中图书馆网页上深入挖掘校园读书文化资源、以於梨华和柔石为代表的文化名人专栏，并使之服务于综合实践活动。

在学校的鼓励与引导下，《近现代史上具有重大影响的宁波籍人物如世界船王包玉刚、蒋介石等人物研究》、《镇海籍海外宁波帮调查及研究》、《镇海招宝山周围地区历代碑刻的认识与欣赏》、《镇海中学海防遗址的军事、历史和爱国主义价值探究》、《从柔石的小说〈为奴隶的母亲〉到经典甬剧〈典妻〉》、《桨声欸乃说甬剧》、《镇海岁月对林则徐的影响研究》、《镇海中学现有亭子的美学研究》、《镇海中学校园内题字石刻的艺术美研究》、《镇海中学校园景观的楹联研究》等一批乡土味十足的综合实践活动成果在市级以上获奖或正式出版。

2. 研究性学习活动与社区服务、社会实践及学生社团活动有机整合

研究性学习活动、社区服务、社会实践及学生社团活动从活动目标、活动方式上都有相似性、相近性，综合实践活动为社团活动进入课程提供了一条途径，为研究性学习活动、社区服务和社会实践的整合提供了一个平台，但是这些活动在学校以往的管理过程当中比较多地处于一种松散、随机和各自为政的状态，通过规范、高水平实施综合实践活动，可以进一步推动活动课程化的进程。如在综合实践活动规划中，把一些艺术节活动和传统的社会实践活动、社区服务活动纳入到学生的研究视野。如近年镇海中学举办每年一届的水果拼盘设计大赛，先由同学作宁波本地水果资源调查，然后进行各种主题的水果拼盘项目设计活动，活动新颖，提升同学深入研究的积极性。在教务处、团委、美术组和研究性学习活动教研组等多部门协作指导下，达到一项活动多项锻炼的效果。再如组织镇海中学义工社团开展"走近自行车"系列活动。让调查组的同学通过文献调查和实地调查，调查自行车的使用、生产情况（实施社会实践活动）：①调查镇海中学走读生骑自行车上学的人数；②调查家庭自行车数；③走访自行车行或上网了解品牌，查看各种车型；④上网查询各种样式的

自行车,了解各式自行车的创新之处。让动手能力强、自行车爱好者组成维修保养组(请修车师傅指导学生维修保养自行车,实施社区服务活动):①实践自行车的擦试;②练习自行车内胎的粘补;③自己动手,从保养自己的自行车开始,学习基本的保养技术;④开展为他人修理自行车活动。让富于创意的同学组成创新组:①组织"自行车奇思妙想创意设计大赛",作品分两部分,一部分是设计图,一部分是创意设计说明(书面文字);②联系商场经理,创新组观摩组装自行车师傅组装一辆完整的自行车,再让学生参与组装。在这一主题活动中,以研究性学习活动为线索,学生在实践活动中,从掌握自行车故障排除方法开始,到了解自行车各部件功能,对自行车防雨、防盗等功能的创新,再到帮助他人修理自行车的社区服务,以及对人们骑自行车的情况调查和多种新型自行车的信息资料收集,使研究性学习活动、信息技术教育、社区服务与社会实践等在活动中获得自然融合。这些整合活动,让综合实践活动课程成为学校教育中活动教学的重要线索,调动各个方面的力量来做好综合实践活动课程的工作。

3. 以网络 BBS 为平台,发挥校友资源作用,组织校友综合实践活动顾问团

在研究博客、研究性学习专门网站和研究性学习 BBS、QQ 群之间,我们选择了最后者。它具有成本低,借助镇海中学校园网论坛原有人气和凝聚校友人心等的人文底蕴,登陆与管理便捷等优点。如果沦为专业的研究性学习管理网站,一般来说学生"被迫"使用的成分很大,缺乏充分的表达自由和吸引力。实际上,研究性学习专门网站的所有功能,BBS 和 QQ 群基本都能达到,关键在如何规划一个友好、功能多样和权限多层级的使用界面。

学校的镇中 BBS 在 2001 年开设"研究性学习专栏",除了专职教师作为版主管理,镇中论坛的校友、学生及老师管理员都在一定程度上关注或管理过它,这无形减少了版主的管理压力。特别是校友研究性学习顾问团的建立,更使学校的研究性学习活动扩大了指导教师队伍。一方面,校友本身对母校的感情及年龄相对接近,他们和学弟学妹们指导起来更没有代沟,指导方式多样,如 BBS 回帖、QQ、电子邮件、电话等,有些校友还直接提出合作研究课题的意向,因为通过这种方式,有学弟学妹一起做,还有母校的指导老师的共同参与。这样共同营造出和谐的研究氛围,BBS 的研究性学习活动帖子数量目前已超过一万。同时,镇海中学研究性学习 QQ 群的建立,也为对研究性学习活动有兴趣的师生提供了一个跨越时空的交流平台。

4. 与人生规划、学校德育等校本课程内容相结合，开发学生综合实践活动主题

重视研究新课程提出的"培养学生人生规划能力"。逐渐形成人生规划和德育研究两大研究系列。在新课程的核心素养中强调培养学生的人生规划能力，但缺乏这方面的具体指导与实践，研究性学习活动也可参与到这一实践性强的项目中。善于人生规划或生涯设计，为学生争取发展的机会。新课程强调模块化设计理念促进了课程内容的整合，提升了课程的灵活性和选择性；有利于学生自主选择课程，促进形成个性化的课程修习计划，培养其人生规划能力。其实人生规划能力不能只局限在选课上，还表现在学生对自己高中三年生活的整体规划上。

重视研究性学习活动和德育内容的整合。如《镇海中学学生综合素质调查报告》、《镇海中学学生文明意识调查》、《镇海被征地农民思想生活状况调查报告》、《镇海中学在镇海经济发展中的影响研究》、《"镇中论坛现象"深层剖析》、《"母亲节里有多少同学记得母亲的生日"调查研究》等。

积极开发学生生活主题。如现代社会越来越重视的人际交往能力、语言表达能力和包括大学自主招生、参加学生会等各种应聘的面试能力等的研究，即现代社会要求的与目前中学生缺乏的素质的研究。再如对学校作息制度、早跑制度的合理性调查研究和解决方案的探索等。

5. 依托综合实践活动，做好跨学科研究，切实培养学生科学探究精神

除了专职教师开设的研究性学习活动课，学校还有兼职教师开设以物理、数学等为主导课程的跨学科研究性学习课程。主要为了解决课时多，老师少的问题。研究性学习课时多，但内容缺乏可控性，且探究活动缺乏时间课外开展。而75％的学生在初中还没有正儿八经地实践过研究性学习活动，研究性学习与学科相结合，也不失是一个过渡办法。同时，研究教育部《普通高中"研究性学习"实施指南（试行）》，其中也有相关内容的明确表述："当前，受传统学科教学目标、内容、时间和教学方式的局限，在学科教学中普遍地实施研究性学习尚有一定的困难。因此，将研究性学习作为一项特别设立的教学活动作为必修课纳入《全日制普通高级中学课程计划（试验修订稿）》，将会逐步推进研究性学习的开展，并从制度上保障这一活动的深化……"这说明，学科研究性学习也是一种研究性学习活动，只是因为目前限于条件，仍需以必修、专修的方式来重点推进而已。因此，我们强调，只要在活动中体现跨学

科和实践性等研究性学习特点,强调满足学生在开放性的现实情境中主动探索研究、获得亲身体验、培养解决实际问题能力的需要即可视为研究性学习活动。

6. 探索多元化评价

每年一届的综合实践活动成果展示与评审会。主张采用"自我参照"标准,引导学生对自己在综合实践活动中的各种表现进行自我反思性评价",它强调师生之间、学生同伴之间对彼此的个性化的表现进行评定、进行鉴赏。并努力建立一种以"自我反思性评价"为核心的新的评价体系,以满足研究性学习活动的要求。同时,强调评价主体的多元化和评价方法、手段的多样性。比如,学校在2005级高一的研究性学习活动的学期评价中,提供特殊的考题,对自己的研究性学习活动课题报告或项目设计,以"开卷测试"的方式,作自我评价,而同学在半个月前自己已经知道了考题。在综合实践活动中,建立班级、年级和学校的研究性学习活动、社会实践和社区服务的评价小组,通过每年一次的综合实践活动成果展评周和科技创新节等平台,评出"研究之星"、"实践之星"和"服务之星"等。

通过深入、有效实施综合实践活动课程,并借助其他学科创新教育的同步推进,镇海中学学生三维学习需求模型的实践环节得到有效的改善和发展,越来越多的学生爱实践,提升了问题意识,提高了动手实践的科学素养,学生并不满足于简单的做课题,更把目光投向了丰富的社会实践世界。正是在生动活泼的社会实践、社会服务和社会需求中,展露了学生的天性、天赋、发展潜质和个性特长,不管是从市场到实验室的小龙虾毒性实验,还是从贵州支教、贵州贫困生调研到在市民中发起的贵州"刺梨花"爱心结对助学活动,学生的丰富多彩的课题研究、项目设计的务实性、服务性和创新能力让社会刮目相看;不管是"低碳从饮水开始"的调研,还是学生"爱的"慈善工作站荣获宁波市人民政府"宁波慈善奖"……媒体和市民惊叹,镇海中学的学生"有社会责任感","有学问,有闯劲","很阳光","方案周密,行动能力强"……学校所培养的人才研究型、创新型特色日渐显露。目前,以研究性学习活动成果展示周为基础的镇海中学科技创新节也越来越受到师生欢迎。福建省中小学综合实践活动学科带头人培训班专家同行32人在教育部综合实践活动项目组核心专家成员、福建省综合实践活动教研员邹开煌教授、福建省综合实践活动特级教师肖晓阳带领下专程来到镇海中学参观交流,在调研报告中,他们指出"我们认识到镇海中学的学生社交能力强、创新实践丰富，除了学生能广泛接触到国内外知名专家学者来校指导和充分利用学校丰富的海内外校友资源、家长资源外，还与其创新开拓综合实践活动课程的实施是分不开的。"①

四、校本选修课程的创造性开发

所谓校本选修课程建设，是指在高中新课程背景下，各学校结合自身的资源条件、价值取向开发出若干门科学规范、质量较高的校本课程，学生在这些课程范畴内能最大限度地实现自由选修，满足自身课程需求，获得相应学分，促进个性化成长。校本选修课程是高中新课程的重要内容，是实现共同基础上的差异发展的重要载体。

校本选修课程建设从某种意义上来说是一次学校资源的重组与整合，无论对于学校、教师还是学生而言，它都蕴涵了新的发展契机与路径。所以当我们定位校本选修课程建设的时候应该将它置于学校全局发展、可持续发展的高度，给予其足够的重视和投入。具体来说，通过校本选修课程建设，学校要能自主开发出若干门适应学生课程需求、符合课程基本规范、具有相当水准的校本课程并付诸实施，从而建立起比较健全的三级课程体系，为学生的全面素质和个性化成长、为学校的可持续特色发展提供新的平台。从更为深远的角度看，通过校本课程建设，学校还将进一步整合校内外优质资源、汇聚教师智慧、发挥教师专长、凸现教师个性，使校本课程开发成为学校教研组建设、备课组建设和教师个人专业成长的有效载体和重要途径。

新课程的核心追求是共同基础上的差异发展，这种差异发展既是学校个性（特色）、教师个性（专长或风格）、学生个性（特长）三位一体的整体协同，更应是一种高水平的差异发展。校本选修课程建设在实现高水平差异发展方面担当着重要使命。

（一）校本选修课程的实施要点

对于很多学校来说，新课程下的校本选修课程建设是一项全新的工作，必然要经历一个从无到有、从少到多、从粗到精、从单一到系统的探索过程，唯其校本性，每个学校的探索都不是能简单复制的，但一些共通性的经验、做法是

---

① 林丁寿.外面的世界很精彩——福建省综合实践活动课程考察团在宁波市中小学考察［EB/OL］.（2011-06-13）［2011-10-10］. http：//www.nbjys.cn/info.jsp? aid＝46621.

值得相互借鉴、移植的。以下是我们在构建学校校本选修课程建设第一期工程中提炼的 12 个实施要点：

（1）课程建设的领导与管理。校本选修课程建设遵循"学校领导、自愿参与、自主开发、权责相当"的基本原则。学校应成立校本课程建设领导小组，对学校整体的课程结构、课时分配和校本课程的内容、结构、实施、评价等问题加强领导、统筹规划、科学协调，鼓励教研组、备课组、教师根据自身条件积极参与校本课程建设，提供培训、资金等的支持，并出台一系列督导、监控、考核、评价、激励措施。就具体管理层面而言，学校不妨设立校本课程教研组或备课组，将分散在学科各教研组承担校本选修课程开发与实施的教师汇聚起来，有利于推动他们开展交流与研讨。

（2）课程建设主体的组成。校本课程开发主体应追求多元化、个性化，体现灵活性、整合性。既可以是教研组、备课组也可以是教师个人或教师组合，各开发主体可进行优化组合，形成跨学科、综合学科、多学科的开发主体，从而最大限度地尊重和激发其主体性、主动性和创造性。本着"谁开发、谁负责"的原则，校本课程的具体实施包括教学活动、教学管理、教学评价等都由对应的开发主体具体负责，教师的实际授课量将折算计入该教师的工作量或给予课时津贴。

（3）课程内容的选择。校本选修课程内容应不拘一格，学科辅助、学科拓展、艺术体育、文化素质等等均是可待开发的领域。校本课程内容的确定应综合考虑开发主体的专长、学生的真实需求、可资利用的资源、学校的特色发展等，尽力寻求最佳结合点。在所有变量因素中，学生的课程需求与教师的专长是最需要考虑的两个方面，两者直接决定了课程的质量，学校应通过发放调查问卷、座谈等渠道了解学生的真实需要，对教师的专长和开发能力也需作科学的评估。

（4）课程开发申报。校本选修课程应在全校范围内征集优秀的课程开发主题，在此基础上再进行慎重筛选，故而能预见待开发课程精要的校本课程开发申报表的编制就显得十分重要且必要。有开发意向的教师团队或个人应首先填写并向学校递交该表，教师在填写申报表时应阐述申报课程开发的四方面基本要求：一是拟开发的科目，能反映一些学生的特别需要；二是课程设计的构想，能体现校本课程的性质和特点；三是教师小组具有课程开发的能力；四是本校和社区拥有所需要的课程资源。包含上述四要素的申报表有助于学校对其作科学的价值评估。

【案例7－2】 镇海中学校本课程开发申报表

课程名称：＿＿＿＿＿＿＿ 申报时间：＿＿＿年＿＿＿月＿＿＿日

申报主体成员及所属组室		负责人姓名、年龄		负责人学历、职称		负责人现任教年级及学科	
负责人及团队成员有利于课程开发实施的专长、特质							
申报课程属性	拟开设总课时		拟开设年级	期待最佳选修学生数		拟开设起止时间	
申报理由阐述							
课程说明							
面临的主要问题及希望获得的支持							
教科所初审意见	年 月 日						
校本课程建设领导小组审批意见	校本课程建设领导小组组长签字： 年 月 日						

填表说明（略）

（5）课程申报项目的分类处理。教师自由递交校本课程申报后，学校应认识到每一项目都凝聚着教师的智慧与专长，需倍加重视，充分利用，分类处理，不可局限于校本课程开发本身。学校应组织校内外专家对递交的申报表进行集体讨论评估，然后作出同意、基本同意但需调整、不同意等不同意见，对于适合的课程项目学校应与开发主体签订合约，明确开发时限、质量要求等，并为该项目提供专项开发资金，对于有价值但不适合开展教学的课程项目学校应建议其作为自我深化专业成长的一种载体，学校也应提供适当的资金支持。分类处理有助于保护和发展教师的积极性、创造性。

（6）课程的设计与开发。校本课程开发应贯彻新课程的理念要求，遵循课程开发和设计的基本规范,能较好地把握课程设计的基本方法和程序。一般而言,课程设计的内容和过程为:确定教育目标,选择课程内容,组织课程内容,实施课程评价。一种校本课程开发至少需要考虑9个方面的因素:课程目标、课程内容与专题、学习材料、学习方式、教学策略、教学组织、评价方法程序、时间安排、空间和环境等。

（7）课程容量的安排。就目前各校新课程设置情况来看,每学年的第一学期一般安排地方课程,第二学期安排校本课程,故一门校本课程的课时数一般限定在15～20(含考查考试,基本上为每周一课时)较为适宜。课时的紧凑要求教师在开发校本课程时一定要树立质量意识,要注意内容的精练、结构的严密、效果的最大化。

（8）学生选课组班。校本选修课程应实行走班教学,限于教室、师资、课时等种种主客观因素,没有学校能够绝对实现学生的完全自由选修。现阶段我们能做的就是为学生提供尽可能多的课程模块,在这些课程模块内尽可能实现学生的自由选修。如学校向高一学生提供的首批校本选修课程只有7门,但高一却有12个行政班,为确保选课教学的有序、稳定、公正,保障各位同学的利益,我们制订了较为周密细致的选修组班方案,向全体高一学生发放了选课说明、各课程介绍,设计了类似高考志愿单的选课单,按照班级单、双序号组成两个选课单元,规定了教学班的最高和最低容纳人数。领到选课单后,每位同学可以结合自己的情况填写第一、二、三意向课程,并可选择是否服从学校调配。学校首先根据第一意向组建班级,如果某门课程第一意向人数超过上限,学校将组织班主任、校本课程教师、有关职能部门负责人及学生代表对这些同学进行抽签,未抽中的学生按照其第二、三意向和是否服从等归入相应课程模块。如果因不服从调配而在首轮选不上课的同学允许其在还未达到最高容纳人数的课程中再作一次选择,否则视其为自动放弃高一校本课程选修,由此造成的一切后果由其自行承担。

（9）教师评价。对校本课程授课教师的评价与考核主要由教务处执行,教务处将通过听课、查阅资料、调查访问等形式,对教师进行考核,并记入业务档案。考评的重点是:一看学生选择该科的人数;二看学生实际接受的效果;三看领导与教师听课后的反映;四看学生问卷调查的结果。

（10）学生评价。学生评价主要由授课教师和学习伙伴执行。授课教师可以根据课程特点、学生规模等因素选择多样化的考核评价方式。对学生评价主要是三看:一看学生学习该课程的学时总量,作好考勤记录。二看学生在学习过程中的表现,如学习态度、积极性、参与情况等,可分为"优秀、良好、一般、较差"等形式记录在案,作为"优秀学生"的评比条件。三看学生学习的成果,学生成果可通过实践操作、作品鉴定、竞赛、评比、汇报演出等形式展示,成绩优秀者可将其成果记入学生学籍档案内。

（11）培训与研讨。校本课程的开发与实施专业性很强,不同课程模块的差异也十分明显,这对教师知识储备、专业能力的要求都比较高,因而有针对性的培训与研讨方能保证课程质量在一个必需的水平线上。学校要创造条件邀请课程开发专家对有关教师进行理念、操作等方面的培训引领,还可以选派教师去已开展得比较成熟的学校和地区实地考察。尤其重要的是,学校应设立校本课程教研组或备课组,创设学习研讨的组织空间,建立起校本培训和校本教研的长效机制。

（12）课程资料积累与教材编写。由于校本课程较其他课程其规范性与约束性稍差,部分教师不太重视积累资料、编写教材,课是上了,甚至很生动有效,但没有留存相关的优质资料更不要说形成教材,这算得上是教师专业成长的自我流失。所以学校在规划校本选修课程建设的时候应该对此提出总体要求、激励措施,相关教师一旦踏上课程建设之路便要根据课程特点以及自己擅长的方式有意识地积累课程开发中的点滴素材,如果有足够的现代教育技术素养大可以建设课程专题网站或开发具有个人风格的网络教学平台,如果技术一般则将有关多媒体电子资源分类打包储存。教材的编写可参照其他学科的文本模式,采用教案式、学案式、辅助阅读式等多种编写方式。

（二）校本选修课程内容的整合途径

在推进校本选修课程建设中,课程内容的选择和确定显得十分重要。镇海中学为通过校本选修课程与学校七个方面工作的整合来拓展、丰富课程内容,实践证明这样的整合能够产生 $1+1>2$ 的效应,获得课程建设与学校办学工作的相得益彰,协调发展。

1. 校本选修课程与学生社团活动相整合

社团活动和校本课程之间存在着不少共通、交互的元素。社团活动是在学校独特的文化历史背景下,由学生感兴趣的活动内容发展而成的,而校本课程的开发要针对学生的不同需要及学生发展的可能性。由此我们可以构建学生社团活动课的校本课程模式,让每一位学生有目的、有组织、有计划、有内容、有评价地根据自己的兴趣爱好选择参加社团活动,充分发挥学生的主体性,给学生充分的自主学习空间,让学生的兴趣、爱好和特长得到充分的发展。

而学生选择了这门课,只因为他想学,他需要,所以他会努力学好,并坚持学下去,这是真正的"我要学",而不是"要我学"。社团活动和校本选修课程的联姻实现了社团活动"明目标、给时间、留空间、展特长"的目的,基本解决了掣肘社团发展的时间、空间及指导的三个"瓶颈"问题,较好地实现了活动的常态化。

在学校首批校本选修课程建设中,读书会、灵通记者团、英语社、视觉艺术工作室和"猎狐"俱乐部等5个社团的指导教师尝试开设了相关校本选修课程《读书、新闻与写作》、《无线电测向》、《英语报刊阅读》、《西方绘画艺术的表现魅力》等课程,这些社团通过一学期的校本选修课程取得了优异成绩。其中,《无线电测向》班不仅让近70名高一学生习得了基本技能,增强了动手能力,他们中间的佼佼者参加"2008年浙江省青少年无线电测向锦标赛"还创造了佳绩,分别获得三个单项团体的前三名,两位同学还达到国家二级运动员标准。再如读书会,原来活动时间大都要安排在中午时间,安排半个小时就较匆忙,现在每周四都有一节雷打不动的校本选修课,可以由指导老师和学生自由安排,准备充分、内容充实。在不到一个学期时间里,他们在电子阅览室、名著阅览室、现刊阅览室、上课教室和报告厅等处,阅读了普利策新闻获奖作品、安意如现象的讨论,观赏了奥斯卡获奖影片《钢琴师》……并人人参与自写自编印行了校本选修本的第一本期刊物《迁徙》。

2. 校本选修课程与个性化创新人才培养工作相整合

创新人才培养模式是时代对高中学校教育提出的新的课题。近年来,学校开展了"个性化创新型人才培养"的项目实验,即在先进教育思想、教育理论和创造性人才培养理论指导下,遵循"促进学生共同基础上的个性发展"这一高中新课程核心追求,有机整合学校各种优质教育资源,大胆创新教学内容、课程设置、教学组织形式、管理制度、评价方式和学校文化等,使这批学生在达到较高学业水平的同时,在学科探究、科技制作、人文艺术、社会管理等特长得到和谐发展,培养他们的创新意识、创新能力、创新精神,更好地帮助他们顺利进入理想高校接受更高层次教育并最终成为个性化创新人才。

个性化创新人才培养必须依托相对应的选修课程开设。为此学校根据个性化创新人才培养目标,充分挖掘个性化创新人才培养课程资源,构建"三位一体"的个性化创人才培养的课程体系,尤其注重开发适合创新人才培养的多样化校本选修课程。学校为实验班学生在高中三年内开设学科探究、人文艺术、科技制作、社会管理等创新人才培养校本选修课程,并逐渐增加个性化选修教学课时,做到必修课程整体教学与选修课课程个性化教学互补结合,充分发挥创新课程的功能，为培养个性化创新人才打下课程基础。到目前为止，我们已经开设了《数学竞赛选修课程》、《物理竞赛选修课程》、《化学竞赛选修课程》、《信息竞赛选修课程》、《科技制作选修课程》、《田径项目选修课程》、《音乐选修课程》、《美术选修课程》、《物理创新教育》、《中学生领导力开发》等校本选修课程。

实施个性化创新人才培养选修课程取得了丰硕成果。实施新课程首届（09届）学生个性特长是历年来最好的一届。在全国数学、物理、化学、信息竞赛中共获得22个一等奖，有4人参加全国冬令营，获得3金、1银，有一人在国际物理奥林匹克竞赛中荣获金牌。无线电测向成绩显著，在浙江省青少年无线电测向锦标赛中取得佳绩，获得高中组80米段单项团体第二名，1人获一等奖，6人获三等奖。学生体育、艺术特长得到很好的培养，09届学生共有6人获得国家二级体育运动员称号，在宁波市重点中学运动会上获得团体第一佳绩，有几十名学生在全国高校冬令营测试中获得A等成绩。

3. 校本选修课程与课外文体工程相整合

课外文体工程是各级教育行政部门正在大力推动的素质教育工程，但在实际开展中往往会遇到各种问题，如活动时间得不到保证、活动得不到有效管理、活动效率低下、放任自流流于形式等。为此，学校注重整合创新，整合师资、课时、课程等教学资源，拓展课程内容，推出《篮球基础》、《篮球提高》、《乒乓球综合》、《羽毛球综合》、《影视音乐风》、《吉他弹唱入门与提高》、《涂鸦＋设计》、《软式排球》、《中国书法文化》、《太极入门》、《素描技法》、《笛子吹奏入门与提高》等近20门课程，不仅以课程形式保证学生课外文体活动时间，提高活动效率，并为不同基础、不同爱好的学生量身定做，致力于让学生习得一项能够陪伴其终身的文体特长。

4. 校本选修课程与补差培优工作相整合

学生在高二、高三阶段学科知识、思维能力发展更趋不平衡，并进行不断的分化，同一班级内学生认知差异不断扩大。整体化课堂教学导致学困生跟不上、优秀学生"吃不饱"，严重制约优秀学生发展，同时也打击了学困生的学习自信心和积极性，这些情况在不同学校普遍存在。为此，我们根据学生学科水平差异，开设学科培优和补差选修课程，在不增加总课时基础上，减少整体教学课时，增加学科选修课时，切实有效地实施个性化辅导教学，促进不同水平的学生得到最大限度进步和发展，进入各自的最近发展区。这方面的课程主要有《数学拓展》（文、理）、《英语高级阅读》等

5. 校本选修课程与学校特色资源相整合

尽管中国当前中小学校同质化办学现象严重，但每一所学校都有其独特性，都拥有与众不同的历史和现实资源以及区域背景等，就校本课程的本义而言，这无疑是最需要也最值得开发的课程资源。镇海中学办学历史悠久，文化积淀深厚，学校还是全国绿化模范单位，校园内人文资源丰富，镇海又是全国著名的海防要塞。为充分利用好这些宝贵资源，我们开发了《校园中的碑刻艺术》、《校园植物的分类与养护》等多门校本课程，收效明显。如被评为宁波市第二批优秀校本课程的《解读镇中 认识镇海》，就是在系统梳理镇中百年发展史和镇海优秀地域文化基础上，整理出镇中概况、镇中文化、镇海区域概况、镇海院士文化、海防文化、宁波帮文化等几个相对独立的板块，并采用讲授、实地考察、研究性学习、观看视频等多样化教学方式使学生对学校及镇海区的历史脉络、文化特色、发展图景等有比较系统完整的认知，进而培养学生爱校爱乡的浓烈情感，强化他们的"镇中意识"。

6. 校本选修课程与教师学科专长和个性特长相整合

随着教师社会地位、经济地位的逐年提高，进入中小学校的不少教师综合素质相对较高。许多教师不仅专业功底深厚，教学业绩突出，并且多才多艺，在文学、体育、艺术及高中非主干课程领域具有相当造诣，这是一笔宝贵的课程资源，可以成为重点开发的课程内容，同时这也可以最大限度地尊重和激发教师主体性、主动性、创造性和积极性，为教师自主发展、差异发展、合作发展、开放发展创设一个有效的平台或舞台。学校就运用"项目管理"方法，激励、支持他们开发建设校本课程。如学校三位心理辅导教师分别开发建设了《高中职业生涯规划与职业指导》、《礼仪与文化》、《心理健康与自我开发》、*Know yourself，Love yourself* 等深受学生喜欢的课程，一位英语老师开设了《陈氏太极入门》课程，一位总务处老师开出了《笛子演奏入门与提高》课程，等等，形成了教师发展、学生发展、学校发展相得益彰的和谐局面。

7. 校本选修课程与自主招生工作相整合

近年来，越来越多的高校实行了自主招生，越来越多的学生也通过自主招生这一升学通道直接被高校录取或争取到自主招生高考加分。自主招生既重学业水平，更注重考查学生的综合素养，特别是在面试环节，学生的言谈举止均被纳入考察范围。这些综合素质的养成大部分得益于学生在多年学校学习和社会生活中的有意识习得和潜移默化的熏陶，但这些素质成分大多还处于一种自发的、未经加工、比较粗糙的原生状态，并不能百分百直接转化为自主招生中的优异表现。而且自主招生的笔试和面试作为一种考试类型有其自身独特的要求、规律和特点，如果能够进行有针对性的训练和积累，则更能从容面对试卷和评委老师。正是基于这方面考虑，学校在过去两年有意识地面向部分学生开设了《时政生活》、《时政述评》、《新闻故事与生活》、《中学生领导力开发》等校本选修课程，成效显著，在 2009 年、2010 年的北大、清华、复旦等名校自主招生考试中均取得优异成绩，获得自主招生加分资格的人数均列全省第一。

作为一种"基于学校、为了学校"的课程类型，校本课程内容的整合点在不同学校不尽相同，以上列出的七种整合方式也不一定适合所有学校，但只要每个学校在高中新课程精神要义的指导下，本着"发展学生、发展教师、发展学校"的宗旨，深入挖掘，科学统筹，一定能够将校本课程与学校相关工作实现有机整合，获得课程建设与学校办学工作的相得益彰，协调发展。

（三）校本选修课程的学校文化价值

课程建设与学校文化建设存在内在互动机制，课程建设是学校文化建设的核心和载体，校本选修课程则是体现新课程"校本"理念、凸显学校自主性和文化性的重要途径和方法。通过实践，我们发现校本选修课程在凝练学校发展特色、凸现以人为本的现代文化精神、提高学生社团活动的品位和档次、提升教师文化品质等方面发挥积极作用。

1. 校本选修课程建设有利于凝练学校发展特色

校本课程是基于学校文化背景开发出来的课程，在课程目标、内容、实施及评价等方面打着学校文化的烙印，与学校的文化特色相联系，是学校文化的具体体现。学校在长期发展过程中形成的特色和积淀的优秀文化传统以及区域文化必然成为校本课程开发的重要文化资源，校本课程开发就是对学校文化及区域本土文化选择、加工和提炼的过程，它立足于学生的教育环境和生活环境，以实现校本化为目标。如学校开发的《解读镇中 认识镇海》校本选修课程就是在系统梳理镇中百年发展史和镇海优秀地域文化基础上，整理出镇中概况、镇中文化、镇海区域概况、镇海院士文化、海防文化、宁波帮文化等几个相对独立的板块，并采用讲授、实地考察、研究性学习、观看视频等多样化教学方式使学生对学校及镇海区的历史脉络、文化特色、发展图景等有比较系统完整的认知，进而培养学生爱校爱乡的浓烈情感，强化他们的"镇中意识"。

校本选修课程建设从某种意义上来说是一次学校资源的重组与整合，是为了满足学校的特殊需要,形成学校特色的一种课程开发策略。无论对于学校、教师还是学生而言,它都蕴涵了新的发展契机与路径。所以当我们定位校本选修课程建设的时候应该明确自己的教育哲学,将其与学校的远景追求和现实取向结合起来,将它置于学校全局发展、可持续发展的高度,给予足够的重视和投入。

2. 校本选修课程建设有利于凸现以人为本的现代文化精神

校本课程是国家赋予学校课程自主权的产物,它给学校带来的不仅仅是可以由自己掌控的国家三级课程体系的一个有机组成部分,更给学校文化带来了一股丰富、多元、开放、民主、自由、平等的清新之风。这些文化特质是传统课程背景下学校文化中所缺失或欠缺的,它们背后凸现的是现代文化以人为本的核心理念,也就是充分尊重并帮助人的个性发展和自我实现。

校本选修课程开发是一个合作的、民主的、开放的过程,强调校长、教师、学生、家长、社区成员的广泛参与,就是说这些人都拥有参与课程决策和执行的权力。在学校的校本选修课程体系内,校本课程开发主体是多元的、个性化的,每位教师平等享有课程开发的权利;校本选修课程内容是丰富、多元、开放而不拘一格的,学科辅助、学科拓展、艺术体育、文化素质等等均是可待开发的领域,内容的确定应综合考虑开发主体的专长、学生的真实需求、可资利用的资源、学校的特色发展等,尽力寻求最佳结合点,如《高中职业生涯规划与职业指导》、《心理辅导与自我开发》等课程在学生中广受欢迎,满足了青春期学生自我认知、自我规划、自我实现的需要;校本选修课程的教学组织形式是民主开放的,实行走班教学,每位学生平等享有自由选修课程的权利,校本课程选课组班过程充分尊重学生的需要和权利,潜移默化涵育学生的民主精神和契约意识,等等。

3. 校本选修课程有利于提高学生社团活动的品位和档次

社团活动是学校文化建设的重要形式,高品质、多样化的社团活动是衡量一所学校文化品质的重要标志。社团活动和校本课程之间存在着不少共通、交互的元素。社团活动是在学校独特的文化历史背景下,由学生感兴趣的活动内容发展而成的,而校本课程的开发要针对学生的不同需要及学生发展的可能性。由此我们可以构建学生社团活动课的校本课程模式,让每一位学生有目的、有组织、有计划、有内容、有评价地根据自己的兴趣爱好选择参加社团活动,充分发挥学生的主体性,给学生充分的自主学习空间,让学生的兴趣、爱好和特长得到充分的发展。而学生选择了这门课,只因为他想学,他需要,所以他会努力学好,并坚持学下去,这是真正的"我要学",而不是"要我学"。社团活动和校本选修课程的联姻实现了社团活动"明目标、给时间、留空间、展特长"的目的，基本解决了掣肘社团发展的时间、空间及指导的三个瓶颈问题，较好地实现了活动的常态化。

4. 校本选修课程建设有利于提升教师文化品质

教师文化简单来说就是指教师在教育教学活动中形成与发展起来的价值观念和行为方式的总和。在学校文化系统中，教师文化处于举足轻重的地位，它直接决定了整个学校文化的品质优劣。传统的教师文化规范重于创新，行动重于理念，结果大于过程，这些都困扰着教师的专业成长和整个学校文化品质的提升。我们认为确立课程意识和转变教师行为方式是教师文化重建的关键，新课程下的教师文化的核心应该集中体现出创新、合作、开放等三大特征，而校本选修课程建设可以有效促进这些文化特质的形成。

高中新课程的重要价值之一就在于促使教师确立课程意识，课程意识是教师对课程系统的基本认识，是对课程设计与实施的基本反映，其本质就是教师教育教学行为中或明确或隐含的课程观与课程方法论。我们在制订《校本课程建设方案》时就特别强调教师要对自己的角色有一个新的理解，要求教师从一个课程的消费者变成一个课程的开发者、课程研究者，鼓励所有的教师都参与力所能及的课程开发研究，并保证他们有足够的时间，在行动研究过程中养成课程开发的意识，发展课程开发的能力，最后达到专业成长的目的。

学校的校本选修课程实际上是为教师自主发展、差异发展、合作发展、开放发展创设了一个有效的平台或舞台。在确定校本课程开发主体时，我们追求多元化、个性化，体现灵活性、整合性，既可以是教研组、备课组也可以是教师个人或教师组合，各开发主体可进行优化组合，形成跨学科、综合学科、多学科的开发主体，本着"谁开发、谁负责"的原则，校本课程的具体实施包括教学活动、教学管理、教学评价等都由对应的开发主体具体负责，教师的实际授课量将折算计入该教师的工作量或给予课时津贴，从而最大限度地尊重和激发其主体性、主动性、创造性和积极性，强化教师之间的团队协作、集体攻关。值得一提的是，我们还成立了校本课程备课组，创设学习研讨的组织空间，初步建立起校本培训和校本教研的长效机制。

第七章 教学个性化：技艺深厚，多维高效

教学质量是学校办学的生命线。每个学校特别是名校总是有意识地构筑自己的教育模式、教学模式，优化教学管理，以取得更为优异的成果在学校竞争中占据优势、创出品牌。教育教学模式构筑的过程与结果其实也是一种学校文化的积淀与成型过程，因为在这个过程历练和结果反馈中，师生的思想意识、精神观念、言行方式都在发生着深刻的变化，一种集体无意识悄然形成，融入学校的文化血脉中。

教学个性化是对高水平教学模式、整体教学风格、教学管理方式的大胆探求，是对教学质量、教学效益和教学管理水平的不懈追求。在实现教学个性化的过程中，我们在业已成熟的"学生最优发展教育模式"和"超课堂教学模式"的基础上加以深化拓展，主动探索多样化教学模式、创新开展有效教学管理、积极实施有效教学，使学校的教学工作在新课程背景下更有特色、更有内涵，更有力地促进了学生的高水平差异发展。同时这也极大提升了学校教师的教育技艺水平，增强了教育教学和管理工作的科学性、技术性、艺术性、规范性以及工作的效率、效益、效能等。

一、探索多样化教学模式，丰富教学内涵

教学模式是在一定的教学思想和教学理论指导下，在教学实践的基础上建立起来的一套比较稳定的用于组织实施教学活动、再现和调节教学结构和教学功能的教学程序及其方法、教学策略和思路。

教学模式是教学理论和教学理念的深化和具体化，教学模式是教学理论、教学理念与教学实践的中间环节，是实施先进教学理论的中间纽带。通过构建教学模式实施课堂教学，能揭示原有教学理论存在的问题，完善、丰富和拓展了原有的教学理论，提高教学实践活动的理性指导成分，切实有效地提高了教学质量。教学模式是对教学经验的进一步概括化和理论化。教学模式通过对各种优秀的、成功的教学经验进行加工、概括、整合，将教学过程中各种因素

构建成一种相对稳定的教学结构，将教学活动的各个环节组织成为有一定逻辑关系的系统。因而，教学模式是提出教学理论的重要途径和必经之路。

（一）整体推进教学的"最优化"

"学生最优发展教学模式"是镇海中学教学个性化的第一次探索，它和后来的"超课堂教学模式"有效推动了学校各项事业的进步，影响深远，它们的成功来自于各自系统的和谐性和自主性，来自于镇海中学深入考察多方因素寻求学生整体发展、传统课堂教学与网络在线教学和谐平衡的心向与努力，也反映了全校上下崇尚主体精神、追求自主发展的强烈心向。这些探索性工作进一步明晰、深刻了镇海中学在育人、教学等方面所追求的"重基础、重能力、重创新、重全面"以及"严谨不失活泼、放而不乱、抓而不死、管而不僵、新而不浮"的风格。

"抓起始、打基础、重能力、促发展"是学生最优发展教育模式的互相关联、层层推进的系统组合，"抓起始"既是要了解和研究学生的"实际学习可能性"，也是要发展提高这种可能性，使教学的"可接受性"更强。"打基础"就是在教学过程中落实课堂教学、落实检查考核、落实培优补差，进而夯实学生的基础知识、基础能力和基础道德情感。"重能力"就是积极构建课堂教学、课外活动、社会实践等活动板块，努力锻炼并提高学生的一般能力和特殊能力。"促发展"就是通过给时间、留空间、展特长、明目标侧重提高学生创新意识和创造能力。这个教育模式既重整体又重个体，既重基础又重提高，集中反映了镇中对于"全面发展"的校本理解和追求：希望学生在德、智、体、美、劳等方面打下良好的基础，并根据自己的特点，在某一方面达到更大的发展，取得超常的成绩。

学生最优发展教育模式探索课题中，促进全体学生基于全面基础扎实之上的最优发展是该课题的价值追求，"抓起始、打基础、重能力"是实现"促发展"的基础和途径，因为只有尽早适应高中阶段的学习转型，获得各种基础知识、能力和道德情感，在平时的课堂教学、课外活动、社会实践有意识地进行能力训练，学生的主体精神、自主能力才有一个比较坚实的基础，水到渠成地内化为学生的意识和能力。我们还形成了一套促进学生最优化发展的操作方式，即"给时间、留'空间'，展特长，明目标"。"给时间"就是给学生自由支配的足够时间，我们要求老师讲得精，留有时间让学生充分开展思维活动，课后各学科向学生布置适量的作业，让学生有足够的时间预习和复习。学生只有掌握学习的主动权，才能真正成为学习的主体；"留'空间'"就是针对不同层次的学生，相应提出课外拓宽知识、加深难度的课题，让学生自己去寻求解决问题的思路和方式,进行创造性劳动;"展特长"是指学校和教师认真发掘学生个体潜在的特长和能力,创造条件让他们的特长和能力得到充分的发展和提高,为此,学校为学生"配班子"(物色辅导老师)搭台子(提供活动场地表现特长的学习环境和锻炼机会);"明目标"则是让学生综合考虑各种因素树立理想的奋斗目标,使自己的发展拥有持久的动力。

(二)打造"场线结合"的"超课堂"

建筑在现代教育观基础上的一个重要教育理念是:知识是学习者在一定的情境(社会文化背景)下借助学习这一获取知识的认知过程而获得的。它需要教师和学习伙伴的帮助,需要利用必要的学习资料,并且通过竟义建构的方式逐步完成。现代教育理念下的教学方法是教师指导下的、以学生为中心的主动认知过程,不仅要求学生由外问刺激的被动接受者和知识的灌输对象转变为信息加工的主体、知识意义的主动建构者,而且要求教师要由知识的传授者、灌输者转变为帮助者、促进者。媒体不仅是帮助教师传授知识的手段、方法,而且是更多地用来创设情境、进行协作学习、成为会话交流及协作式探索的认知工具。这就意味着应当在教学中采用全新的教学模式、全新的教学方法和全新的教学设计思想,因而必然要对传统的教学理论、教学观念提出挑战。从中可见,"超课堂"教学模式正是在这样的教育理念指导下产生的,是现代教育理念在实际教学中的创新体现。

"超课堂教学模式"是镇中在新的技术背景下把学校传统的课堂教学与网络技术整合起来的一种方式。该模式立足于原有的班级授课为基础的课堂教学——现场的教学,网络教学——也可叫做在线教学,则作为一种新的有力的技术和文化支撑全面优化传统课堂教学系统的各个要素,解决传统课堂教学在教学资源、异步交流、多信道交互、学生主体性发挥等方面存在的缺陷。网络技术全面介入备课、课堂教学实施和课后练习这三个主要教学环节,使课堂教学的框架结构和功能挥更为完整丰满、全面系统。超课堂教学模式直面社会发展对教育提出的新的要求,它的目标是促进课堂教学改革,提高课堂教学质量,培养适应信息社会发展需要的高素质人才。从这个意义上说,"超课堂"教学是新形势下具有无限生命力的新型教学理念。

超课堂教学模式作为镇中自行开发的一种教学模式,由备课、上课、练习三个教学功能模块组成,每个功能模块都可由现场或在线的两种操作方式实现,这些功能模块的不同操作方式组合,可以形成至少8种不同的操作模式。这些操作模式使学校学生的自主学习的心向和行动都产生了革命性的变化,凭借先进的校园网络系统,学生能够参与到教师教学的全过程并与教师和同伴做互动即时的沟通,学生在学习过程中,受时空限制相对较少,能够通过多种途径获取大量的学习资源,学生在比较宽松的对话情境中参与自己关心的话题,自己掌握学习进度,有较多的学习主动权。这使教学具有很大的灵活性,为学习者、指导者发挥个性特长和才能提供了广阔的空间和一个开放的学习环境。

"超课堂"教学的基本流程如图7-1所示。

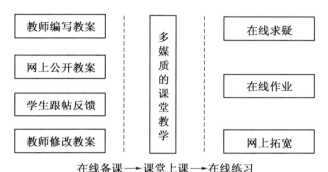

在线备课━━课堂上课━━在线练习

图7-1　"超课堂"教学的基本流程图

"超课堂"教学具有以下四个特征。

1. 个性化

"超课堂"教学模式为学生提供了一个较为开放自由的学习环境,学生在学习过程中,受时空限制相对较少,能够通过多种途径获取大量的学习资源。学生在较宽松的对话情境中参与自己关心的话题,自己掌握学习进度,有较多的学习主动权。这使教学具有很大的灵活性,为学习者、指导者发挥个性、特长和才能提供了广阔的空间和一个开放的学习环境。

2. 异步性

在"超课堂"教学活动中,师生、生生间进行一种真正平等的交往、沟通,把教学过程变成了一个动态发避孕药着的教与学统一的相互影响、相互交往的过程。在"超课堂"教学中,淘汰和观点可以共享,人人都可参加讨论,而且由于这种讨论常常是异步的,学习者在回答别人的评点之前或转入下一个问题之前,都有时间作仔细的思考,因此这种互动是高质量的。

3. 实践性

培养学生的实践能力,就是要培养学生动脑、动手解决生活中实际问题的能力,这就要求学生多参与实践,在实践中体验。在"超课堂"教学中,学生在虚拟环境中能模拟解决实际问题。这要求学生不仅要学好课本知识,也要关心与社会、生活相联系的实际问题,把知识应用到实际生活中。

4. 丰富性

这包括教学媒体的多种多样和资源的极大丰富。已经有越来越多的现代化教学设施应用到教学中,如数字投影仪、实物展示台、多媒体网络教室等。利用网络,可以使全世界的教育资源汇成一个信息海洋,供广大师生共享,而不再局限于以课堂、学校为界的狭小天地了。

(三)构建实施适合新课程多样化教学模式

新课程背景下学科整体教学目标体现多维性、多层次和多样化。为了有效实现三维教学目标,学校根据多元智能理论、创新理论、探究教学理论、建构主义理论和新课程理念等,并针对传统教学方式中存在问题,要求各学科积极探索实施适合新课程的促进学生多元发展的多样化教学模式。

1. 构建实施适合创新人才培养三大教学模式,培养学生创新能力

《国家中长期教育改革和发展规划纲要(2010—2020年)》规划明确指出,大学和普通高中应承担起培养拔尖创新人才的重任。镇海中学作为省一级重点中学,我们清晰地认识到担负起培养创新人才的历史使命,学校以《国家中长期教育改革和发展规划纲要(2010—2020年)》为指针,在先进教育思想、教育理论和创新人才培养理论指导下,遵循"促进学生共同基础上的个性发展"这一高中新课程核心理念,根据创新素养培养目标,结合不同学科的创新特点,从学科层面上积极探索创新人才培养教学模式。

学校根据创新的一般内容(观念创新、知识创新、方法创新、技术创新),考虑到创新的一般性和普通高中教学的特殊性,确定普通高中教学中学生创新的内容(知识创新、方法创新和技术创新),揭示普通高中教学中学生创新的特征是求真创新(即得出相对正确、一般性的知识和方法)、臻美创新(即得出比较简洁、精妙、美的方法和技术)、综合创新(即运用不同学科的知识和方法进行相互渗透、相互综合得出本学科中没有的成果)、移植应用创新(即把其他学科中有用的观念、方法、知识、技术迁移到本学科中来得出新的有价值的成果)。各教研组积极探索学科创新教学模式,明确构建创新教学模式的目的是探索学科创新教学的规律,使教师能有目的、有步骤、可操作性地进行学科创新教学,从而提高教学效果,高质量地完成教学任务。通

过探索研究，各教研组主要从知识、方法和技术三个方面构建实施本学科创新教学模式。

（1）构建实施知识创新教学模式。科学探究中的知识创新与各学科教学中学生知识创新过程虽然在目标上、难度上、时间上是不相同的，但是它们在认识上和思维上是相似的，在中学教学中构建知识创新教学模式应该遵循科学知识创新的一般认知程式，同时又要考虑到中学教学的特殊性，模拟各学科知识创新的认知流程，创设类科学研究的教学情景，揭示知识产生、形成、发展、创新的过程，引导学生经历类科学探索创新过程。知识创新教学模式流程如图7－2所示。

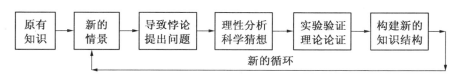

图7－2　知识创新教学模式流程如图

在知识创新教学模式中，以类科学探索创新为主线，以原有知识为基础，以新的情景为切入点，以导致悖论、提出问题为动力，以理性分析、科学猜想为核心，以实验验证、理论论证为判断，以构建新的知识结构、培养学生类科学探索创新能力为目标。在模式中：新的情景包括新的自然和生活现象、实验现象以及有关理论性问题，所创设的新的情景应能揭示学生原有知识的局限性，渗透新的知识；导致悖论提出新的问题后能极大地激发学生探索创新动机；理性分析、科学猜想时要运用有关的科学方法（例如特殊化猜想、一般化猜想、因果猜想、类比猜想等）。

（2）构建方法创新教学模式。方法教学是中学学科教学特别是理科教学的一个很重要内容，传统教学中教师常把方法当成知识直接传授给学生，然后让学生直接运用记住的方法解答问题、进行实验，这种做法缺乏方法的形成、探索、创新过程，学生常把方法作为知识加以记忆，没有深刻理解方法的内涵，不能正确、灵活运用方法解答问题，没有体现方法的迁移价值，没有通过方法探索创新来培养学生创新能力。因而，在中学理科教学中进行方法创新教学对于学生牢固掌握方法、培养学生创新能力都是很重要的。在构建方法创新教学模式时，教师应根据学生认知中原有方法的特点，遵循人们探索解答相关问题的认识规律和思维方法，模拟人们探索方法、解答问题的研究情景，引导学生进行探究，展现方法形成、发展、创新过程。方法创新教学模式流程如图7－3所示。

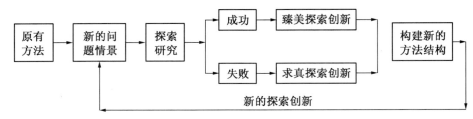

图 7 - 3   方法创新教学模式流程如图

在方法创新教学模式中,以学生认知中原有方法为创新基础,以新的问题情景为切入点,以探索研究为动力,以臻美创新和求真探索创新为核心,以构建新的方法结构、培养学生创新思维能力为目标。模式中:学生原有方法包括解题方法、思维方法、实验方法;所创设的问题情景包括具体的理论问题和实验问题,新的问题情景应能揭示原有方法的局限性,同时隐含了新的方法;当学生探索研究成功时,教师应引导学生进行臻美创新(寻求更简洁、完整的方法);当学生探索失败时,教师应引导学生进行求真探索(修正原有方法,提出新的正确的方法)。

(3)构建技术创新教学模式。中学相关学科教学中进行技术创新教学体现了 STS 教育中技术创新教学,技术创新教学主要表现为学生运用中学学科知识及有关实验设计方法和技术来进行应用性设计(例如运用分压电路及转化思想设计质量仪,运用力学和电学知识结合变换方法设计力电转换器等)。技术创新教学模式的流程图如图 7 - 4 所示。模式中以原有学生设计认知为基础,以新的应用设计课题为切入点,以理论设计为指导,以实验调试为判断,以求真创新和臻美创新为核心,以构建新的应用设计结构、培养学生应用设计能力为目标。

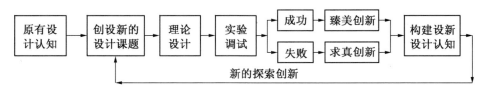

图 7 - 4   技术创新教学模式的流程图

模式中,应用设计课题的创设很重要,课题应能揭示学生原有设计认知的局限性和不足之处,同时渗透新的设计方法,学生的理论设计在实验调试时失败或不完美,能激发学生的探索创新动机,通过进一步设计,从失败到成功,培养学生的应用设计创新能力。

2. 构建实施三大探究教学模式,培养学生科学素养

为了培养 21 世纪的创新人才,新一轮的普通高中课程改革浮出水面,提出了新的教育教学理念,并制订了新的《普通高中课程标准》。在教学目标上,注重从知识和技能、过程和方法、情感态度和价值观的三维角度培养学生的科学素养;在教学方式上,要求运用多样化的教学方式;在学习方法上,强调了以学生为中心的自主学习和协作探究学习;在教学内容上,构建多模块的教学内容。为了实施新课程、贯彻新理念、实现三维教学目标,应改变传统的课堂教学方式,必须探索适合新课程的教学方式,构建适合新课程的多样化的探究教学模式,探索实施多样化教学模式的途径和策略。

作为实施新课程改革的积极回应,中学教学界倡导教学方式的变革,提倡科学探究教学,因此,关于探究教学的研究也已经比较丰富,然而,根据目前我们所掌握的材料,我们发现在当前中学探究教学研究和实践中存在如下问题:

缺乏具有学科特点探究教学模式的构建。没有根据中学学科特点来构建操作性强的学科科学探究教学模式,从而使探究教学缺乏针对性和可操作性;

探究教学研究的单一化和实践上的泛化。广大中学教师比较注重科学探究教学的研究,并把它推广到无需科学探究的教学内容上,从而导致探究教学研究的单一化和应用上泛化;比较注重层次较高科学探究能力的培养,而忽视其他层次探究能力(实验探究、技术探究等)的培养;

探究教学实施途径和策略的匮乏。对如何实施科学探究要素和环节的策略缺乏深度探索,从而使探究教学形式化,比较肤浅;在实施探究教学时,只注重通过新课教学这一途径进行探究,而没有从其他途径实施探究教学;只注重整体性探究,而忽视了部分性探究;探究教学的形式相对封闭,只注重课内的限时探究;探究教学中,过分注重形式,往往以教师为中心。

针对当前新课程背景下以及探究教学的研究和实践中存在问题,学校组织相关学科成立探究教学模式研究与实践课题组,从理论和实践两个层面上进行了认真思考,认为造成中学探究教学研究和实践中所出现的问题,一方面是由于缺乏探究教学理论和探究教学实践相结合的探究教学模式的构建;另一方面,是没有根据探究的多样化、新课程的多模块、多目标构建多种形式的探究教学模式;再一方面,缺乏实施探究教学模式的具体的策略和途径。通过研究与实践学校组织相关学科的教师构建实施了大探究教学模式。

(1)构建实施"科学探究"教学模式。"科学探究"教学模式的特点是:以构建主义教学理论、探究教学理论、新课程理念、科学家进行科学探究的认识

规律和思维规律为指导,设计类科学探究的教学过程:①创设问题情景,提出研究问题;②创设猜想教学情景,启发学生进行猜想;③引导学生设计研究方案验证猜想;④师生分析评价、学生协作交流得出探究结果。在科学探究教学过程中,教师铺设知识和思维台阶,引导学生展现科学探究过程,学生在教师的指导下,运用已学的理论、科学研究方法进行科学探究,体验科学探究过程中的艰辛和喜悦,最后发现规律,实现知识创新。

(2)构建实施"实验探究"教学模式。"实验探究"教学模式的特点是:①教师根据实验教学目标和学生原有认知特点,根据实际需要和拓展创新创设问题情景,提出实验研究课题;②启发、引导学生运用有关的实验设计方法自主设计实验方案;③师生根据所设计的实验方案实施实验获取实验数据,对实验数据进行处理,得出实验结果;④师生对实验结果进行分析评价来修正原有的实验设计方案,从而达到构建实验认知结构(实验理论、实验方法和实验技术),激发学生对实验的探究兴趣,培养实事求是的科学态度和科学精神,体验实验探究过程的艰辛和成功带来的欢乐。

(3)构建实施"设计探究"教学模式。"设计探究"教学模式的特点是:①教师根据学生认知结构及中学学科教学特点,创设应用设计课题;②教师以探究教学理论、科技人员进行应用设计的认识规律和思维规律为指导,结合学生认知发展规律,设计类科技设计探究的教学过程;③在设计探究教学过程中,教师铺设知识和思维台阶,引导学生展现应用设计探究过程,学生在教师的指导下,运用所学的学科理论、设计方法和技术进行设计探究,体验设计探究过程中的艰难和快乐,最后完成设计探究课题,实现设计创新,培养学生设计探究能力、实践能力和社会价值观。

3. 构建实施三大习题教学模式,提高习题教学有效性

传统习题教学中,教师比较注重以"知识提要介绍→例题分析讲解→课外巩固练习"流程为特征的"模仿巩固"教学模式。然而,这种习题教学模式存在如下弊端:①虽然根据教学要求预设课堂教学的知识结构和例题系统,但这些预设往往从知识、问题体系的学术角度考虑,而没有真实了解学生的认知水平和情感需求,导致知识提要介绍只是作为一种摆设和形式,增加了无效教学时间。②课堂教学中注重教师分析讲解,而缺乏暴露学生的思维过程和自主探究过程,教师不能及时了解学生认知水平和存在的缺陷,较难揭示学生错误原因,缺乏有效地帮助学生寻求消除错误的策略和方法。从而导致学生原有认知对新知识和方法的同化得不到顺应,学生对思维要求较高的方法没有得

到内化,产生教学中"常见病"和"多发病",增加了低效教学时间。③由于没有反馈和了解学生认知情况,课堂教学中和巩固练习中存在较多"低效"、"负效"例题和练习,导致例题分析以及作业讲评时间不够,增加课时,占用学生自主学习时间,加重学生学业负担。

针对传统习题教学中存在的以上问题,学校组织相关学科教师积极探索新的有效化的习题教学模式。我们根据新课程理念、探究教学理论以及认知心理学同化理论,在教学实践基础上构建实施三大习题教学模式。

(1)构建实施"科学探究"习题教学模式。"科学探究"习题教学模式特点是:以探究教学理论和科学探究规律为指导,教师根据学科研究特点和学生认知水平、情感需求和价值取向,设计包含"提出问题"、"提出猜想"、"验证(论证)猜想"、"分析评价"、"构建新的认知"等多个环节合理组合的师生互动的教学过程来解决问题,同时探索新的学科知识和方法。习题教学中学生通过经历科学探究过程,构建新的认知结构,体验到探究过程的艰辛和成功带来的喜悦,培养学生科学探究方法和能力以及兴趣和热情。

(2)构建实施"问题拓展探究"习题教学模式。"问题拓展探究"教学模式特点是:教师根据习题教学的要求和学生原有认知结构,创设新的问题情景,引导学生探究解答问题,师生对错误解答进行分析评价,在分析评价过程中学生对原有认知结构进行重组和整合。教师再对原有问题进行有意义的拓展,学生通过多次探究解答、分析评价来构建一个良好的认知结构,进行积极的情感体验活动,培养探究问题的兴趣和热情。

(3)构建实施"预设生成探究"习题教学模式。教师根据习题课的三维教学目标,预设编制相应的问题系统,要求学生超前解答预设问题、暴露认知缺陷和对有关知识和方法的把握情况,教师通过作业批改等多种方式反馈了解学生认知情况和学习兴趣、态度,针对性地设计课堂教学,在课堂教学中有效地引导学生分析构建认知、情态和价值结构,最后通过内化性练习实现学生认知结构的真正同化和内化。"预设生成探究"教学模式由预设问题系统、学生超前解答、教师批改反馈、设计课堂教学、师生分析构建、学生内化练习等六个环节组成。

运用多样化习题教学模式正确灵活组织实施习题教学(特别是"预设生成探究"习题教学模式),在教学时间资源投入减少的前提下,相对其它班级而言,教学效果反而显著,学生学习的兴趣、热情反而高涨。镇海中学学科课时在比宁波市其他一级重点中学少的前提下,通过运用多样化的习题教学模式实施教学,教学内涵得到充分的挖掘。学生参加宁波市统考以及全国高考,学生平均成绩五年内均位列宁波市前茅,可以说实施有效教学确实使镇海中学的习题教学向高效化迈进,促进了学校教学质量的整体提高。

二、实施有效习题教学,提高教学效益

近年来,有效教学成为高中教学研究和创新的一大热点,有效教学的理论和实践均十分丰富。我们在追求教学个性化的过程中,从较易被人忽视但在高中教学中占据重要地位的习题教学领域入手,研究实施了有效习题教学的若干途径策略,收到了良好的教学效益。

(一) 实施有效习题教学重要意义

为了实现学科三维教学目标,基础教育界掀起了实施有效教学的研究与实践活动。习题教学是中学教学的一个重要组成部分,习题教学是学生负担最重、难度最大的学习领域。然而,我们遗憾地发现,在这一重要的教学领域内存在严重的问题、遇到较大的困难,具体表现为:

(1)习题教学的研究相对弱化和滞后。由于受各种评比功利化以及学术上歧视等负面因素的影响,相对新课教学和实验教学而言,很多研究人员和教师往往轻视习题教学,导致人力物力投入较少,研究比较薄弱,研究成果较少,滞后于习题教学评价和物理教学的其他领域。

(2)习题教学的研究缺乏多样化。传统的习题教学的研究比较注重认知领域的研究,而缺乏从情感、态度和价值观等领域进行深入的研究,更缺乏对情感、态度和价值观和认知之间相互作用规律的研究,以至于认知、情态和价值间负面相互作用得不到消除,正面相互作用得不到发挥,从而使习题教学研究局限性较大,缺乏整体性和系统性。

(3)习题教学效益低下。习题教学目标单一化,三维教学目标没有得到全面实现;习题难度偏大,习题结构混乱,问题类型单一;教学模式单一化,教学行为中心化;作业布置盲目性,作业讲评单一化。

上述习题教学中出现的"负效教学"、"无效教学"和"低效教学"是导致习题教学效益低下、学生学业负担加重的最主要原因,也是当今基础教育面临的且迫切需要解决的一个重要的现实问题。学校正视了现行习题教学研究与实践中的缺陷和薄弱之处,正视习题教学实践中面临的严重问题,本着切实解决教学中遇到的实际问题,提高教学效益,培养学生终身发展所需的思维素质和能力等意愿,结合自身的工作实际着力从策略层面上积极探索习题教学中实施有效教学，并提出《高中习题教学中实施有效教学策略探索》这一具有十分重要理论价值和实际价值的研究课题，该课题并被确定为浙江省 2009 年度教育科学规划重点立项课题。

（二）有效习题教学的基本特点

有效教学的本质是追求教学的科学化和高效化，也就是对教学目标科学化和高效化的达成。有效教学的核心就是教学的效益，有效教学关注的是学生所获得的具体进步或发展，学生有无进步或发展是教学有没有效益的唯一指标。根据新课程理论，课题组认为，有效教学特点是指的是在一定的教学资源（课程资源、时间资源、人力资源）投入条件下，使知识和技能、过程和方法、情感态度和价值观等三维教学目标得到有效的实现。根据有效教学的一般性和习题教学的特殊性，我们认为，新课程习题教学中有效教学特点是在一定教学投入的前期下，通过习题教学使学生对知识和解题技能得到有效掌握，解答问题的思维方法和相关能力得到有效培养，良好的思维素质得到有效的训练，解答问题动机得到激发、兴趣和热情得到有效的培养，解答问题过程中学科知识、科学研究方法、思维方法得到有效熏陶，学科应用价值和科学价值观以及顽强意志和科学探究的精神得到有效培养。

（三）有效习题教学的途径策略

首先构画出三维视察下习题教学的整体框架，打破传统习题教学中以认知领域为核心的研究模式，拓展了包括"认知领域"、"情感态度领域"、"价值观领域"等多元范畴内的实施有效教学的研究与实践。并在此基础上，紧紧围绕学生原有认知、情感和态度、价值结构与有效化问题系统发生相互作用来构建新的认知、情态和价值结构的各个重要环节，积极探索习题教学中实施有效教学的策略和途径，为学科课程教学改革实践提供规范的结构模式和有效的操作建议。

1. 研究学生认知、情感和价值等"三维结构"资源，为实施有效习题教学提供有效的起点

我们根据习题教学的不同阶段，对学生原有的认知结构、对解答问题的动机、兴趣、热情，解答问题的态度和价值取向进行的研究，注重静态和动态研究互补结合，"正面"和"负面"研究互补结合，失败和成功案例互补结合，促使我们全面系统地了解学生的"三维结构"，充分利用和发挥学生的有关资源。

2. 构建有效化问题系统,为实施有效习题教学提供有效问题资源

考虑到习题教学是学生原有"三维结构"与问题系统发生相互作用过程,问题系统的有效化直接影响到习题教学的有效化,构建有效化问题系统是实施习题教学的一个重要环节。在构建有效化问题系统时,要求问题教学目标上体现多维性,问题背景和方式体现多样性,问题能力要求体现层次性,问题结构要体现逻辑性,问题内容要突出有效性,切实为实施有效习题教学提供有效的问题资源。四年内学校组织相关学科进行如下探索:

(1)揭示了基于三维教学目标有效化问题系统特点。教师根据习题三维教学目标,创设、改编、整合包含知识与技能、过程与方法、情感态度和价值观等三维因素的有效化问题系统,学生通过解答基于三维教学目标的问题系统来有效构建新的认知结构、情态结构和价值结构。

(2)明确基于三维教学目标有效化问题系统要求。在构建基于三维教学目标有效化问题系统时,要求在问题教学目标上体现多维性,问题背景和方式上体现多样性(理想化、实践型、探究型、人文化、开放性等互补结合),问题难度上体现层次性(能训练和培养学生理解能力、推理能力、分析综合能力、应用数学处理问题的能力、实验与探究能力等),问题结构上体现逻辑性(所构建的问题系统具有从属、并列等内在逻辑关系),问题内容突出有效性。

(3)探索出构建有效化问题系统的五大策略。根据三维教学目标和习题教学的阶段性和层次性,课题组探索出预设构建、拓展构建、内化构建、整合构建、综合构建等五大有效化问题系统构建策略。

3. 构建有效化习题教学模式,为学生"三维结构"与有效化问题系统发生相互提供有效的平台

针对习题教学模式传统单一、不太适应新课程习题教学的新的需求所面临的问题和遇到的困难,我们认为迫切需要构建适合新课程习题教学的有效化习题教学模式。在构建习题教学模式时,要根据学生认知水平、情感需求和价值取向、教学内容、教学目标和要求来构建实施多样化习题教学模式,确保教学模式的针对性和有效性。探索出"模仿巩固"、"预设生成探究"、"问题拓展探究"、"科学探究"、"实验探究"、"合作探究"等六种习题教学模式。

4. 探索学生认知结构构建策略,促进学生良好认知结构的构建

学生良好认知结构的形成是习题教学的一个重要目标,探索学生良好认知结构构建策略是一个重要子课题。在进行该子课题研究时,要分析揭示习

题教学中学生认知结构构建的特点,在明确认知结构的特点和具体内容基础上,根据习题教学的目标和要求、所教学生的认知基础,探索不同阶段学生认知结构构建的策略和方法。注重静态和动态互补结合,预设和动态生成的互补结合。相关学科探索出"预设构建"、"拓展构建"、"整合构建"三种有效的学生认知结构构建策略。

5. 探索学生情态、价值结构构建策略,促进学生良好情态、价值结构的构建

首先,我们充分认识到习题教学中学生情感和态度、价值观因素对解答问题的重要作用,也正视习题教学中情感和态度、价值观研究以及实施上的难度,由此更加坚信探索学生情态、价值结构构建策略的重要意义。

其次,从问题构建、教学方式、教学行为、教学评估四个方面分析揭示现行习题教学中由于忽视情感、态度和价值观引起的"非有效教学"。

再次,根据学科课程标准有关情感态度和价值内容描述的一般性结合学科教育的特殊性,从探究自信性、积极性、主动性,探究的动机、兴趣和热情,探究的态度、意志、精神,探究的志向和价值观等四个层面上明确习题教学中情感、态度和价值结构的内容和要求。

最后,考虑到学生情态和价值体验具有阶段性和层次性,同一时间,不同学生具有不同层次的情感需求、态度表现和价值取向,从如下四个方面引导学生经历多样化的探究和积极体验活动,切实有效地构建积极的情态和价值结构。

(1) 创设"梯度"合适问题系统,帮助学生在不断尝试中获得成功,增强学生探究解答问题的自信心。

(2) 挖掘"悖论型"、"奇异型"问题情感功能,激发培养学生探究动机、兴趣和热情。

(3) 发挥"挑战性"问题精神功能,培养顽强意志、勇于探究态度和精神。

(4) 展现"实践型"、"方法型"问题的价值性,培养学生应用价值观和科学价值观。

6. 探索作业讲评和试卷分析的方法,为习题教学中多通道的教学反馈提供有效途径和策略

作业讲评和试卷分析是习题教学的一个重要环节,是反馈习题教学效果、促进师生相互交流沟通的一个重要途径。为此把作业讲评和试卷分析的有效性作为一重要研究课题,分析揭示作业讲评和试卷分析的有效特点,提出如下一般原则和有效的策略和方法:统计错误人数,分析失分原因;突出重点,启

发点拨，化解难点；注重拓展，触类旁通，实现迁移；及时整合，多题归一，融会贯通；个体化订正和矫正性作业互补结合；作业讲评和例证性习题教学互补结合；超前性作业和巩固性作业互补结合；正视差异，整体教学和个体教学互补结合。

三、探索有效教学管理，提高教学管理效益

教学的有效性不仅来自于有效的教学模式、教学方法、教学艺术等教学行为本身，也依赖于教学行为的计划、组织、实施、监控、考核、评价等教学管理行为。故而，在追求教学有效性的过程中一定不能忽视对原有教学管理的反思修正，根据新课程要求积极探索有效教学管理策略。

（一）实施有效教学管理的背景和意义

新课程拓展学校办学目标。从学生层面上，要提高学生的整体文化水平，培养学生科学素养，培养学生的综合素质和综合能力，促进学生个性特长得到和谐发展；从教师层面上，要深化学科建设，促进教师专业水平的发展和职业情怀的提升，提高学科的整体功能；从学校层面上，要增强学校对社会、经济、文化的促进作用，办人民满意的教育，提高学校美誉度和对外辐射示范作用。

然而，在新课程中实施中存在如下严重的问题：

（1）价值取向功利化。传统教学观念定势较强，办学价值取向趋于急功近利，局限于片面追求升学率。教师缺乏对新课程的认同，导致教师缺乏实施新课程的动力和热情。

（2）课程开设传统化。缺乏多样性、选择性，导致学生的综合素质得不到很好培养，个性特长得不到和谐发展，不同层次学生得不到有效发展。

（3）教学管理粗犷化。缺乏适合新课程创新的课程管理制度。导致课程开设方式、课时安排、教学过程实施、教学评价不适合新课程的需要。导致课时增加，投入增加，教学效益较低。

（4）教学方式定势化。教学方式传统单一，注重教师为中心的讲授方式，缺乏探究性、自主性、协作性等多样化教学方式的互补结合，导致新课程实施过程中"穿新鞋走老路"返祖现象，影响教学内涵发展。

（5）教学行为中心化。注重教师为中心的预设教学、认知投入、课程资源的沿袭应用，缺乏以学生为中心动态生成、情感投入和人文关怀、缺乏课程资源的拓展创新。导致学生的学习兴趣和热情得不到激发和培养，学科教学课

时增加,学生负担过重,专业得不到较好发展。

（6）教学评价单一化。注重终结评价,缺乏过程性、发展性、综合性评价。导致补课盛行,教师学生负担加重,出现"局部低效整体负效"现象。教学评价失去科学性、全面性。

要解决上述新课程实施中出现的问题,很有必要创新教学管理,实施有效教学管理是促进教学内涵发展的重要举措。

（二）有效教学管理的特点

"有效教学管理"的特点是：通过有效教学管理,使学生的整体文化水平得到有效提高、综合素质和综合能力得到有效培养、良好的个性特长得到和谐发展、教师专业水平和职业情怀得到有效提升,学校整体教学目标得到有效达成,学生和教师得到和谐发展。具体表现为：

多维教学管理目标有效达成。即通过有效教学管理,使学生的整体文体水平得提高,学生的综合素质和综合能力得到良好培养,学生个性特长得到和谐发展,教师专业水平的得到发展,职业情怀得到提升,提高学科整体功能,学校整体实力得到提升。

高效的教学管理效益。即在相同教学管理资源投入的前提下产生良好的教学管理效果。是显性和隐性的统一体。即通过有效教学管理使显性教学管理目标(考试成绩、获奖项目等)和隐性教学管理目标(学生综合素质、综合能力、情感态度和价值观、教学素质和职业情怀、学校的影响力等)得到和谐发展。

（三）有效教学管理策略

1. 切实推进减负增效

（1）严格控制学生在校整体授课时间,强化学生自主学习。要求全体教师严格按照学校开设的课程和安排的课时上课,不得占用学生课间、午休和自学课时间组织整体性的教学活动,不得拖课,下午17：00前放学。周六上午开展学科活动严格遵循学生和教师自愿、不上新课、不收费等三原则。增加学生自主学习时间,提高学生的自主学习能力。

（2）加强学习,把握学科教学要求,提高教学驾驭能力。要求高一、高二教师要认真学习学科新课程标准,深刻认识新课程理念,明确三维教学目标,把握新课程模块内容。超前研究学科新课程模块,了解教材编排体系,把握教材逻辑结构,探讨教学方法。要带着问题认真学习和深刻领会《新课程学科指导意见》,把握学科模块重点、难点和热点,切实有效地实施新课程,提高教学效率。对高三教师强调学习研究学科高考《考试大纲》和《考试说明》,加强与外界的信息交流,明确高考的指导思想、命题原则,把握各学科高考重点、热点。

（3）探索实施多样化教学方式,提高课堂教学效率。针对学科教学中不同的课型、不同的学生、不同的内容,采取多样化的教学方式来优化课堂教学过程,真正提高课堂教学效率。对于学科知识的新课教学,要注重探究教学、自主学习、讲授教学等多种教学方式的互补结合;对于知识和方法的专题复习课,要根据教学内容和教学要求以及学生的认知特点,运用教学理论构建多样化教学方式实施课堂教学,促进学生认知对新知识的同化和内化,完善学生认知结构,培养学生思维能力和方法;对于作业讲评和试卷分析课,强调注重启发教学(启发点拨、突出重点、化解难点)和学生自主学习(自主订正和反思)的互补结合。

（4）根据学生实际优化学生作业,实施学生作业有效化。我们要求全体任课教师认真研究所教学生的认知水平、情感需求以及价值取向,根据各学科的重点、热点通过自主编制、移植应用、拓展改编等多种方式来编制学生练习和考试试题,切实做到有的放矢,促使学生练习和考试试题的有效化。要求教师做到超前筛选外来练习,剔除一些错题、偏题、特难题、超纲题、知识超前题。要精选精编,合理控制作业数量和时间,增大"弹性作业"力度,真正消除负效、无效、低效的练习,实施学生作业的有效化。

（5）强化学习所需良好思维素质的训练,促进教学内涵挖掘。学生思维素质是影响学习效果的一个重要变量因素,正视很多学生由于思维素质低下导致学习失误较多这一严峻事实。注重在审题、分析、推理、计算、表述等解决问题多个环节中训练学生良好的思维素质,使学生思维的正确性、完整性、严谨性、严密性、条理性、清晰性得到很好的培养。

（6）建立多通道的教学反馈途径,提高作业批改质量。克服传统教学反馈方式带来的消极影响,开启多通道教学反馈途径。在课堂教学中,要求暴露学生正反思维过程,注重交流、协作和评价,把握学生的认知和情感需求,促进课堂教学更具针对性和有效性。在作业批改上,实施多样化的作业批改方式,转变作业批改理念,充分认识到批改作业有利于发现、挖掘和利用学生的错误资源,要整体批改和部分批改互补结合,书面批改和当面批改互补结合,教师批改、自主批改、协作批改互补结合。在作业和试卷讲评上,探索有效的作业讲评方式，分析错误原因，突出重点，化解难点；注重拓展，触类旁通，实现迁移；及时整合，多题归一，促使融会贯通。作业订正上，重视引导学生进行反思，提倡矫正性作业（订正错处、拓展性练习和反思小结），个体化订正和矫正性作业互补结合。

（7）规范教学评价考试，充分发挥考试评价功能。规范各种考试，减少考试次数，加强各种评价考试的命题研究，提高命题质量，控制难度，提高区分度，增大效度。高一、高二年级做到学科模块考试和期中、期末考试的整合，高三年级认真做好高考前三次重大模拟考试的组织工作，从命题、监考、批改、评估等多方位模拟高考要求和情景，真实暴露问题，及时找到差距，训练学生的应试能力和考试心理素质，切实有效地使学生适应高考情景，充分发挥模拟考试的功能。

（8）加强团结协作，充分发挥整体功能。要求各教研组、年级组以及学科备课组，树立整体意识和大局意识，加强团结协作。做到强化集体备课，分工协作，注重教学资源的共建共享，优化教学资源，提高教学资源的利用效率。在学科作业布置、个性化辅导教学、学生心理素质的提高等方面做到协同作战，消除内耗，充分发挥整体教学功能。

（9）注重人文关怀，增强学生情感投入。学习高动机、高投入是影响有效教学的一个重要变量因素。要求全体教师正视学生在学习过程中遇到的困难、挫折和失败。学生学习上的困难和失败在很大程度上会影响学习信心和热情，会减弱学习上的情感投入，严重影响有效教学。因此全体教师在做好认知领域教学工作的同时，十分注重情感领域的投入和教育，加强对学生的人文关怀，经常关心和帮助那些学习上有困难的学生，增强他们学习自信心和热情，同时也主动关心他们生活上的困难，提高学生对学习的情感投入。

（10）开设多样而具有个性化的课程，培养学生的兴趣爱好和个性特长。这一点第六章已做详述，这里不再赘述。

2. 深化校本教研制度建设和创新

随着新课程的实施，学校原有"刚性"化的校本教研制度（统一计划、统一要求、统一活动方式、统一评价标准等）不能适应新课程实施需要，不能适应以教师专业发展和提高教学质量为目标的高效率的教研活动需要，日益暴露出它的种种弊端。针对"刚性"化校本教研制度存在种种弊端，很有必要探索适应新课程实施的创新教研制度，我们运用拓展创新，构建"弹性"校本教研活动制度。"弹性"校本教研制度的特点是：学校根据学期教研目标、各学科共性之处,从宏观和整体的角度确定学期教研活动目标、活动内容、活动方式。各教研组可以根据本学科特点和教师个性差异结合学科教学实际,补充和完整教研活动目标,并开展灵活多样的活动。学校根据各组活动情况对各组的教研活动进行共性加个性的评价考核。

(1)活动计划的"弹性"化。学校根据教研活动的一般性、通识性,从学校宏观角度,整体上确定所有学科都能达成的基本的教研活动计划。各教研组根据本学科的特点结合各级教研部门的活动要求确定适合本学科的教研活动具体计划。

(2)活动内容的"弹性"化。教研活动内容的"弹性"化分为两个方面:其一是每学期周三教研活动整体内容的"弹性"化。学校指定部分内容,主要是通识性(新课程有关制度学习,开展说课比赛,倾听专家报告,教师发展论坛等)。教研组结合阶段性教学实际自主确定部分活动内容(例如,备课组活动、名优教师经验介绍、学科课题研究等)。其二是针对学校确定某专题教研活动,教研组可以根据本组教师人数、实际水平、个性特长,在学校确定的专题活动内容中选择适合本组特色的几项内容。例如,近几年学校开展的课堂教学创新周活动中,学校确定的活动内容有课堂教学、课堂评价、教学设计、教学漫谈、名优教师论坛等,各教研组活动内容则体现了"弹性"化,大组在上述五项内容中选择三项,小组在上述五项内容选择两项,或者根据本学科特点补充确定活动内容。

(3)活动方式和时空的弹性化。活动方式的"弹性"化。改变以往单一活动方式,而是在共同参与的前提下,根据教师年龄结构、个性特长,多层次、多样化地开展教研活动。例如,原来教研活动时,要求不同年龄的教师都要参与上课、说课、考试、教学论坛等活动,实施"弹性"教研活动制度后,要求特级教师、市名教师开设教学论坛或专题讲座,骨干教师参与教学设计、说课活动,年青教师参与上课和考试活动。根据不同教师个性特长开展多样化的教研活动,充分发挥不同层次的教师辐射示范作用,提高教研活动的整体效益。

活动时空的"弹性"化。为了规范教研活动,确保教研活动的常态化开展,原有教研活动制度中往往固化了活动的时间和空间(时间在周三晚上,在固定的教室)。随着新课程的实施,这种固化活动时空的教研活动越来越不适应新课程的实施。在保证教研活动时间和质量的前提下,我们灵活变通地改变教学活动的时空。例如,根据实际需要,允许活动时间在上午或在下午,活动地点在教室、在办公室、在实验室、在会议室等。

(4)活动评价的"弹性"化。教研活动计划、活动内容、活动方式和时空的

"弹性"化，导致不同学科教研活动效果的不同，因而必须构建和实施新型的教研活动评价方案。为了确保学校提出的一些基本要求教研活动的质量，同时能挖掘各教研组教研活动的特色，发挥部分教师的个性特长，调动教师开展教研活动的主动性和积极性，满足教师对新课程下教研活动的多样化需求，促进教师专业的全面发展和教学质量的提高，我们提出共性加个性的"弹性"化的评价方案。

3. 深化学生作业制度建设与创新

学生作业的布置、作业批改、作业讲评是学科教学的十分重要的环节。然而，我们发现很多学校和教师缺乏对学科教学这些环节重要性的认识，出现学生作业环节处理中较多的"负效"、"无效"、"低效"的教学现象。

有些学校对作业环节缺乏作业管理制度，对教师在作业布置、作业批改和作业讲评中出现的"非有效"行为没有引起高度重视，导致作业布置中"题海战术"严重，作业批改不认真、作业讲评粗犷。有些学校虽然重视作业管理制度建设，但过于"刚性"化，具体表现为：在学生作业布置上，没有考虑到不同学生的认知基础和差异，要求所有学生都要完成教师布置的统一作业；在教师作业批改上，没有运用统计分析和抽样分析，机械地要求教师对所有学生进行整体批改。

针对新课程下缺乏"刚性"化作业管理制度以及过度"刚性"化作业管理制度存在的弊端和产生的消极影响，我们积极探索适合新课程"弹性"化的作业管理制度。

（1）"弹性"布置作业。实施有效作业方式的"弹性"化。考虑到不同学科师资水平和数量不同，学科文化和教研文化不同，允许他们运用不同方式来构建学生作业系统。有些学科完全自主编制学生作业，有些学科通过移植应用和拓展改编等方式来编制学生作业，有些学科通过对外来资料的超前筛选和优化组合来进行编制。但不管哪种方式，都要合理控制作业数量和时间，切实做到有的放矢，真正消除负效、无效、低效的作业，促使学生作业有效化。

学生完成作业数量"弹性"化。有些学科教师本位思想严重，只注重本学科利益，没有考虑到学生的认知差异，要求班内所有学生都要完成教师布置的作业。这种"刚性"化的做法，严重挫伤部分学生的学习兴趣和热情，那些基础较差、能力较弱的学生不仅完成不了全部作业，而且作业质量低下，迫使部分学生抄袭别人作业，导致弄虚作假，反馈信息严重失真。针对学生作业数量过度"刚性"化引起的负面影响，我们力度软化这一"刚性"做法，推行学生完成作业数量的"弹性"化制度。要求教师布置的作业分基本作业和选做作业,允许学生根据自己认知水平来完成选做作业,对于个别特殊学生,也允许选做基础性作业。

（2）"弹性"批改作业。"弹性"批改作业是要求学生作业能得到全部批改,但批改的方式实施弹性制,实施多样化的作业批改方式。

整体批改和部分批改互补结合。对于某些工作量特别重的教师,学校允许这些教师整体批改和部分批改相结合。当工作任务繁忙时期,可以自己批改四分之一,工作任务相对轻的年青徒弟批改四分之三,或批改主观题和部分学生的客观题,但必须遵循有效反馈原则,保证批改质量。

书面批改和当面批改互补结合。对于有些客观题,学生错误原因是多种的（有知识错误、审题错误、推理错误、分析错误和计算错误等）,单靠书面批改很难揭示学生错误原因。为了弄清学生错误原因,更加全面地反馈学生学习情况,要求教师在注重书面批改的同时,进行个别访谈,实施当面批改。真正弄清学生认知水平、思维缺乏和情感需求,促进教学的针对性和反馈的有效化。

除了上述与实施新课程相配套的管理制度建设和创新外,学校还根据新课程实施和发展需要,进行了校本培训制度、教学常规制度等制度建设与创新,限于篇幅不作详细展开。

第八章 管理个性化：刚柔相济，走向自觉

高中新课程涉及高中教育和高中学校的方方面面，赋予了高中学校新的使命和内涵，是一个旧质去除、新质增生的过程，已经习惯了传统教育背景的高中学校急需作出理念、行为等方面的调整与转型，特别是在办学机制、学校管理等整体性问题上需要作出积极的应对，需要经历一次吐故纳新的蜕变，需要重建一个基于新课程理论指引和价值取向的能够最大程度保障新课程高效实施的学校管理体系，这个体系应该是一个具有较高聚合效应的有机系统。学校管理的理念、思维、策略、方法、手段、载体、平台等能够为新课程实施服务。

管理个性化实质上是学校管理系统的优化、提升，是一个在继承中创新、扬弃中升华的过程，是一个扬弃传统管理、实施弹性管理进而走向管理自觉的层层递进的管理模式的创新、管理境界的提升过程。

一、扬弃传统管理

管理创新建立在对传统学校管理模式弊端的反思和抛弃基础上。可以看到，由于受社会发展模式、教育体制、课程设置和高考制度等的影响，传统的学校管理存在诸多问题和弊端。如果说现有的学校教育教学管理还适合传统的课程背景或教育背景的话，那么在新课程背景下，原有的学校教育教学管理势必将成为新课程实施的显性或隐性障碍。事实上，现行的教育教学管理即便在传统课程背景下也暴露出种种突出的非生态特征。

（一）典型的业绩导向，缺失人文关怀

在传统学校教育范畴中，许多学校对教师和学生的管理、评价、考核等更多以他们的业绩（行为结果）为衡量标准，学校对自身发展的审视与把握也以所谓的业绩（办学成果）为主要参考依据，一切的人、事、物、关系、行为都围绕着任务、目标、数据、荣誉、奖项等来运转。这可以说是传统办学机制或学校管

理的最典型特征,甚至成为很多学校事实上信奉并实践的"管理哲学",由此衍生的其他特征不可避免地成为传统学校管理的弊端。

学校管理当然不可能剔除业绩关注,这是现代管理的应有之义,它能起到目标导向、竞争激励、提高效率和效益等积极的作用。但是由于受应试教育大环境的影响,业绩关注所倚重的标准、依据、任务、指标等因素不由自主、不可避免地带上浓重的功利色彩,一定程度上出现了畸形和异化,产生了不少负面效果。如导致教师厌教、学生厌学、学校生活的异化、中学精神的失落,等等。这就要求学校管理者应主动转变管理理念和行为,以人文关怀来弥补业绩关注的不足,这也是与高中新课程相匹配的一种管理新思维。

(二)机械地求同求稳,压抑个体创新

管理的目的是规范人、引领人、服务人、发展人,但在传统"业绩关注"管理哲学的主导下,学校管理变得狭隘、短视和僵化,一定程度上丧失了管理的内在功效和灵性,片面强调服从与规范。教育教学管理无论在结构、程序和手段上都比较封闭、僵化,不能真正做到以人为本,教育教学主体的创造性、积极性和自主性受到严重,没有发掘出人的潜能和价值。

如在学校教师常规管理上,一些学校给教师的自主设计、自主组织教育教学活动的空间狭小,教师在履行职责上没有学术自由,学校给教师的还是求同思维管理,形式上强调整齐划一,遵循统一进度、统一教案、统一作业、统一作息时间,集体备课,完全坐班制,忽视了教师个体的创新与个性,侵犯了教师的休息权、自主权;管理方法上惯于使用行政手段、经济手段,教师工作无自主性绝对服从,轻视了教师的内在需求;过度依赖"自上而下"的科层式或层级管理,管理者和教师之间有明显的等级裂痕,校长的权力过于集中,缺乏必要的监督和制衡,教职员工们处于听命的被动状态,缺乏创新的热情、动力和思路,教师的民主参与意识、积极性、创造性日益淡薄,没有凝聚起组织愿景和共同心智,凡此种种,致命的病根在于这类教师管理理念落后,教育使命感和社会责任感淡薄,没有担当起发展教师的责任。

(三)量化的制度规范,难以约束细节

量化管理是一些学校领导十分推崇的管理手段,但他们对量化管理的理解无疑是片面的,如从教师备一篇教案,讲一节课,批改一次作业,看管一节晚自习,参加一次进修学习等等,都与奖金、评优挂起钩来;又如有的学校为全面、及时了解老师到校离校、在岗在校情况,引进了在企业管理中普遍使用的

打卡制度。这样，老师每天何时到校、何时离校，在打卡纸上记录得分秒不差，以此来约束教师行为并贯穿于学校管理工作之中。这种表面上看似很尊重教师的劳动，其实是对教师职业的特殊性认识不足，以及对教师职业道德自觉意识的漠视。我们知道，教师隐性工作可以进行评议，却很难设定具体、科学的量化指标，因此事事讲量化，时时讲量化就极易走入教师量化管理片面化的误区。

透过这些分析我们看到，现行的学校教育教学管理大多仍停留在传统的"刚性管理"层面上，同今天所倡导的以人为本、追求创新的时代主题难免显得格格不入。尤其是对于已经具有一定发展水平的学校来说，个性的凸现可能是学校管理者更需要加以关注并重点努力的，也就是要通过管理找到培养和打造学生个性、教师个性、学校个性的最佳途径，以适应不断变革和高度不确定的新的竞争环境。为此，我们引入了"弹性"管理理念——一种对"稳定和变化"同时进行管理的战略，将规范化管理和个性化管理有机结合起来。在此基础上，我们还创造性地提出并践行了"管理自觉"。

二、实施弹性管理

学校管理同其他管理一样，有其共同特征，就是"用人以治事"，通过一个或多个的人去指挥、协调、调动他人或群体以更高的效率和质量追求实现组织目标。但学校管理又有其特殊性，它要体现"育人"的要求，要遵循"育人"的规律。高中新课程的核心追求是实现人的共同基础上的差异发展，这个目标的实现需要学校实施个性化的管理，而弹性管理在笔者看来是现阶段体现个性化管理最适合的一种方法。

（一）"弹性管理"的内涵与价值

1. "弹性管理"的基本内涵

首创于日本丰田汽车公司的弹性管理模式在 20 世纪 80 年代起受到关注，当越来越多的人开始对日益精密的定量模式与决策技术的有效性提出质疑时，将管理的重心定位到人的价值上来的呼声也随之高涨。与经济学、数学、社会学、心理学等学科的相互借鉴和融合，极大地丰富了管理学的思想宝库。尤其是随着知识经济的崛起，发展出知识管理、智力资本和核心能力等理论，出现了"弹性工资制"、"弹性福利制"、"弹性工作时间"、"弹性工作地点"等管理实践。在这种背景之下，管理的人本主义的色彩更加浓厚，对人性的理解较以前更加全面。

学校组织不同于一般的企业组织,有其独特的运行方式。针对弹性管理的众多阐释,笔者较倾向于认同:弹性管理是管理的原则性和灵活性的统一,即通过一定的管理手段,使管理对象在一定条件的约束下,具有一定的自我调整、自我选择、自我管理的余地和适应环境变化的余地,以实现动态管理的目的。弹性管理最突出的特征就是"留有余地",或者说,在一定限度内存在一个弹性范围。

在具体实践中,弹性管理是以刚性管理作基础的,即不可避免地存在着一些行之有效的制度规范或明或暗地支撑着组织的高效运转。

2. 刚性管理是骨架,弹性管理为血肉,两者构成一个完整的生命体

刚性管理与弹性管理,无高低优劣之分,只是互有长短,互为补充,犹如一个硬币的两面,潜显相随,无处不同在,无时不共存。刚性管理和弹性管理是各种管理职能中相互侧重的两方面。

从计划职能来看,刚性管理是清晰的、明确的、具体的、严格的,而弹性管理是含蓄的、弹性的、灵活的;严格按照计划来办事是刚性,在理解组织的使命、宗旨的前提下对计划的变通是弹性;追求最优解是刚性,获取满意解是弹性。

从组织职能来看,传统的矩阵型、正金字塔型的组织结构是刚性,扁平化、网络化、虚拟化、倒金字塔型的组织结构是弹性;正式组织是刚性,非正式组织是弹性;职务界限明确是刚性,职务界限模糊是弹性。

从领导职能来看,依法治人是刚性,以德服人是弹性;严厉是刚性,宽容是弹性;专制与集权是刚性,民主与分权是弹性;刚性管理重言教、重执纪、重物理,弹性管理则重身教、重执教、重心理。

从控制职能来看,定量评价是刚性,定性评价是弹性;刚性管理重分析、重规范、重理性、重竞争、重过程,弹性管理则重感化、重适度、重超脱、重协调、重结果;刚性管理重制度、重原则、重分工、重分割、重监控、重共性、重外在,弹性管理则重人情、重亲情、重协作、重整合、重激励、重个性、重内在。

3. 弹性管理是对刚性管理的完善和升华

弹性管理并非排斥管理中的刚性成分,它只是对传统管理模式中所表现出的重物轻人、手段强硬、缺乏弹性等现象的一种辩证否定,是一种扬弃,是在具备刚性管理框架的基础上管理思想和方法的升华,最终目的是达到刚柔相济的管理境界。从组织实践的角度来看,刚性管理与弹性管理是密不可分的:

刚性管理是管理工作的前提和基础，它为整个管理工作构建了一个基本框架，规定了管理的目标、幅度、时间、空间及必要的刚性手段，使学校组织和个人的一切行为都在这一框架下有序地运行，没有规章制度的学校管理必然是无序的、混乱的，其弹性管理也必然丧失立足点，所以说刚性管理是弹性管理的基础；但是刚性管理又必须依靠弹性管理来提升，缺少弹性管理来调动师生工作学习的积极性和激情，刚性管理亦难以深入。也就是说，在实际的管理工作中，坚持刚性管理与弹性管理两个轮子一起转的原则，并在组织的发展中不断完善刚柔相济的综合管理方法，才能使管理实践工作更加有效而顺利进行。

（二）弹性管理的运用

循着对"弹性管理"的思考和探索，课题组在学校管理实践中采用弹性管理思维创新多种学校管理制度和机制，初步形成了学校管理的弹性特色，取得了初步成效，有力地提升了高中新课程的执行和创造水平。

1. 构建镇中的弹性制度结构

基于学校组织担当着"育人"的特殊重任，管理的主要对象是人，学校面对的是师生，教师面对的是学生，都是活生生的人，因此管理应该是充满人性的。将弹性管理的理念引入学校的管理中，我们更倾向于全方位的各种资源、系统和领域的弹性管理，即全面化的弹性管理。这涉及学校运行管理的方方面面，是一种全方位的新型管理模式，是一个系统工程，既包括教学管理，又包括对教师和学生的管理；既关注"物"，又关注"人"，是高度灵活的教学、师资和学生管理的统一。以这三方面为抓手，从尝试教师的弹性作息时间开始，我们陆续提出了很多制度层面的弹性思想，从而确立了镇海中学今天的弹性办学机制架构（见图 8-1）。

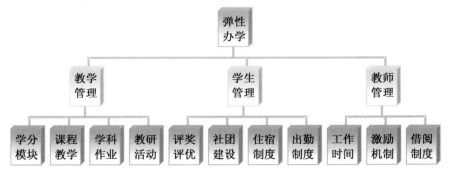

图 8-1　镇海中学弹性办学机制架构图

2. 实行弹性管理，为教师发展提供更多选择

现在学校有许多以"弹性"为修饰词的制度，如在教师管理方面，有"弹性工作时间制"、"弹性房租"、"弹性借阅制度"、"弹性教研制度"、"班主任弹性津贴"、"长效优质弹性基金"等。

（1）弹性工作时间制。教师是一个创造性的职业，需要教师的个性化的教育智慧转化为高质量的教育水平。不能如工厂打卡上班一样，过分限定教师的上班时间，应该给教师备课、提升个人文化素养等提供个性发展的空间。教师工作也是一项良心工作，如果人为地、过分刚性地给教师的作息时间加以限定，是不符合教育教学规律和教师这一职业特点的。对教师的工作时间，学校用两句话来概括，一是"学生在，老师在"，二是"弹性坐班制"。这两句话既尊重了教师的自由，又保持了教师职业奉献性特点，严谨而不失灵活，规范而不死板，使教师切切实实感受到学校管理者那种理性而不失温情的关怀，使他们在工作与生活、高尚与世俗之间找到了和谐的平衡点，并进一步促进了"学生在、老师在"、"普通老师在校，管理干部在场"优良传统的提升。我们甚至还明文规定，教师一个月请三天病假待遇不受影响。在这种工作制度下，教师感到自己受到了尊重。实际上，我们几乎所有的教师都不会轻易享受这每月三天的"病假"，而且我们的教师大部分时间也全身心地扑在工作上，这种奉献精神不是一般刚性的制度可以规定的。

【案例8-1】 镇海中学教师弹性坐班制

弹性坐班制是镇海中学长期办学过程中逐步形成和完善的一项教师管理的基本制度。主要内容为：教师要热爱教育，热爱学生，热爱学校，对学生全面负责；上班应遵守作息时间，提倡夜办公，工作日内教师应在学校钻研教学，辅导学生，充实知识，健康身心，有自由的活动空间，但不从事与教学无关的活动，也不能从事第二职业，更不允许有偿家教；学校要为教师提供良好的办公条件和丰富的教育资源，并进行适当的物质补偿和精神激励；教师可以根据实际情况或偶发事件调整作息。

弹性坐班制与教师职业的特殊重要性紧密联系在一起。在镇海中学它已逐渐转变为一种文化载体，它的运转不断警示教师要体悟自身职业角色的特殊性，体悟自己的使命与价值，也驱除了部分教师心中的杂念。中学教育的现状需要教师付出更多的时间与精力，他们不能按部就班重复教书匠的劳动，他们需要时间和精力去学习以适应不断变化的教育环境。在制度的内化中，教

师们逐渐完善着自我，丰富着人生的内涵。

镇中的弹性坐班制综合考虑了区域环境、教师职业特点、学生学习特点、心理规律、时空关系等因素，最大限度地保证了学校的服务质量，既满足了学生需要，也保障了教师的利益。尽管这项制度对新到镇中工作的教师来说是一种约束，但在不断的内化中他们深切体味到这类制度的规范引导着他们迈向更高的服务境界。同时严谨而不失灵活、规范而不死板的管理方式使他们切切实实感受到学校管理者那种理性而不失温情的关怀，他们在工作与生活、精神与物质、高尚与世俗之间找到了和谐的平衡点。

（2）长效优质弹性基金。由于镇海中学所处的特殊区域位置，仅凭初步建立的契约管理模式很难摆脱人才流失的危险。为此，我们出台了长效优质弹性基金的奖励办法，鼓励教师为学校长期服务。它参考了某些发达国家对公务员的管理模式，在不影响现有收入的前提下，学校为优秀教师开设账户，根据工作的实绩和年份，每年进行考核和奖励，奖金在该教师为学校服务一定年限后才能提取。目前大约 $60\% \sim 70\%$ 的在编教职工账户里已经有了这笔钱，最多的已经积累到将近 20 万元。

我们还实行弹性教研制度、弹性班主任津贴、弹性房租、弹性借阅等制度给教师充分的选择自由。弹性管理调动了教师的积极性，也为教师发展提供了更多选择。

3. 实行弹性管理，为学生发展提供更大空间

在学生管理方面，我们也尝试实行弹性管理。近几年来，学校强化以促进学生发展为本的理念，以弹性教学管理为突破口，实施一系列的教学改革，促使教学管理从刚性向弹性转变。而新课程的实施也为前几年坚持下来的弹性教学管理探索提供了更加广泛的支持。弹性教学管理的目的是满足不同学生的教学需求、身体需求、情感需求、道德需求。为此我们相继实施了"弹性作业"、"弹性课堂"、"超前申请模块学分的弹性学分制"等弹性教学制度。

（1）弹性作业。学校的作业管理立足于精心设计、增强实效、减轻负担。我们要求教师根据教学目标和学生的学习情况设计富有针对性的作业，布置的作业要有弹性，分为两类，一类是必做作业，要求每个学生都要完成；另一类是选做作业。学生可以根据自身的学习状况选择做或不做，一类是基本作业，要求每个学生必做；一类是弹性作业，可以做也可以不做。

【案例8-2】 学科作业弹性制"弹性"作业制度的构建和实施

1. "弹性"布置作业

（1）实施有效作业方式的"弹性"化

为了提高学生作业的有效性，我们要求学科教师在认真学习和研究教材、《学科指导意见》和《新课程学科考试大纲》基础上，研究所教学生的认知水平、情感需求以及价值取向，结合学科高考的重点、热点构建有效化的作业系统。但是考虑到不同学科师资水平和数量不同，学科文化和教研文化不同，允许他们运用不同方式来构建学生作业系统。有些学科完全自主编制学生作业，有些学科通过移植应用和拓展改编等方式来编制学生作业，有些学科通过对外来资料的超前筛选和优化组合来进行编制。但不管哪种方式，都要合理控制作业数量和时间，切实做到有的放矢，真正消除负效、无效、低效的作业，促使学生作业的有效化。

（2）学生完成作业数量"弹性"化

有些学科教师本位思想严重，只注重本学科利益，没有考虑到学生的认知差异，要求班内所有学生都要完成教师布置的作业。这种"刚性"化的做法，严重挫伤部分学生的学习兴趣和热情，那些基础较差、能力较弱的学生不仅完成不了全部作业，而且作业质量低下，迫使部分学生抄袭别人作业，导致弄虚作假，反馈信息严重失真。针对学生作业数量过度"刚性"化引起的负面影响，我们力度软化这一"刚性"做法，推行学生完成作业数量的"弹性"化制度。要求教师布置的作业分基本作业和选做作业，允许学生根据自己认知水平来完成选做作业，对于个别特殊学生，也允许选做基础性作业。

（3）学生完成不同学科作业的"弹性"化

在传统的"刚性"化作业制度下，各学科教师都要求学生在规定的时间内上交各学科作业。然而，在教学中发现，当各学科作业特别集中时，学生根本无法在规定时间内上交作业，即使上交了但作业质量低下，特别是抄袭现象严重。针对这种情况（特别在高三年级），我们对学生完成不同学科作业作了弹性处理，在学生基本完成学科要求作业的前提下，允许学生自己合理安排时间完成不同学科的作业，情况特殊可以以后补做补交或不做不交。

2. "弹性"批改作业

"弹性"批改作业要求是要求学生作业能得到全部批改，但批改的方式实施弹性制，实施多样化的作业批改方式。

（1）整体批改和部分批改互补结合

对于某些工作量特别重的教师，学校允许这些教师整体批改和部分批改相结合。当工作任务繁忙时期，可以自己批改四分之一，工作任务相对轻的年青徒弟批改四分之三。或批改主观题和部分学生的客观题，但必须遵循有效反馈原则，保证批改质量。

（2）书面批改和当面批改互补结合

对于有些客观题，学生错误原因是多种的（有知识错误、审题错误、推理错误、分析错误和计算错误等），单靠书面批改很难揭示学生错误原因。为了弄清学生错误原因，更加全面地反馈学生学习情况，要求教师在注重书面批改的同时，进行个别访谈，实施当面批改。真正弄清学生认知水平、思维缺乏和情感需求，促进教学的针对性和反馈的有效化。

（3）教师批改、自主批改、协作批改互补结合

作业过度的教师批评往往会导致负面效果，具体表现为：学生依赖性强，缺乏自主评价和反思；教师批改中粗犷性（如只看答案是否正确，不注重过程）导致学生不知错误原因；学生长期缺乏自主批改，不利于自我发现作业中存在问题（例如，书写不清，表述不规范，缺乏条件理性等）。为了提高作业批改质量，我们在要求教师在学生作业在整体上得到全部批改的基础上，实施多样化、协作化的作业批改方式。高一、高二适量进行学生间协作批改，高三复习最后一个月增大学生自主批改和协作批改的力度。通过适量的学生自主批改和协作批改，有利于学生发现自己作业中存在的问题，把握答题的规范性和高考试题评分标准，提高得分率。

3．"弹性"讲评作业

传统学科作业讲评中存在如下两个极端现象：其一是缺乏刚性管理，导致很多教师由于没有批改学生作业忽视对学生作业的讲评，学生认知中错误得不到纠正；其二是过度要求教师实施全面作业讲评，导致很多教师在作业讲评时面面俱到，重点不够突出，难点没有得到较好化解，缺乏多样化和个性化教学反馈和评价，学生缺乏自我评价和协作评价以及评价过程中情感体验和反思，学生的兴趣和热情以及良好的学习态度得不到很好的培养。

为了克服学生作业讲评中上述两个极端做法，我们完善作业讲评管理，制订和实施作业"弹性"讲评制度。作业"弹性"讲评制度总体目的是要求教师通过有效化的作业讲评消除学生在作业中暴露的错误、片面认识，培养学生自我反思和评价能力，构建一个清晰化、概括化、稳定化的认知结构。在具体实施操作过程中体现灵活性和多样性，可以是教师重点分析与学生个性化自主订正补互结合，可以是教师讲评和学生讲评互补结合，也可以是矫正性作业和内

化性作业互补结合等。

（2）弹性课堂。弹性课堂指的是学生听课并不限制在自己的班级里。目前学校约有 5% 的学生可以跨年级或跨班级上课，也有学生根据自己的实际情况，经学校同意后可以转班上课。

【案例8-3】 被允许"逃课"的学生

下午2时多，正是上课时间，宁波镇海中学高二（1）班的史寒朵等几位同学却坐在图书馆里饶有兴致地看"闲"书。走近一看，几位同学在阅览的是《大国崛起》、《〈论语〉心得》等。紧张的高中生怎么能逃课来读闲书呢？

原来，他们是被允许逃课的！史寒朵是班里学习成绩优秀的学生，物理课成绩已连续两次保持前5名，根据学校规定可以不听物理课，根据自身情况学习其他内容的课程或到校图书馆阅读。上次，她还到高三年级去听过物理课。这次她选择到图书馆看书，是因为前几天听了学校"人文科技活动课"上关于《大国崛起》的内容后觉得不过瘾，来"吃小灶"的。"这可不是闲书，过几天我要在主题班会上演讲呢。"史寒朵强调自己阅读的意义。

像史寒朵这样弹性学习的学生并非个别，高二（2）班的童嘉骏在数学科目上能力很强，高二的他在教师指导下已完成了高三的课程，曾获得全国数学竞赛一等奖，所以，数学作业他被允许可以有所选择地完成，还获准免除了一次数学期中考查。学校教务处老师介绍，弹性教学让学有余力的学生可以超前申请学科模块学分。

（3）超前申请模块学分的弹性学分制。在新课程背景下，我们实施了弹性学分申请制度，学生可根据自己的学习能力与特长，提前申请某些模块学分，这样让更多的学生有了自由支配学习内容和发展自己兴趣特长的机会。

【案例8-4】 "学科模块弹性学分管理"方案的内容和实施

所谓"学科模块弹性学分管理"就是学校让部分优秀学生超前自主学习学科模块，由学校超前进行考核评价，评价合格的学生给予该学科模块的学分，并允许这部分学生自主选择该学科模块的学习方式和地点。为了使这项实验方案得到可操作的实施，学校确定了具体内容，制定了具体实施程序和策略。

（1）确定弹性申请学分的学科和内容。学校根据新的课程结构和学校个性化学科课外活动以及师资、硬件设备，通过对学生进行问卷调查和个别访谈，在广泛征求教师意见的基础上结合学生的个性化要求，确定了数学、物理、化学、生物、信息技术学科中部分必修模块和选修 I 模块（参加学科竞赛的必考内容）作为弹性申请学分的学科和内容。

（2）弹性申请学分的条件。为了保证这项实验方案得到有效的贯彻实施，确保实施的质量，确实满足部分优秀学生的个性要求，我们规定少数参加数学、物理、化学、信息等学科竞赛兴趣小组的优秀学生以及具有科技制作和体音美特长的优秀学生有条件进行弹性申请学科学分。

（3）弹性申请学分实施程序和策略。①成立由教务处、学科竞赛辅导教师组成的弹性申请学分评估专业小组，承担命题、批改和学分认定等任务。

②确定每学期超前评估的学科和模块。

③学生根据学校确定的学科模块结合自己的学习情况超前申报超前评价的学科和模块。

④每学期学校将组织有关教师对所申请的学生进行相对应学科模块的评估。评估合格者将给予相对应的模块成绩和学分，超前完成相对应模块的学习任务；评估不合格者，可在下次再进行选修学习。为了鼓励优秀学生提前申请学分，评估合格者的该模块成绩等第一般确定为 A 等，其成绩视实际情况在对应范围内确定。

（4）加强对通过超前申请学分的学生自主学习的管理。对于超前申请学分评估合格的学生，要求在学校指定的教室进行个性化的自主学习、实验探究、科技制作和进行艺术活动，自主学习活动期间同样要遵守学校的作息制度。政教处要加强对自主学习教室卫生、安全和纪律等方面的管理。

其他诸如对学生管理的奖惩、对学生学习的要求、对班级的管理考核等，我们也都充分体现了弹性的思想。

4. 实行弹性管理，为学校发展提供更强动力

许多人对我们的做法可能会表示怀疑，因为弹性文化在中国几千年的儒家文化影响下成了圆滑、缺乏标准、没有原则性等的代名词。但如果我们仔细研究镇海中学这样一类百年老校、名校，会发现一些相似的优势和多年沉积下来的因循惯性。各学校都有着相对完善的规章制度，有比较敬业的教师队伍，但是循规蹈矩的学校文化也会抑制许多自主创新的思想和举动，而现代教育的发展要求培养个性化的优秀人才，因此我们需要大胆地创新学校管理，为学校管理增加新的元素和动力。

　　近年的弹性管理实践表明,刚性的、划一的各种管理制度,固然能规范师生的行为,但根据学校特点、教育教学工作现状,我们在学校各种制度设计过程中,多一些充满人情味的、富有人文韵味的弹性思想,可能会令这些规范人的行为和造就各种人的制度,更易被师生接受,更能激发广大师生的积极性、创造性。实行弹性管理的核心,就是以人为本,尊重每位师生的个性差异,促进他们的个性发展。在学校管理中,少一点同一,多一份差异;少一点强制,多一种选择;少一点约束,多一份信任;少一点冰冷,多一份尊重。让师生真正成为学校的主人,真正成为管理的主人,真正成为发展的主人。这是实施学校弹性管理的真谛。

三、走向管理自觉

　　管理自觉的提出既是源于我们追求教育自觉所需要管理思想与方式的思考,同时也是我们在反思原有学校管理思想、过程与方式基础上所要追求的管理境界。

(一) 自觉与教育自觉

1. 内涵解读

　　所谓自觉,简单来说就是不假思索就以恒定的方式去做,是意识与行为、内隐与外显之间的有机统一,是个体一种不需要刻意思考便能自动化做出合理有效反应的行为模式。

　　(1) 自觉是一种精神。这种精神就是懂得自己生命存在的价值和意义,能够自我觉醒,自我反思和自我建构,是一种有所为有所不为的统一,是一种主体自我觉醒的主动精神。

　　(2) 自觉是一种过程。自觉与自我反思、自我调整、自我改变、自我提升相伴随,需要长期的坚持和磨炼。它是一个螺旋上升,否定之否定的过程。

　　(3) 自觉是一种境界。自觉是一个不断发展的过程,它具有发展性,总是从一个状态向另一个状态发展,这决定了走向自觉是一种境界。

　　具体到教育自觉,则是对教育传统、教育规律、教育问题和教育发展趋势的了解和把握;是在社会转型和教育变革的过程中,对教育的驾驭能力,使学校适应当下改革和发展趋势,并获得主动地位。具体可以从三个方面理解:

　　第一,教育自觉是指善于用哲学的眼光审视教育的过去、现在和未来,以主人翁的态度明辨当前教育现状与发展趋势，主动发挥优势，克服自身之不足，在自身原有的基础做出更好的发展选择。

第二，教育自觉就是师生主动学习、主动发展、主动建构、主动创造；是学校教育中师生主体的一种积极的能动状态。

第三，教育自觉就是对功利主义的主动抵制，对教育回归本质的追求，也是一种对朝着发展人、提升人的教育终极目标积极主动、心甘情愿地思考和行动。

2.“教育自觉”思想扎根于镇中百年发展历程

任何一种思想都有其生根发芽的土壤，2000 年至今，我们一直非常重视对学校办学历史、文化脉络和教育内涵的挖掘梳理，从中汲取智慧与力量，并在继承优良传统的基础上创造性地拓展空间、深化内涵、开拓优势、培育特色。我们在学习、感受、梳理镇中现状和历史的过程中，越来越清晰地感受到，“走向自觉”其实是百年镇中的历史选择，它贯穿于镇中百年的发展历程，散发出镇中独特的历史意蕴。镇中的学校文化年轮上打上了社会责任自觉、学校育人自觉、个人修养自觉的深深烙印。具体可从三个方面来说：

（1）精忠报国、学成报国——社会责任自觉的历史基础。

镇海中学所在镇海区（前为镇海县）是一片英雄的土地，古称“浙东门户，两浙咽喉”，因其重要的战略地位和丰富的港口资源，时常遭受外寇的觊觎和侵略。千百年来，镇海人民奋起斗争，主动担当起保卫家园平安的责任，无数爱国儿女以自己的忠诚和热血一次次击退了外敌的入侵。镇中校园内保存了一批抗倭、抗英、抗法、抗日及解放战争时期的历史遗迹。其中泮池、吴公记功碑亭、都督俞公碑亭 3 处作为镇海口海防遗址的重要组成部分被列为全国文物保护单位，被授予“全国青少年爱国主义教育基地”和“浙江省爱国主义教育基地”称号。

1911 年，辛亥革命风暴催生了镇海中学堂，可以说镇中建校伊始便融入了中国社会反帝反封建反军阀的历史洪流中，涌现了一批批为了革命前仆后继，为了正义抛头颅洒热血的仁人志士。如曾经担任过学校教务主任的左翼作家赵平复（柔石）先生，在镇中不长的工作时间，通过写作播撒革命种子，先后创作了长篇小说《旧时代之死》，中篇小说《二月》。镇海最早的中共组织也在学校成立，由学校教师沃醒华任书记。在“反帝、反军阀、反封建”的革命风暴中，学校师生多次奔出课堂，走上街头，宣传国民革命军北伐胜利消息。

抗日战争期间，镇海沦陷，学校几迁校址，几易校名。在极端艰苦的环境下,镇中师生自力更生,克服种种困难,坚持学习和革命斗争,开创了辛勤教学、艰苦奋斗的好校风,为国家培养了一批人才。现在的全国劳动模范、微电子学专家、中科院院士李志坚,以及中科院院士、医学专家沈自尹等,都是那个时期的校友。

镇中校园内还有两处纪念革命烈士的景点:一是为纪念电影《永不消逝的电波》的原型张困斋烈士(1929届校友)而建的困斋亭;二是朱枫烈士纪念楼,朱枫烈士新中国成立前夕深入敌人心脏,为完成祖国的统一大业,周旋于敌人军政要界,不幸被捕,于1951年在台北壮烈就义。

(2)梓材荫泽、荫庇学子——学校育人自觉的历史基础。

镇海中学从创办之日起就致力于为国家培育栋梁之才。据民国《镇海县志》记载:"……目击时事,首以提倡教育,陶成后进为急务。时老师宿儒多不喜办学,炳纬独开风气之先。"其中提到的"炳纬"是当时县中学堂的创始人盛炳纬,他在时事动荡、国难当头之际,自觉办学,寻求救国之道。

在镇中历史上有一位四度担任镇海县中、私立辛成中学、镇海中学校长和第一校长并深受师生爱戴的李价民校长,他是镇中历史上跨越新中国成立前后两个时期的校长。他的教育思想和教育实践突出体现在"爱心育人"、"人格陶冶"、"智育奠基"和"全面发展"四个方面。这四个方面的具体实践在镇海中学的办学历史上可以说是比较有代表性的,是早期镇海中学领导自觉地对教育教学规律进行探索的一个代表,同时他进一步深化了我们的办学实践之道。李校长的全面教育、善于继承和借鉴、博彩取精、适应时代要求的追求,为我们走向自觉提供了启示。

"梓材荫泽,荫庇学子,源远流长。"镇海中学深厚的文化积淀中透露出"自觉"的意蕴。在镇中悠远历史、幽雅校园交织而成的时空里,"梓荫"孕育出璀璨的文化光芒、真诚的教育仁爱和绵长的人文精神。她已经深深地融进了镇中和镇中人的血脉,她铺垫了镇中学校文化独特的底色,她代表了镇中的精神气质和理想追求,

(3)惩忿窒欲、光风霁月——个人修养自觉的历史基础。

镇中校园梓荫山东麓有一巨型摩崖石刻"惩忿窒欲",意指克制愤怒,节制欲望,原为古人修身养性之道,也成为历代镇中人一种自我警示和自我管理。无论对于教育者还是受教育者来说,都需要克制愤怒,节制欲望,要求在静处中反思、体悟和提升。作为镇中教师,处于转型期的中国社会,应有较强的情绪调控能力,保持恬淡、沉静、愉悦、淡定的心境,不断提升自己的教育理想和职业境界,对各种纷繁芜杂的欲望、诱惑能保持清醒认识和自觉抵制,精心执

教，静心育人，并从中获得内外平衡、身心健康。

镇中校园西南角建有"光霁亭"，上书"泮水鲲池钟灵毓秀，光风霁月荡气涤胸"亭联。"光风霁月"意指雨过天晴的明净气象，常誉为政治清明，前景宽阔和灿烂。"荡气涤胸"是指以浩荡之气来陶冶、洗礼并开阔人性之胸怀。这副对联是历史上镇海中学在人才培养目标上的具体体现，同时这对现时代同样具有重大的借鉴意义。它要求镇中师生豁达开朗、坦荡明净、光明磊落、清正高洁。

（二）管理自觉的提出

众所周知，在办学过程中通常存在两个目标，即教育目标和管理目标，而管理目标总是为教育目标服务的。当我们在办学过程中清晰意识并凝练出教育自觉时，必然要选择并构建一个与之匹配的学校管理系统，才能更好地引领学校的发展迈向更高水平的教育自觉境界。"以境界成就境界"，我们认为管理自觉即是学校领导者应该秉持和追求的管理境界，它的提出既体现了管理理论的发展逻辑，也是建立在学校管理实践的现实基础上，它来源于对人性和教育本质的深刻洞悉和把握，真正体现了"以人为本"、"让人成人"，管理自觉的价值在于服务教育自觉、指导管理实践。在镇中，管理自觉已初步具体化为七项要义，四种形式。

1. 管理自觉的内涵

管理自觉的提出既是源于我们追求教育自觉所需要管理思想与方式的思考，同时也是我们在反思原有学校管理思想、过程与方式基础上所要追求的境界。

所谓管理自觉，是指在充分把握管理规律、充分认识和尊重人性的基础上，一种注重精神、价值、道德引领，善于帮助人们达到自我实现的管理境界。其主要特点包括：

（1）对管理规律的充分把握。能够找到一种既适合学校发展又适合人的发展的管理方式。

（2）对人性及其基本心理需求的深刻理解。

（3）在管理方式上强调尊重、信任、激励、正面评价。

总之，管理自觉要求管理者潜下心来，深刻反思管理的本质与规律，分析人性深处的基本心理需求，用伦理的方式与方法激励人的积极性发挥的过程。对于校长而言，校长要常关注教师内心的本质需要，换位思考，理解教师，关爱教师,多做实事,这样才能与师生拉近距离,贴近心灵,及时掌握情况,实现互动共赢与良性循环发展。对于教师,既要常看自己内心,从而反省自我,认识自我、战胜自我,还要尊重与关心学生内心的心理需要,理解学生,关爱学生,从而达到师生的共同发展。

2. 管理自觉的理论基础

管理活动是和人类文明相伴随的,管理自觉的提出,也是伴随着我们管理实践活动本身的深入而逐步察觉到的。这种察觉是需要一定的管理理论和管理实践作为基础的。

19世纪末20世纪初,从泰勒提出科学管理理论开始,人们对管理经验就有了系统的总结和概括,并形成了一套逻辑结构严密的管理思想体系。管理自觉就是以这些管理思想体系为土壤,生长、升华而来的。镇海中学作为一所有较高办学成绩和管理水平的中学,在管理上走向自觉也是依托这样的理论逐步发展而来的。回顾一下这一发展过程,可能会更好地说明我们选择管理自觉的必然:

从泰勒开始,基于各自的人性假设,产生了三个鲜明的管理发展阶段。

第一阶段是以泰勒、法约尔、马克斯·韦伯等人为代表的经典管理理论时期。泰勒提出"科学管理理论",由此被称为"科学管理之父",法约尔第一次系统地提出了"管理过程理论",韦伯提出了"科层管理理论"。这一时期的管理对人性的理解更多的是基于X理论。X理论对人性的理解是:人生来就是懒惰的,只要可能就会逃避工作;人生来就缺乏进取心,不愿承担责任,宁愿听从指挥;人天生就以自我为中心,漠视组织需要;人习惯于守旧,本性就反对变革;只有极少数人才具有解决组织问题所需要的想象力和创造力;人缺乏理性,容易受外界的影响。基于这样的人性假设,其管理要点是管理者以经济为目的,以获得利润为出发点,来组织人、财、物等生产要素;管理是一个指挥他人的工作、控制他人的活动、调整他人的行为以满足组织需要的过程;管理的手段主要是奖惩、严格的管理制度、权威、严密的控制体系。

第二阶段是以梅奥、马斯洛等为代表的人本管理理论时期,他们集中研究了生产组织中人的行为以及这些行为产生的原因,深入探讨了人的需要、动机、内驱力、个性、情绪、思想和人际关系等的管理价值。该阶段主要是基于Y理论提出管理思想。Y理论认为,要求工作是人的本性,在适当条件下,人们不但愿意,而且能够主动承担责任,个人追求满足欲望的需要与组织需要没有矛盾,人对于自己新参与的工作目标,能实行自我指挥与自我控制,大多数人都具有解决组织问题的丰富想象力和创造力。因此，管理就是要通过有效地综合运用人、财、物等生产要素来实现企业的各种目标，把人安排到具有吸引力和富有意义的岗位上工作，重视人的基本特征和基本需求，鼓励人们参与自身目标和组织目标的制定，把责任最大限度地交给工作者，要用信任取代监督，以启发与诱导代替命令与服从。总之，管理过程主要是一个创造机会、挖掘潜力、排除障碍、鼓励发展的帮助引导的过程。

第三阶段被称为"管理丛林"时期，分化出如人际关系学派、权变理论学学派、系统管理学派等诸多学派。该时期的指导理论称为超 Y 理论，该理论认为，没有什么一成不变的、普遍适用的最佳的管理方式，必须根据组织内外环境自变量和管理思想及管理技术等因变量之间的函数关系，灵活地采取相应的管理措施，管理方式要适合于工作性质、成员素质等。超 Y 理论在对 X 理论和 Y 理论进行实验分析比较后，提出一种既结合 X 理论和 Y 理论，又不同于是 X 理论和 Y 理论，是一种主张权宜应变的经营管理理论。其实质是要求将工作、组织、个人、环境等因素作最佳的配合。

日本学者威廉·大内在比较了日本企业和美国企业的不同的管理特点之后，参照 X 理论和 Y 理论，提出了 Z 理论，将日本的企业文化管理加以归纳。Z 理论强调管理中的文化特性，主要由信任、微妙性和亲密性所组成。根据这种理论，管理者要对员工表示信任，而信任可以激励员工以真诚的态度对待企业、对待同事，为企业而忠心耿耿地工作。微妙性是指企业对员工的不同个性的了解，以便根据各自的个性和特长组成最佳搭档或团队，增强劳动率。而亲密性强调个人感情的作用，提倡在员工之间应建立一种亲密和谐的伙伴关系，为了企业的目标而共同努力。

纵观三种假设，每一种理论都部分地回答了管理的理论问题。我们可以将 Z 理论看作是对 X 理论和 Y 理论的一种补充和完善，在管理中根据组织的实际状况灵活掌握制度与人性、管制与自觉之间的关系，因地制宜地实施最符合组织利益和个人利益，以此达到组织利益和个人利益相统一的管理方法。一种理论的提出往往是建立在对前一个理论批判的基础上发展的，超 Y 理论的提出是对 Y 理论的批判而提出的。管理自觉的提出实质上是我们对刚性管理、弹性管理批判与反思基础上的提升。

3. 管理自觉的价值

自觉，是对人主体地位的觉醒。管理自觉强调在管理过程中双方的尊重、信任和手段的激励，所以它往往能够最大限度地实现教师幸福、学生幸福。管

理自觉有助于激发师生的内在价值,有助于满足教师和学生的基本心理需要。我们提倡管理自觉,主要价值在于:

(1)管理自觉是为教育自觉服务的。管理自觉的价值直接指向教育自觉。如果我们教育上做到自觉,而管理上不能自觉,那么这个管理就是反目的的。任何手段都不能脱离目的,我们通常所说"教书育人",教书是手段、育人是目的,"管理育人",管理是手段,育人是目的。如果我们的管理手段与教育目的相背离,那么这种管理是注定要失败的。

(2)管理自觉的价值是对人性向真、向善、向美的肯定。管理自觉是对人的精神、道德、价值本身的一种肯定,在这种肯定中使人的精神、道德、价值得到提升。通过触及人性深处的善良,从而使人向着更美好的高度发展,所以,管理自觉依赖于精神、价值、道德的引领,同时这也是对人性道德、价值、道德的提升。

(3)管理自觉的价值在于为管理实践提供指导。管理自觉的价值涵盖学校的各个领域,包括教师管理、学生管理、课程管理等各方面都要强调管理育人,用什么样的管理就培育什么样的人,为我们在学校的具体管理实践的操作提供指导。

(三)管理自觉的初步实践

如果把当代镇中的管理形态看作一个灵动的生命体的话,那么由一系列制度规范所形成的刚性管理就像人的骨架,灵活运用制度规范所形成的弹性管理就像人的血肉。我们追求超越制度规范的管理风格,其实质就是走向自觉,而自觉就是镇中学校管理的灵魂,我们通过管理的自觉使管理更好地为人的自觉性的提升提供保障。

1. 当代镇中管理自觉的要义

(1)注重精神追求。著名教育专家陈玉琨教授提出:"要提升一所学校,首先要提升这个学校的校园精神;提升一个教师,首先要提升他的价值追求;要提升一个学生,首先要提升其人生期望。"我们凝练了"敬业奉献,博雅沉静,创新卓越,和谐自主,开放合作"的镇中精神,"梓材荫泽·止于至善"的教师形象语,"志存高远、明德至真、敏思笃行、璞玉大成"的学生形象语,我们倡导"充实+快乐+意义"的镇中教师幸福观,努力做到"学生在、教师在"、"不做有偿家教,不搞第二职业,全身心服务学生成长"。

(2)强调价值引领。价值观决定了教育行为的强度、高度、持久性和品位,我们通过办学理念、发展目标、价值追求等的制定、宣传和内化来不断增强教师的教育自觉。如高中新课程实施以来,我们明确提出了以"尊重多元选择,促进高水平差异发展"为核心价值的品质教育办学思想体系,制订了"具备高度核心发展力、鲜明特色、国际视野的现代化全国名校"的组织愿景,提出了"校长的价值体现在教师的发展,教师的价值体现在学生的成长"的行动口号,倡导"充实＋快乐＋意义"的镇中教师幸福观,等等。

（3）尊重个体差异。在强调学校教育功利效用的同时始终将人的发展放在核心位置,尊重广大师生的多种需要和多元选择,充分实现学生的多种发展可能性,通过促进人的更高水平的差异发展实现学校教育的高品位。我们将其作为与高中新课程相适应的学校发展新的教育理想和教育哲学,超越"同质化教育",实现学校整体办学转型升级,以更好地满足学生和社会对个性化、差异化、丰富多样、可选择性强的学校教育的越来越强烈的要求。

（4）保障自主选择。最大努力吃透并落实新课程的精神理念和操作要求,想方设法创造有利条件,及早统筹规划,整合、开拓各种必要的资源,确保新课程下学生的各种选择自由,同时结合自己学校实际构建新课程质量体系,制订严谨科学的标准规范,深化学校特色创建,努力创设师生个性化成长成材的平台、载体。

（5）倡导和谐生态。和谐本身是一种价值追求,"和"的本质是"人人有饭吃,强调生存权";"谐"的本质是"人人有话语权,强调民主权"。和谐的本质就是"和而不同",就是一元与多元的统一,就是充分尊重某人某事某时某地的特殊性。学校要创造丰富的、高质量的、高品位的校园生活,将学校的各个系统、各种关系、各种资源置于一种符合规律的、爽心悦目的、和谐共生的平衡状态,为广大师生提供一个基于可持续发展生态意义的校园生活背景,使校园成为一个内和外顺、丰富多彩、多元开放、书香满园、情趣四溢、智慧充盈、内蕴深厚、诗心回荡、韵味十足的成长园地和精神家园。

（6）承受积极的孤独。在功利色彩浓重的社会,人容易被物欲所驾驭,容易在追求物质享受的过程中放纵自我,或有意追求享受,或随波逐流不约束自己。作为一种社会现象和事业,教育也具有这种共性,难易独善其身,也会沾染追赶"潮流"的习气。但教育肩负着明确人的"类"本质的方向性,确立独立的人格意识,追求自我实现等重大责任,容不得这份轻狂与浮躁,它需要一份孤傲,一份与众不同,它要求在静处中反思、体悟和提升,但不是在孤独中萎靡和消沉,而是在孤独中排除杂念和干扰,在孤独中积蓄力量,向发展人的终极目标靠拢,是一种积极的孤独。教育自觉需要承受这份积极的孤独。

（7）学会漫长的等待。自觉与克服困难、养成良好的习惯相伴随，而要养成良好的习惯并不轻松，有时还很痛苦，需要长期的等待和磨炼。教育的"等待"，就是在呼唤对"灵魂塑造"的那份从容、执著——不慌不忙，坦然自若。人的智慧的觉醒，力量的增强，信念的确定，需要有针对性的、长期的帮助，包括相互的理解、真挚的同情、诚意的鼓励、适当的提醒。这些都要求教育自觉做好长期的准备。

概言之，追求教育自觉的管理文化对管理者提出了一些基本要求，要具备积极孤独，耐心等待，生命在场（关爱、尊重生命）的特点；它形成的内外有利条件是天赋欲望的正确引导、精英分子的榜样作用，公众民主意识的普遍提高。

2. 当代镇中管理自觉的形式

管理自觉是一种内在的追求，还必须有外在的载体来使之体现。在学校管理的实践中我们是注重如下的形式来彰显我们对管理自觉的追求：

（1）自我管理。最好的学校是自主发展的学校，最好的学生是自主发展的学生，最好的教师是自主发展的教师。而这种自主往往在自我管理中学会自主的。自觉很重要的外显就是能够善于自己管理自己。可以说，无论是教师管理、学生管理还是社团管理，我们都积极倡导自我管理的方式。这是管理自觉在具体管理实践中最重要的方式。

（2）弹性管理。管理自觉并不是一种乌托邦，它不是要否定教育管理的客观存在。管理自觉总是建立在反思刚性、弹性管理优缺点基础上的。在学校管理中有一些必须是刚性的，如安全管理、师德一票否决制，这是我们达到管理自觉高境界的底线，同时在刚性与自觉之间还存在一些需要弹性管理的方方面面，如对新教师的课堂教学规范性的管理，对教师指导新课程的一些做法，只有在适当的弹性中才能让其有选择的空间，从而在选择中学会选择，直指其走向自主选择，走向自觉的高度。

（3）价值共同体建设。在当今领导理论中，存在被称之为交易型领导与转换型领导的两种主要领导方式。交易型领导的人性假设是基于 X 理论，是领导者和被领导者相互满足的交易过程，即领导者藉由明确的任务及角色的需求来引导与激励部属完成组织目标。转换型领导是强调一种共同价值追求的领导方式，是近年来人们所提倡的一种领导方式。正是在这样的情况下，我们在有关组织建设中，强调对组织目标、组织价值追求的认同。这就是我们强调价值共同体建设的原因。如"人人自强，镇中自强；人人发展，镇中发展。"

（4）和谐教育生态的营造。我们认为"生态"即是指系统之间、系统内部各要素之间一种和谐共生的状态。就学校教育生态而言,我们可以理解为学校教育的外环境(学校可资利用的各种外部资源,学校与社会、政府、社区、家长等交流沟通,社会的理解与支持系统等)与内环境(结构、程序、关系、形式、内容等要素)之间以及内环境各要素之间能够建立起一种自然的、健康的、合规律的、相互支持、互促互进的和谐关系,这种系统拥有强大的自我更新、自我净化的功能,能最大限度地消除产生病态、畸形、生硬、机械、相互损害的各种消极因子,使系统能够保持足够的活力和张力,有利于广大师生个性的充分张扬。

第三部分　成效篇

第九章　研究成果与成效

21世纪前10年,地处滨海小城的镇海中学默默地实践着自己的个性化诉求。十年磨一剑,当本课题研究暂时告一段落的时候,我们惊喜地发现,课题研究让曾经陷于发展困境中的镇海中学焕发出全新的光彩,一路高位运行、高歌猛进,始终勇立浙江省基础教育的潮头前沿。我们有理由相信,完成华丽蜕变的镇海中学至少在一定程度上验证了本课题研究丰硕的隐性和显性成效。本章从定性和定量两个方面呈现课题研究的成果和成效。

一、研究成果

对照当初研究方案确定的研究目标,镇海中学个性化校园和品质教育体系的初步建成是本研究取得的具有标志性意义的终结性成果。在整个研究过程中还涌现了一系列相关的阶段性成果。

（一）初步形成了学校个性化校园和品质教育体系

本课题在科学发展观指导下,理论与实践相结合,深入系统探索与个性化校园和"品质教育"相匹配的办学理念(教育哲学)、校园景观、学校管理、课程建设、学科教学、学校文化、教育科研等,择取了"人文、和谐、自主"三项学校文化特质,创设了相应的个性化校园框架和实践路径,探索了品质教育的三重内涵、三种策略、五种价值取向、五大立校基石、五大实现路径,初步形成了具有鲜明镇中特色的品质教育理念体系和实践体系,形成了得天独厚、人文和谐的环境特色,刚柔相济、走向自觉的管理特色,形神兼备、动感高雅的校园文化特色,技艺深厚、多维高效的教学特色,丰富多样、规范自主的课程特色,德艺双馨、整体强盛的教师队伍特色。营造了优良和谐的教育生态,促进了师生高水平差异发展,凸现学校在高中新课程实施前后的办学新内涵、新成就、新特色、新品牌。

【案例9-1】 镇海中学当前办学思想的构成要素概览

组织愿景——具备高度核心发展力、鲜明特色、国际视野的现代化全国示
　　　　　　范名校

核心价值——尊重多元选择,促进高水平差异发展

发展战略——品质教育、以小博大

办学策略——教师为基、管理为架、文化为魂

办学理念——促进学生发展为本,适应社会发展需要,满足家长期望

立校基石——科研、民主、文化、特色、和谐

文化特质——人文·和谐·自主

校　　训——励志、进取、勤奋、健美

学校精神——敬业奉献,博雅沉静,创新卓越,和谐自主,开放合作

教师形象——梓材荫泽·止于至善

管理风格——抓而不死,放而不乱,管而不僵,新而不浮,和而不同

学生形象——志存高远、明德至真、敏思笃行、璞玉大成

教学特色——重基础,重能力,重创新,重全面

(二) 形成了一批较高质量的阶段性成果

几年来,课题组成员围绕研究课题,从多个方面、角度潜心研究,深入实践,形成了一批具有较高质量的阶段性成果,其中有相当部分论文、报告等在省级以上报刊正式发表或在市级以上获奖或在市级以上研讨会做专题讲座。

本研究第一阶段研究成果于 2004 年结题,课题先后获宁波市 2004 年度教育科研优秀成果一等奖和浙江省 2004 年度基础教育科研优秀成果一等奖,2005 年 7 月 12 日《教育信息报》在"浙江省教科研精品案例"栏目以《基于学校文化特质　打造个性化校园》为题推荐了本研究的主要情况。《中国德育》2008 年 12 期也以课题成果的形式推介了研究情况。

论文方面,反映个性化校园建设初步成就的《流风遗韵润心灵——浙江省镇海中学校园文化溯源》一文发表于《人民教育》2004 年第 8 期,开设多样化选修课程 促进学生个性和谐发展——镇海中学选修 IB 程开设和实施情况介绍》、《研究要比学习多走一步——研究性学习教组功能简析》、《推进四种

创新,积极稳妥地实施高中新课程》《非生态:当前高中学校管理的实然形态分析》等大篇幅论文发表在《教学月刊》等核心期刊上,《弹性管理:高中新课程下学校管理创新的思考与实践》发表于《中小学校长》并被人大复印报刊资料《中小学学校管理》全文转载,《融合人文与科学　营造个性化校园——"镇海中学现象"的学校文化解读》发表于《中国德育》《高中生高水平差异该如何实现》发表于《中国教育报》《立足学生发展　推广义工服务——浙江省镇海中学探索校园义工服务模式》发表于《德育报》《实施弹性管理　促进差异发展》和《新课程下的思考与行动》发表于《教育信息报》《充分把握"三个文件"努力提高教学有效性——宁波镇海中学校长访谈》刊登于《教师周刊》,等等。此外,还有多项成果在市级以上评比中获奖。《创新实施高中新课程　促进高水平差异发展》获浙江省教育学会 2010 年创新教育优秀成果二等奖,《高中研究性学习有教学管理与有效教学初探》《校本课程内容的整合途径初探》获宁波市教研室优秀教学论文一等奖,《高中新课程校本选修课程建设的思考与实践》《校本选修课程建设的学校文化价值探析》获宁波市教研室二等奖。

　　课题研究极大地推动了高中新课程的平稳有效实施,学校实施新课程的执行和创造水平得到上级和同行的肯定,课题组成员多次应邀在各级研讨会、培训会、论坛上做专题报告。课题组吴国平校长先后在 2008 中国杭州名师名校长论坛作《新课改高考方案下的思考与行动》报告,在第二届长三角(苏浙沪)高中名校长论坛上作《完善学校用人机制,促进学校持续发展》报告,在宁波市高中新课程总结交流会议上作《扎实推进高中新课程　促进高水平差异发展》,在浙江省第十届知名高中校长峰会上作《创新高中人才培养模式　实现高水平差异发展——名校在深化新课改中的使命与责任》报告,在成都市普通高中新课程改革"校长专题培训开班典礼"作《高中新课程的思考与实践》报告。受省教育厅的邀请,课题组成员黄国龙老师在省新课程校长高级研修班上作《开设多样化选修课程促进学生个性和谐发展》专题报告,《镇海中学国家选修课程开设方案》被省教育厅确定为浙江省高中新课程实施范例。2008 年 1 月,课题组成员曾昊滨老师在省综合实践活动骨干教师高二(下)课前培训会议上作了主题为《研究要比学习多走一步——宁波市镇海中学研究性学习教研组建设的七个关键词》的专题发言,介绍学校研究性学习教研组近一年来的建设经验和成果,近万字的同题报告刊登在《浙江省高中新课程骨干教师培训资料汇编之高中综合实践活动》中。课题组王梁老师在宁波市高中校本课程开发与实施现场研讨会作《高中校本选修课程建设的思考与实践》报告。

通过本课题研究,学校还形成了若干文化品牌和教育教学特色。文化品牌如爱教基地及人文历史教育、以梓荫文学总社为代表的校园文学、以镇中校园网论坛为主要载体的网络文化、以浙江省第一个校园慈善工作站为代表的社团文化、以班级博客为亮点的班级文化等,教育教学特色包括弹性管理、管理自觉、有效习题教学、教师教育科研转型、综合实践课程建设、校本课程建设等,这些文化品牌标志着课题研究的有效性和课题目标的实现。

《教育信息报》2005 年 7 月 12 日"浙江省教科研精品案例"栏目对本课题第一阶段研究作了推荐,浙江省教科院院长方展画教授作了如下点评:

个性化校园构建实质是学校文化建设的继承、总结与创新。该课题以高度的社会责任感和宽广的教育视野,主动顺应新的时代背景、教育背景和学校背景,提出了学校文化建设的校本理念,初步形成了一套完整有效的实践体系,具有鲜明的时代特征和创新意义。

个性化校园构建的实践使学校文化系统的各个部分、各个层面、各个形态都发生了质的变化,焕发出全新的光彩,拓展了优质教育的丰富内涵,提升了学校生活品质和师生生命质量,走上了可持续发展的"绿色"办学之路,促成了"镇海中学现象"的形成和显化,课题研究的校本价值十分明显。

该课题实践性强,师生员工参与面广,他们结合各自角色对"人文、和谐、自主"三项文化特质作了深入的贯彻和系统的行动研究,初步形成了一套比较明确的理念、方法、载体、策略、原则,可操作性强,具有推广价值。

该课题研究紧紧围绕学校的可持续发展,指向明确,研究过程务实、求真、严谨又富有开拓创新意识。该课题的研究和实践还催生了一批学校文化精品,形成了若干高质量的物化成果,在国内同类研究中颇具特色。

二、研究成效

除了可以较为明确量化和形式化的直接研究成果外,本研究带给镇海中学最大的功用是它全方位、深层次并将长时间持续促进学校的内涵发展、高中新课程的深化实施、学生的高水平差异发展,进一步提升镇海中学的学校文化、教育教学生态、学校软实力、办学水平和发展特色。这是一种间接延后但影响深远的研究成效。

（一）促进优良教育教学生态的形成和高中新课程的高水平实施

从个性化校园到品质教育,镇海中学始终在追求一种高质量、高品质的能够促进学生高水平差异发展的学校教育,随着研究的深入和拓展,学校的文化、管理、教育教学等各项工作逐渐由传统轨道步入新课程轨道,学校教育的不少理念、制度、机制得到了更新或重建,符合新课程精神要义的学生日常管理、教学管理、学生评价、教师管理、教师评价、教研组评价考核等各方面的一系列制度机制基本构建完毕并运行正常,对师生发展和学校各项工作的引导、规范、促进作用越来越明显。

个性化校园和品质教育的理念和实践系统作为一种骨架支撑起了学校的运行,学校文化、学校特色、精神理念等血肉部分也逐渐得以附着衍生,整个学校越来越呈现出多元、丰富、民主、清新、自由等新风尚和教育教学生态。

【案例9-2】 校友和社会人士眼中的镇海中学

"那真是一切都苏醒了的季节:一切的勇敢、大胆、创造、生机。……一份份学生自己撰稿、编排的手抄报在报栏里出现,在师生间传阅;一次次辩论赛、演讲赛,莘莘学子论人生、论事业、论时事,旁征博引,涉猎古今中外,唇枪舌剑,只为探求真理……"省高考外语类状元王镭在《母校六年》的回忆录中这样写道。

"我以为,我人生最重要的时光,一定是留在镇中那六年了。……镇中有两个好条件,一个是校友,他们一代代传承着自己最深刻的经验和最新鲜最没有伤害性的外面的世界;一个是教育的松紧程度恰如其分,……给大家都留下了发展个性的空间……"03级校友现清华大学建筑系袁甲幸同学每年都组织清华校友开展"情系母校"系列活动,在她心中"不管多少年过去,我还是更愿意说,我是一个镇中人"。

"那一种海纳百川的和谐与包容大概只有镇中人才能够深味到……"一位年轻的镇中教师当她还是镇中学子的时候就立下了如她所崇敬的老师一般走上镇中讲坛的梦想。

"未来镇海名已闻,既至欣知处处春。英烈伴读得天赐,为国岁岁育新人。"全国人大许嘉璐副委员长视察镇海中学后这样赞美。

"气派,古今一体! 有北大的韵味。"美国哈佛大学博士、香港城市大学教授岳晓东先生在镇海中学校园内流连忘返。

本研究运行于高中新课程实施前后,高中新课程呼唤学校特色和教育品质并为此创造了良好的课程环境,品质教育应该并且可以成为高中新课程下学校发展的教育哲学、办学追求和办学特色,本研究本质上也是作为一种校本化的高中新课程实施方略,它正确认识并处理了改革、发展、稳定的关系,在继承中超越,在改革中提升,在转型中卓越,积极拓展、科学整合校内外一切有利有用有效的资源、关系和行为,构建起一个特色鲜明、活力四射、丰富开放、科学高效的高中新课程学校工作体系,平稳实现新课程背景下学校教育教学、管理工作和学校文化的转型,进一步开拓优质教育的丰富内涵和实现途径,打造学校新的核心发展力,使学校成为实施高中新课改的样板校、示范校,继续保持学校在新一轮高中办学竞争中的领先地位。课题研究将新课程改革与学校新一轮发展有机结合起来,有利于凝聚人心,整合资源,形成合力,将新课程改革真正落到实处,有利于以课程改革为载体合理促成学校各项工作的对接、提升、转型与超越。从成果和成效来看,作为浙江省实施高中新课程样本学校,通过不断的学习和创新,不仅实现了平稳过渡,而且在新课程下的学科建设、课程建设、学校品牌建设、教育教学管理创新、学生综合素质拓展等方面获得了明显成效,学校对新课程的执行和创造水平得到省课改办的高度肯定,在高中新课程高考、会考中也取得了省内领先的辉煌成绩。更为重要的是,新课程给学校带来了新气象,进一步提升了学校的价值观、组织行为和学校文化。

（二）促进了学生高水平差异发展

1. 学生综合素质和个性特长方面

基于学校文化特质的个性化校园建设的研究与实践为学生的个性发展和综合素质发展创设良好的时空条件,学生的多种潜能得到充分开发,在多个领域脱颖而出,表现出较高的能力水平,不少学生在各级各类学科竞赛、体育艺术、研究性学习、科技创新、文学外语等比赛中取得上佳成绩。如在《浙江省教育厅关于公布 2008 年浙江省高校新生体质测试数据分析报告的通知》中,省教育厅根据省政府"建立《国家学生体质健康标准》体质健康测度向社会公告制度"的要求,对参测学生 30 人以上的 261 所示范性中学数据进行统计,镇海中学毕业生体质测试总分的平均分和及格率均排名第二。再如在由中国教育学会等单位举办为期一周的"第一届全国高中生领导力与创新力大赛"中,镇海中学代表队获得优秀学校奖,李范红同学小组获得优胜小组奖,镇海中学代表队也是浙江省团体总分最高的代表队。在"第十一届全国新概念作文大赛"中,学校胡菁蕾同学经过初赛及现场复赛,荣获全国一等奖。又如16岁的施翊接到中国科技大学少年班的正式录取通知书,成为2010该班全国41名最终录取者中的幸运儿,并成为该班中唯一的浙江学子。见表9-1。

表9-1 镇海中学近三年学生个性特长获奖情况

	体育	音乐	美术	航空航海模型	无线电测向	研究性学习	创新大赛	电脑作品	外语口语	作品创作	合计
全国级		11		5	9	2			1	3	31
省级	15	1	3	4	35	12	1		8	3	82
大市级	68	6	21	40	15	15	2	8	5	61	241

在学科竞赛方面,学校多年来在该领域积累了雄厚的基础和实力,每年均有相当数量学生在国际、国内学科竞赛中摘金夺银。这里有一套运行得相当成熟、高效的育人机制,这里有众多优秀的同伴及大家竞争合作过程中形成的勤奋努力、追求卓越的学习氛围,更有多位功底扎实、专业精深、水平高超、敬业奉献、忘我工作的全国学科竞赛优秀指导教师。仅过去三年共有68人次在数学、物理、化学、信息学等学科竞赛中获浙江省赛区一等奖(高考加分20分),数学、物理学、信息学三门学科连续三年被评为团体优胜或优秀参赛学校,化学学科连续两年被评为团体优胜,获国际奥林匹克学科竞赛金牌2枚,全国决赛金牌4枚,银牌5枚,铜牌3枚。见表9-2至表9-5。

表9-2 镇海中学在全国高中数学联合竞赛一等奖人数一览

年 份	2010年	2009年	2008年	2007年	2006年	2005年
镇海中学	9	6	8	8	5	4
宁波大市合计	12	8	15	14	11	9
浙江省合计	55	51	48	46	48	46
备 注	团体优胜,全国决赛金牌2块	团体优胜,全国决赛银牌1块	团体优胜,全国决赛金牌1块	团体优胜,国际金牌1块,全国决赛金银牌各1块	团体优胜,国际金牌1块,全国决赛金银牌各1块	团体优胜,全国决赛金牌1块、铜牌2块

表9-3　镇海中学在全国中学生物理竞赛(浙江赛区)一等奖人数一览

年　份	2010 年	2009 年	2008 年	2007 年	2006 年	2005 年
镇海中学	5	7	8	8	8	9
宁波大市合计	10	9	13	12	11	11
浙江省合计	45	46	45	46	39	40
备　注	浙江赛区团体优胜；全国物理决赛1块金牌	团体优胜；国际金牌一块；全国物理决赛1银2铜	赛区团体优胜全国物理决赛2块金牌	浙江赛区团体优胜；全国物理决赛1块银牌1块铜牌	浙江赛区团体优胜；全国物理决赛2块银牌	浙江赛区团体优胜；全国物理决赛2块银牌

表9-4　镇海中学在全国高中学生化学竞赛(浙江赛区)一等奖人数

年　份	2010 年	2009 年	2008 年	2007 年	2006 年	2005 年
镇海中学	1	2	4		1	1
宁波大市合计	3	4	10	4	8	3
浙江省合计	44	42	44	44	42	42
备　注	团体优胜	团体优胜	团体优胜		团体优胜	团体优胜

表9-5　镇海中学在全国青少年信息学奥林匹克联赛(浙江赛区)一等奖人数

年　份	2010 年	2009 年	2008 年	2007 年	2006 年	2005 年
镇海中学	10	6	8	3	1	2
宁波大市合计	20	19	14	9	4	8
浙江省合计	79	85	78	68	72	54
备　注	优秀参赛学校	优秀参赛学校	优秀参赛学校	优秀参赛学校		优秀参赛学校

2. 学生高考成绩

高考成绩是衡量学校教育教学质量和学生综合素质的重要指标,它还关系着学生的长远发展,也体现了学生差异发展的水平高低。学校坚持以人为本,大力推进素质教育,正确处理高考与学校各方面发展的关系,重平时、重课堂、重双基、重能力,深化教学改革,注重内涵挖掘,积极探索"轻负担、高质量"的有效途径,切实提高教学质量,成效显著,高考成绩一年一个新台阶,学生高考上线率、重点率、全省文理科前 100 名人数以及进北大、清华人数均稳居省市领先地位。

2008 年,在"老"课程最后一次高考中,学校创造历史,分别包揽浙江省理科第一、二名和宁波市文科第一、二名,23 名同学进入全省前 100 名,31 名同学被北大、清华录取,《钱江晚报》惊叹《镇海中学为什么这么猛》,新华社记者也深入采访发表系列长篇报道。2009 年,在首次高中新课程高考中学校依然成绩突出,勇立潮头,重点率达到 93.90%,15 名同学进入全省前 100 名,25 名学生被北大、清华录取。2010 年,学校又一次在高考中创下奇迹,7 位同学名列全省理科前十,其中李乐、吴润东、计羽、梁天雨同学包揽全省前四,一类上线率高达 97.4%,全省文理科前 100 名多达 21 人,本届学生共有 34 人被北大清华录取,另有 6 人和 7 人分别被美国加州理工学院和香港著名高校录取,并有多人获得全额奖学金(1 人获得加州理工学院近 20 万美元奖学金,2 人获得香港中文大学 58 万港元奖学金,1 人获得香港大学 48 万港元奖学金)。

表 9-6　镇海中学 2004—2010 年高考成绩一览

年份	重点率(%)	二本率(%)	本科率(%)	理科全省前100名人数	文科全省前100名人数	全省前100名文理合计人数	备　注
2010	97.40	第二批为	100	14	7	21	
2009	93.90	第二批为(新课程)	100	9	6	15	7 位同学名列全省理科前十,包揽前四,宁波大市文理状元
2008	91.80	98.60	99.72	17	6	23	理科省前 2 名,文科宁波大市前 2 名
2007	93.90	99.70	100	12	3	15	
2006	88.10	96.40	99.70	9	10	19	宁波大市文理状元
2005	87.80	96.60	100	9	2	2	宁波大市理科前 2 名
2004	82.10	96.31	99.43	7	2	9	宁波大市理科前 2 名

表 9-7　镇海中学 2004—2010 年学生升入部分高校人数一览

年份	北京大学	清华大学	复旦大学	上海交大	中国人民大学	中国科技大学	浙江大学	以上各校合计	港澳及国外名校
2010	16	18	14	17	7	4	83	159	13

续　表

年份	北京大学	清华大学	复旦大学	上海交大	中国人民大学	中国科技大学	浙江大学	以上各校合计	港澳及国外名校
2009	17	8	11	12	4	6	74	132	14
2008	15	16	19	10	5	6	71	142	17
2007	13	9	14	13	6	1	75	131	19
2006	16	7	9	5	1	3	63	104	17
2005	12	7	14	4	1	5	65	108	10
2004	7	8	6	7	2	4	52	86	3

3. 高校自主招生

名校自主招生和提前保送是衡量学校办学质量和学生综合素质的重要标志。从 2008 年开始，学校获北大、清华两校自主招生资格和提前保送的学生数量连续 3 年名列浙江省首位，其中 2008 年北京大学 10 名、清华大学 9 名。2009 年北京大学 9 名，清华大学 11 名。2010 年北京大学 17 名，清华大学 14 名。

值得一提的是，学校还成为北京大学 2010 年"中学校长实名推荐"资质学校，可推荐人数居全国第二。

（三）促进了学校软实力、办学水平和发展特色的提升

学校的"软实力"指的是一个学校的知名度、美誉度、学校的社会地位、社会声望、社会影响力以及它对特定群体的吸引力。镇海中学 90 余年卓有成效的办学历程已经积累了相当厚实的软实力，随着学校个性化校园建设的有效推进并随之推动的学校各项工作的令人瞩目的进步，这种实力得到了进一步的提升。"镇海中学现象"的提出与被认同就确切地表明无论是教育行政部门、教育专家、教育同行还是普通社会公众对镇海中学在种种不利条件下继续大放异彩的努力和成果都抱着肯定、敬佩、景仰和赞赏的态度。近年来每年都有几千人次的政府官员、教育专家、兄弟学校领导和教师以及社会人士纷纷来到镇海中学考察、参观、学习，他们对镇海中学独具特色的校园人文景观、高质量的办学水平和丰硕的教学成果、以"人文、和谐、自主"为特质的个性化校园建设留下了非常深刻的印象，纷纷感叹"镇海中学不容易、不简单、不一般"，纷纷称赞"镇海中学个性化校园建设站得高、看得远、理念先进、措施得力、成效

显著"，纷纷表示"收获很多、启发很大、感悟很深"。镇海中学现在不仅是镇海区的一张王牌，享有崇高的地位，区委区府和全区人民都把它看作镇海区最靓的一张名片，而且在宁波市乃至浙江省，上至政府部门下到普通百姓都对它"宠爱有加"。

办学特色就是一所学校在其办学历程中逐渐积淀、凝练而成的一种相对稳定而具有独特性的学校整体风貌、运行风格、行为特征、内在品质及精神气质，办学特色可以在学校的价值观、办学理念、学校文化、管理模式、教育教学模式、学校精神、特色项目及物质环境等要素中得到具体体现。办学特色既是办学水平高低的标志，也是真正衡量一名校长能力水平高低、教育自觉强弱的标尺。作为"浙江省实施高中新课程样本学校"之一，得益于品质教育研究的推动，学校通过不断的学习和创新，不仅实现了平稳过渡，而且学校对新课程的执行和创造水平得到省课改办的肯定，学校选修课程体系建设和管理、综合实践和科技创新、校本选修课程建设、个性化创新人才培养等项工作在省内具有一定的品牌效应，成为省内外领导专家、同行考察学习的典范，在 2009 年、2010 年两次新课程高考中也取得了十分优异的成绩。更为重要的是，新课程给学校带来了新气象，进一步提升了学校的价值观、组织行为和学校文化。"尊重多元差异，促进高水平差异发展"的学校整体发展特色得到进一步凝练和显现，成为学校的文化符号和价值表征，还进一步形成和凸显了得天独厚、人文和谐的环境特色，刚柔相济、走向自觉的管理特色，形神兼备、动感高雅的校园文化特色，技艺深厚、多维高效的教学特色，丰富多样、规范自主的课程十特色，德艺双馨、整体强盛的教师队伍特色。2009 年底，学校被中央教育科学研究所、全国教育科学规划领导小组办公室列为 100 所有专项资金资助的全国普通高中特色学校建设项目。

在课题研究的推动下，不仅学生的个性发展水平、综合素质发展有了明显提升，而且学校各项工作取得了令人瞩目的好成绩，学校的整体办学水平和综合办学实力在省市领先，高水平的教育教学质量蜚声省内外，被誉为"办人民满意学校、做一流优质教育"的典范，近三年就被授予全国教育系统先进集体、中国百强中学、北京大学中学校长实名推荐资质学校、浙江省"创新型学校"等荣誉，蝉联了"全国文明单位"荣誉。新华社、《人民日报》、中央电视台、《人民教育》、《中国教育报》、《浙江日报》、《钱江晚报》、《宁波日报》、《教育信息报》以及新华网、新浪网、教育部网站等多家主流媒体都大幅宣传报道过学校的教育教学工作，"镇海中学教育教学成果在全国产生影响力"光荣入选"纪念改革开放 30 周年宁波教育 30 件大事"。

表 9-8 近 10 年学校获得全国性荣誉一览

序号	年份	荣誉称号	颁发单位
1	2010	"中学校长实名推荐"资质学校	北京大学
2	2009	中国百强中学	中学名校长论坛组委会
3	2008	全国文明单位	中央精神文明建设指导委员会
4	2007	全国教育系统先进集体	人事部、教育部
5	2007	2005—2006 学年、2006—2007 学年度全国中小学图书馆评比先进集体	中国图书馆学会中小学图书馆委员会
6	2006	全国依法治校示范校	教育部
7	2006	全国绿化模范单位	全国绿化委员会、人事部、国家林业局
8	2005	全国文明单位	中央精神文明建设指导委员会
9	2004	全国艺术教育特色学校	教育部关心下一代工作委员会、中央教育科学研究所
10	2002	全国精神文明建设工作先进单位	中央精神文明建设指导委员会
11	2001	全国五四红旗团委创建单位	共青团中央
12	2000	全国中小学德育工作先进单位	教育部

第十章　研究结论与展望

本课题研究持续了较长时间,伴随镇海中学从区域名校向全国名校跨越,我们基本实现了研究目标,取得了一系列令人瞩目、令己欣慰的成果和成效。更为重要的是,随着研究的深入,我们对"个性化诉求:传统办学模式的突围之路"这一命题的认识和理解更为深刻。本章阐述了若干研究结论、研究感悟及对研究的简要反思和展望。

一、研究结论

十年的实践和研究及其取得的丰富成果、显著成效清晰地昭示了一个至少在镇海中学得到确证的结论:高中学校必须也可以经过一次深刻的个性化诉求来突破传统办学模式,进而实现学生充分、和谐而个性的发展,在这过程中,学校管理者的教育管理睿智、教师的教育自觉是突破传统办学模式的有力保障和关键所在。

(一) 个性化诉求是突破传统办学模式的必由之路

个性化诉求本质上是高中学校的特色化办学实践,是为了破解"千校一面、万人同语"的传统高中办学模式困局。关于"特色化办学"或者说特色学校的建设与发展一直是我国教育理论与实践的一个重点与热点,特别是随着社会发展的日益多元开放,随着基础教育同质化现象越来越为人诟病,随着新一轮基础教育课程改革的实施,相关的研究和实践越来越向纵深推进,关于特色学校发展的理论、策略、经验的研究成果非常丰富。特色化办学已成为当前中国教育的一大时代命题,是我国教育事业站在新的历史起点上的一个战略选择,是国家中长期教育改革和发展规划的一项重要内容。《国家中长期教育改革和发展规划纲要(2010—2020 年)》明确提出要"推动普通高中多样化发展。促进办学体制多样化,扩大优质资源。推进培养模式多样化,满足不同潜质学生的发展需要。探索发现和培养创新人才的途径。鼓励普通高中办出特色。"

这既对高中教育提出了更高要求,也为高中学校的特色化办学提供了广阔的发展空间。

可以看到,每一所学校其实都能找到自己的卓越领域,相当数量的学校也已经在特色学校建设的道路上迈出了可喜的步伐,涌现出一批优秀的特色学校。同时,我们还看到,"特色化办学"既可以以单一的特色项目为切口,也可以是整体特色的系统推进,现阶段特色学校的打造已经开始超越某一特长、特点的单一形态,而是上升到教育生态、生活品质、整体推进等系统观、生态观、科学发展观等更高层面。

"特色化办学"的一个直接指向和必然结果是学校办学特色的形成。对于办学特色的理解,并没有一个统一的概念界定,不同的人会有不同的表述。有人认为"所谓办学特色,就是在认真贯彻教育方针的前提下,形成自己学校的办学风格和特征。包括:办学模式的特色、课程教学的特色、教育途径的特色、学校管理的特色等。"也有人将办学特色理解为"教育者在实施教育过程中所表现出来的独特的、优化的、稳定的教育特征。"等等,不一而足,但其内涵实质其实是相差不大的,都包含许多类同的要素。根据多年的实践与思考,我们认为办学特色就是一所学校在其办学历程中逐渐积淀、凝练而成的一种相对稳定而具有独特性的学校整体风貌、运行风格、行为特征、内在品质及精神气质,办学特色可以在学校的价值观、办学理念、学校文化、管理模式、教育教学模式、学校精神、特色项目及物质环境等要素中得到具体体现。办学特色具有整体性、历史性、文化性、价值性和品质性等特征,在不同的发展时期,办学特色存在阶段性差异,但正如一个人的生命历程一样,它是不能被完全割裂的。

在我们的研究中,个性化校园建设与学生和谐发展、高水平差异发展是新时期高中教育的新趋势和新任务,也是镇中内涵发展和学校特色建设的需要。镇海中学个性化校园建设实质是学校文化的继承、创新与超越,是学校特色的培育、凝练和提升。它是一个相对综合、宽泛、多极的系统,涵盖了基于文化特质的学校生活的全部,是一个融合了物质环境、精神环境、管理制度、人际关系、教育活动、教育教学模式在内的综合性学习共同体,也集中体现了镇中多年来特别是进入新世纪来独特的办学理念、理想目标、校风校貌、教育教学活动的价值取向、师生的做事方式和处世态度以及学校精神等。个性化校园建设的最高指向是创造丰富的、高质量的、高品位的校园生活,丰富、规范、优化、提升学校的各个系统、各种关系、各种资源,从而为师生提供一个基于可持续发展生态意义的校园生活背景,进而促成全体学生的和谐发展、共同基础上的高水平差异发展。

个性化校园建设的深入推进可以采用多种战略运作方式,本研究的总体思路是首先选取适切的文化特质以明确学校文化的价值定位,然后规划出相应的相对独立的实践框架并付诸实施,属于典型的演绎式。在文化特质的择取时课题组全面考虑了学校优良的文化根基、教育本质规律、时代发展要求等因素,最后确定为"人文、和谐、自主"三项。这三项文化特质与学生的和谐发展保持了良好的互动对应关系,有利于实践操作时比较明晰地展开演绎分解,有的放矢,顺利实现既定的纲要性目标。

"人文光芒的照耀、和谐境界的追求、自主精神的张扬"是学校师生秉持的带有理想色彩的对个性化校园的一种形象描绘。在具体实践中,我们以创造人文精神深厚、文化品位高尚的学校生活,创造合规律、合审美的学校生活,创造主体意识强烈、创新氛围浓厚的学校生活为三条实践主线,创造性地运用了"模块化"策略,以模块为研究和行动单位,创建了模块层级和模块链,在多层级、多序列、多向度的模块生态交互和有机整合中初步形成一个新质的文化实体。

在后续研究中,课题组围绕高中新课程"共同基础上的差异发展"这一核心追求,进一步加强研究和实践,致力于构建具有鲜明镇海中学特色的品质教育体系,课题组已初步探索了品质教育的三重内涵:重在让学生追慕美好、追逐梦想、追求卓越;重在营造和谐教育生态;重在实现学生高水平差异发展,三种基本策略:教师为基、管理为架、文化为魂,五种价值取向:涵育美好人性、尊重多元差异、营造和谐生态、走向教育自觉、实现高水平差异发展,五大实现路径:管理创新——实现从"刚性管理"到"弹性管理"乃至"管理自觉"的跨越;课程创新——实现从"封闭统一被选"课程到"开放多元自选"课程的跨越;教学创新——实现从"低效一维"教学到"高效三维"教学的跨越;资源创新——积极推进开放办学,大力拓展教育教学资源;教师管理创新——关注教师全面素质提升,重构新课程下教研组和教师评价体系,这是个性化校园建设在新课程下的延续和提升。

本研究的创新之处在于通过演绎式策略和模块化策略将体现社会发展要求和教育本质规律的"人文、和谐、自主"的文化特质全面融入、渗透、改造、优化、升华学校生活,在此过程中采取了"自上而下、全员创建"的管理机制,运用了活动设计、细节开掘、校本资源开发、校本课程建设等策略,特别注重各种高质量载体的创设,从而确保了文化特质融入的深度、广度、力度和效度。在不断丰富模块群的同时,十分注重结合学校实际,集中优质资源,巩固原有优势模块,开辟若干重点模块,使这些模块最大限度地发挥它的内在功能和示范效应,带动其他模块的生成、发展、融合,整个校园生活因而也呈现出亮点纷呈、活泼生动的局面。后续研究在深刻把握新课程精神要义和本校内涵提升挑战的基础上较为深入探索了品质教育的内涵、价值取向、实践路径,构建了品质教育的理念系统和实践系统。同时,本课题提出了"文化特质"、"个性化校园"、"弹性管理"、"教育自觉"、"和谐教育生态"、"管理自觉"等概念并对其进行了理论和实践方面的深入解读,这些都能体现本研究的创新价值,能够作为一般规律为研究者、学校管理者提供另一种视角。

(二)学校管理者的教育管理睿智是突破传统办学模式的有力保障

本课题研究历经了新世纪前 10 年,正是吴国平同志担任镇海中学校长的10 年,面对压力与挑战,他不畏惧、不低头、不盲从,带领全体师生在继承学校优良传统和学习先进经验、理论的基础上,紧密结合实际,不断扬长避短、开拓创新,一心一意构建以"人文、和谐、自主"为特质的个性化校园,打造具有镇中特色的"品质教育",创新实施高中新课程,努力开拓名校发展新途径、新内涵、新优势,使学校始终处于高位运行的良好发展态势上,学校管理、队伍建设、文化建设、高中新课程、教育科研、艺术体育、高考竞赛等各项事业全面进步,亮点纷呈,学校的综合办学实力、整体办学水平、社会影响力和美誉度得到全面大幅显著提升。作为一所扎根于仅 22.5 万人口的区级中学,成功光环背后凸现的是一代代镇中人践行教育自觉的智慧与心血,展示的是镇中发展历程中承优创新的一脉相承、"以小博大"的胆略睿智及精益求精的深厚功底。

审视我们当前的教育现实,随意侵占学生休息时间、随意加深课程难度、随意增减课程和课时、赶超教学进度和提前结束课程、频繁考试和测验、"只要高考好什么都好",家长、学校和社会在追求升学率和高分数的漩涡中不能自拔,在现行的教育体制之下,学生似乎只有一条路可走,就是努力学习追求高分,一切有悖于此的目的的其他的兴趣爱好和特长都要纷纷给学习文化课让路,在个人的发展上,学生缺乏选择的权利,也缺少自由发展的空间……诸如此类违背教育规律的事情时有发生,这不但影响学生的知识结构和心灵的成长,而且极大地扼制了创新人才的涌现。这些教育积弊当然也和我们追求的自觉境界相去甚远。作为承担着领导与管理职责的一校之长,需要有一种作为教育人的良知和道义,必须学会坚守底线,不木然盲从,不坦然融入,不"助纣为虐"。在当下教育世界追求多元、纷繁多变之际,这就是一份难得的教育自觉。这种教育自觉,是学校管理者不可推脱的道德使命,也是学校管理者在复杂态势中必须果断做出的理性抉择。

针对以上种种教育现实，以吴国平校长为首的镇海中学领导层和管理层在十来年的教育管理探索中，于2003年提出"立足现代教育，弘扬传统文化，熔铸人文精神，培养世界公民"到后来的"促进学生发展为本，适应社会发展需要，满足家长期望"，再到"尊重学生多元选择，促进高水平差异发展"，不断发展的办学理念背后，都缘于我们对改进教育现实的一些努力和探索，如针对学生传统文化和人文精神的缺失，学校于2003年推出师生读书节，打造书香校园，推出人文科技活动课，成立教师读书会，实施弹性借阅制度，开设教师发展论坛等意在构建人文校园、书香校园的一系列举措；面对教学质量提升的瓶颈，我们提出了生本观，推动"以学生为主体""向45分钟要效益"的课堂教学改革，同时进一步加大学生走进社会、了解社会的力度，提出促进学生提升实践能力和创新能力，适应社会发展需要的一揽子发展规划；踏着新课改的时代足音，我们明确提出晚进不如早进，被动改不如主动改的指导思想，以"积极、稳妥、务实、创新"的精神，经过几轮新课改，已把当初的浙江省30所高中新课改校本校（2006年），于今年发展成全省六所之一、宁波市唯一的一所学科专业类选修课程建设试点学校。

十年来，从做人的自觉到学校管理上追求教育自觉的境界，镇中管理者经历了理论和实践两个方面的探索。

"教育自觉"是受费孝通先生提出的"文化自觉"概念启发而提出的。费老在《跨文化的"席明纳"》一文中认为，"文化自觉"是当今世界共同的时代要求，它指生活在一定文化中的人对其文化有"自知之明"，明白它的来历，形成过程，所具有的特色和它发展的趋向。自知之明是为了加强对文化转型的自主能力，取得适应新环境、新时代文化选择的自主地位。佛学家觉培法师认为，在佛法修行中，所有的教育中，"自觉教育"是最核心、最重要的，没有自觉，再多外在的教育，其成果也是有限的。所谓教育自觉，既是对中国教育传统、中国教育特色、中国教育问题的自知之明，也是对当今时代世界教育背景、世界教育主题、世界教育趋势的深刻理解，更是对自己学校发展历史，以及对学校优秀管理传统继承与发展的一种必然选择。在此基础上，经过自主适应、综合创新，来建构一个新的现代化的中学教育体系。

我们认为，教育自觉要求教育者不做不符合教育者身份的事，教育者必须把令人憧憬的长远利益和能够切切实实感知体会的近期利益相结合，克制有损长远利益目标和可持续发展的功利主义冲动，在教育过程中保持清醒的头脑，遵守教育规律，回归教育本真，培育"敬业奉献，博雅沉静，创新卓越，和谐自主，开放合作"的镇中精神和校园氛围，让师生在"人文、自主、和谐"的文化沃土中健康发展。培养学生积极生活、自觉学习的习惯,在自主学习、自我管理和课程多元选择中主动成长、个性发展。"教孩子三年,应该为他想三十年,为民族想三百年。"这样立足长远的自觉教育才会是对学生、对家庭、对社会负责任的教育,才能真正实现"教育是让人自觉"的目标。

(三)提升教师的教育自觉是突破传统办学模式的关键所在

教师是镇海中学个性化诉求中的主体和主力军,突破传统办学的模式的关键是教师的教育视野、理念、行为模式等产生革命性变化,也就是要不断提升教师的教育自觉。所谓教师教育自觉,即是教师对教育本质、教育教学规律、世界和中国的教育主题及发展趋势等有一种较为深刻的认识和科学的把握,能对自身职业生存和发展状态有一种批判性的改造和超越,能主动担当职业所赋予的重任并能竭尽全力去担当。拥有教育自觉的人不会是一个教书匠,不会是一个饱受职业倦怠困扰的痛苦的职业工作者,而是一个能够充分体验到职业趣味、享受职业幸福的"科学家"或"艺术家"。当前,基础教育多元化、内涵式竞争格局的日益深化对教师队伍建设提出了更高的要求,也使教师在学校组织中的地位、作用、功能日益凸现出来。教师队伍日益成为推动学校发展的根本动力,也是一个学校赢得比较优势、凸现发展特色、累积综合实力的关键所在,是核心发展力。学校管理者应该通过各种措施努力唤醒和激发教师的教育自觉,进而享受职业生活。

(1)时代视野和理论品位:假如教师缺乏对变化着的现实世界的敏锐感知和正确把握,缺乏对各种相关信息和关系的系统的梳理,缺乏一种对教育发展、教师发展宏观、中观、微观层面的哲学视角,他在自身专业发展的理念规划和实践行为中就不可避免地种下了诸多的局限因子,至于我们所处的时代,可以从一些高频率的主流时代话语窥得全貌,这些话语如全球化、国际化、科学发展观、和谐社会、市场经济、多元开放、可持续发展、终极发展、全面发展、未成年人思想道德建设、繁荣哲学社会科学事业、重塑人文、新课程改革、生命活力、生命质量、职业内涵、学习型组织等等。当我们的教师经常性地接触、思考、深入领悟这些特定的时代话语并将其串成一个整体时,我们的思维和行为就自觉地纳入了时代语境和现代教育语境,纳入了体现科学规律和艺术审美的轨道,唯有这样,我们的工作才能富含时代意蕴、充满思想智慧、切合社会要求,才能视野高远、品位高尚。我们认为这在学校教师队伍建设整个系统中这应该属于最高层次的首要问题,也就是说,当前的教师发展首先要解决的就是一个理论境界和哲学品位问题,作为教师队伍的建设者和领航人,校长需要站得高、看得远、想得深，需要不断加强自己的理论修养，建立起一套具有哲学品位的理念系统科学地去引领整个教师队伍建设工作，这一步做到位了，其他策略性、技术性的问题相对就比较容易解决了。

（2）师德自觉："教师发展，师德为首"，师德建设是一项复杂的系统工程，牵涉到校内校外的方方面面，可以分解为具有不同功能的许多层次，如果把精力放在那些表面层次上，就很容易顾此失彼，埋下隐患，缺乏整体的张力。在工作中我们意识到，师德的核心是师爱，包括对教育事业与国家前途命运的责任感以及对学生的满腔关爱，师德建设的主要任务就是挖掘师爱的源泉，使教师以此为持久不衰的动力正确有效地表达师爱。因此我们认为师德建设的核心应是提高教师对自身职业角色的认同度，具体来说就是教师对教育事业、对教师职业、对学校的认同。所以在师德建设中要特别注重营造教师良好的工作环境、培育教师的职业感、提升他们的职业幸福度，不断开拓师德建设的丰富内涵。可以通过各种措施促使学校教师能够及时吸纳最新的教育信息、专业知识与学术观点，进行教学创新、科学研究，能够站在更广阔的视野审视中国教育、审视职业的发展，树立现代教师意识，促使他们理解教育教学的科学美、艺术美，时时感受教师职业的审美体验。根据心理需要层次理论，这种对科学、艺术的理解、向往、热爱正是师爱的持久巩固的动力源泉。同时，要采取多种途径改善教师的生活条件、丰富教师的业余生活、解决教师的后顾之忧，提高学校教师在本地区的职业声望，使教师对学校产生由衷的自豪感、归属感。这些都是师德建设不可或缺的重要内容。

（3）人文自觉：教师的人文素养内在地包含了师德素养，它是现代教师一种高层次的素质。与师德建设相比，教师的人文精神往往并不为社会公众所关注，教师的人文素养或人文精神水平不高更是一个不争的事实，迫切需要引起各方重视，这也是制约现代学校教育提升的一个瓶颈问题。可以看到，在技术社会和信息社会的背景下，人文精神的缺失成为当今人类文明进程中的一大缺憾，也是学校教育的一大缺憾，时代发展、新课程改革都呼唤人文精神的回归，而学校教师因为其社会角色和使命的特殊属性可以在提高社会整体人文精神水平中担当相当责任，他们的人文素养是提升学校教育活动品位、提升学生人文精神水平的主要因素，也是保障新课程改革有效实施的重要条件。

教师除需要具备人类基本的人文精神外，他的人文精神还必须与教育这项崇高事业和教师这个特殊职业紧密融合。我们认为教师人文精神结构框架包含几个大的模块：丰富的人文科学知识；全面正确的教育价值观、知识价值观、学生观和教学观；现代教师意识；高尚的道德人格和健康的心理品质。

至于如何提高教师的人文素养，提升他们的人文精神水平。我们认为学校管理者首先要做的是给教师营造一个宽松的氛围，减轻他们不必要的教学负担和心理负担，鼓励并提供条件让他们好读书、多读书、读好书，在阅读中丰富精神世界，净化思想道德，提高人格品位。同时在学校共同价值观、教师继续教育、教师评价、课堂教学中等方面有机融合、渗透对教师人文素养的培育。

（4）科研自觉：高中教师教育科研行为是一种源于内在发展需要，建立在广泛阅读和丰富教育教学经验基础之上，在科学理念、理论和方法指导下，运用多种研究方式和成果表达方式以解决实践问题、凝练教育智慧、提升专业素养、享受职业生命的职业发展行为，这种行为应具有一定理论层次、知识底蕴、研究水准。高中教师教育科研行为转型的核心任务是营造适应新的教育背景的可持续发展的学校教育科研工作生态，创造新型的教师教育科研文化。在这种生态文化中，教师的教育科研行为能体现出自发性、自主性、多元性、丰富性、实用性、生动性、科学性、与具体教育教学相生相成等特征，都应该符合高中新课程改革的要求。

理想化的高中教师教育科研行为应该而且必须建立在良好的教育科研工作生态上，这种生态唤醒了沉睡在教师职业生命中的教育科研的意识、需要和潜能，教育科研成为教师一种自觉、自愿、自发、自强的行为，是他们职业层次体系中满足基本生存和发展需要后一种较高层次的自我实现的需要，是他们职业生命一种较为自由的状态。他们科研触角敏锐，科研思路开阔，掌握丰富的资源，能熟练地运用各种科研技术手段解决实际工作中遇到各种问题，并以多种形式将研究成果进行提炼和表达，将之上升到一定的理论高度或进行实践推广，获得一种自我反思、批判的、可持续性发展的能力，与教育教学工作形成相生相成、互促互进的良性循环。

（四）实现学生充分、和谐而个性的发展是突破传统办学模式的最终目标

2011 年是镇海中学建校 100 周年华诞，经过一代代镇中人的辛勤耕耘和不懈奋斗特别是近 10 年来学校打造个性化校园、构建品质教育体系的推动下，百年镇中不仅成长为在省内外有重要地位和影响的中学名校，而且形成了包括教育理念、办学思想、发展战略、管理风格、教学特色、学校精神、教师形象等在内的、打上镇中独特烙印的镇海中学整体办学特色。这其中，"尊重多元选择，促进高水平差异发展"处于办学特色系统的核心位置，是学校办学特色的核心价值观，也是学校个性化诉求的终极目标。

"尊重多元选择，促进高水平差异发展"就是强调学校教育应该始终将人

的发展放在核心位置，尊重广大师生的多样基础、多种需要和多元选择，充分实现学生的多种发展可能性，通过促进人的更高水平的差异发展实现学校教育的高品位。

高水平差异发展是"规范与个性"、"共性与差异"、"基础与特长"、"社会化与个性化"以及"学业水平与综合素质"的辩证统一和同步发展。具体而言，镇中学生的高水平差异发展是指学生兴趣爱好和个性潜能得到充分尊重和开发，学生的学业成绩、综合素质、个性特长等各项指标能进入他（她）的最近发展区，能够实现"促进学生发展为本，适应社会发展需要，满足家长期望"三者有机统一，使每一名学生从学校毕业的时候能够自信地站在一个尽可能高的新起点上。

"尊重多元选择，促进高水平差异发展"是一种生态视角下的价值选择，实现这一目标，一项重要的基础性工程是培育和谐的学校教育生态，也就是学校要创造丰富的、高质量的、高品位的校园生活，将学校的各个系统、各种关系、各种资源置于一种符合规律的、爽心悦目的、和谐共生的平衡状态，为广大师生提供一个基于可持续发展生态意义的校园生活背景。同时，在制度设计、课程设置以及发展观等各个方面都怀有对人的个性、人的差异的由衷尊重，千方百计创设学生个性化成长、成功的空间，发现和成就每个人的独特性，努力使学生成为完整的、健全的、充满个性的人。

实现学生充分、和谐而个性的发展需要我们的学校教育要能更多地赋予学生诸如思想、情感、个性、情趣、方法等难以磨灭的、受用终生的"剩下的教育营养"，要把人类最美好的东西强烈而直接地呈现给学生，而不局限于知识的传授、技能的培养、技巧的获得。在这中间，我们认为追慕美好、追逐梦想、追求卓越是学校教育送给学生的最珍贵的营养，这三者其实是融合在一体的，是一个生命个体一种最为和谐、最具审美意味、最能绽放人性光辉、最能达成自我实现的人生状态和过程。学校教育的使命和责任就是在学生身心世界种下美好、梦想、优秀的种子，要让学生感受、投入并创造人生和生活的美好，要让学生有梦想、有追求、有才华。

为了实现学生充分、和谐而个性的发展，高中教育还须更加关注学生以下几个方面的发展：

（1）更加注重培养学生的健全人格。塑造学生的健全人格是教育最重要的使命。一个人格健全的人必定能成功融入社会并能保持自我独立和自我完善，社会化和个性化在他身上能得到充分体现和完美结合。新课程强调情感、态度、价值观等学生的综合素质，这与现代心理学提倡的几种比智商更重要的商数(即德商、情商、逆商、心商等)是相契合的。这些商数应该从小培养,高中作为一个人格塑造的关键期更应吸收现代心理学研究成果加以强化,使学生形成良好的道德自律、能正确认识自我客观评价自我并积极走向自我实现、有健康的情绪体验并能调控自己的情绪、能与人合作共处、能正确认识逆境并在挫折中奋起、有积极稳定的心理素质,有了这些人格素养作基础,学生就不仅能在高中生活及新高考中胜出,更会帮助他们拥有幸福、成功、美丽的人生。

(2)更加注重培养学习品质和习惯。高中较之初中在学习内容、教学方式、教学管理等方面存在质的区别,高中新课程将更多的学习自主权还给了学生,教师更多地扮演指导者、促进者的角色,教学管理也会较初中更为宽松,这就对学生的学习品质和习惯提出了更高要求,他们要有较强的自我约束和控制能力、能合理安排自己学习时间制订学习计划、能自己进行预复习、能自己发现问题解决问题甚至表达相关成果、能与同伴合作交流探究、能自己梳理知识并形成知识结构体系等,这些包括自我控制能力、自学能力、时间管理能力、探究能力、合作能力、知识建构能力、思维品质等在内的学习品质和习惯需要在高中得到全面的锻炼和养成。

(3)更加注重培养学生的好奇心、求知欲和问题意识。苏霍姆林斯基曾提出:"学生的心灵深处都存在着使自己成为发现者、研究者、探索者的愿望。"它们是学习的内部动机,是"我要学"而非"要我学",是最重要的一种向学之力,远比外部奖励对学习的推动作用来得持久、巨大,在愈加多元、开放、自主、宽松的高中学习生活中,这方面的品质显得相当重要而且必要。随着高中科目增多、内容加深,教师要更加注重启发式教学,创新教学设计,鼓励学生向自己"开炮",多问"为什么",学生回答问题的思路和自己讲课的思路不一样时,教师要感到高兴,让学生带着问题进教室带着更多的问题出教室。学校要创设丰富多彩的校园生活,多组织一些社会实践活动,使学生有更多动手、动脑、动口的机会。家长也要培养孩子多问"为什么",在节假日或双休日,多带孩子到博物馆、展览馆、美术馆等富有教育意义的场所去,让他(她)接触新事物,多问"为什么"。

(4)更加注重保护和发展学生多方面的兴趣、特长。兴趣是学习各类知识、培养各方面能力的源泉,特长是个性魅力和自我完善的重要体现,兴趣和特长关乎人生的幸福和成功。在高中新课程中,一个兴趣浓厚、特长突出的学生更能找到自我发展的定位和重心,获得更多展示才华、发现自我、表现自我的机会,累积更多有利于升学高考的成长记录,进入高校后的发展后劲也更足。事实上,现在的学生由于家长的重视他们在儿童期多多少少习得了建立在兴趣之上的特长，但随着学业负担加重，他们没有时间或者说没有心境去维持和发展这些兴趣、特长，所以高中学校应该珍视学生的这些素质积累加以积极的引导，想方设法给他们创造保持、发展、提升、展示的舞台和平台。

（5）更加注重培养学生的思辩能力和表达能力。思辩能力和表达能力分属个体心理的思维和言语领域。研究性学习是本次高中新课改一门全新的课程，它的设置是为了让学生掌握基本的研究规律和科学方法，培养学生的科学思维、科学精神和研究能力，更概括一点说是为了培养学生的思辩能力，这对创新型国家建设、创新型人才培养意义重大。实际上，以培养学生思辩能力为核心的研究性学习在国外特别是美国教育中是贯穿始终的，他们的老师会花很多时间讲科学方法是什么，科学的思辩、证明或证伪过程是怎样的。久而久之，一旦这种学习行为变成了习惯，对于培养其独立的思辩能力是非常重要的。还有一个要引起重视的是学生的表达能力，也许是我们的教育一直以来重灌输、重接受的关系，也可能是我们国家崇尚"慎言、内敛"有关，部分高中生的语言表达能力（包括口头与书面）不是很理想，很难将一个事情、一个问题或者自己的观点表达得非常清楚、完整、得体，更不用说非常精彩吸引人。随着高中新课程的推进和高考招生制度的改革，中学生将面临越来越多的自主招生、国外留学、社会实践等的面试机会，如果表达能力不强很容易失掉一些宝贵的机遇，而且当学生进入大学、跨进社会后，相对出色的表达能力将在很大程度上决定他们的幸福和成功。

二、研究感悟

在近十年的研究和实践过程中，我们不时收获一些由于研究而生发的教育智慧、实践偶得，通过梳理、总结将其归纳成六条研究感悟，从一个侧面也能反映我们对本研究核心内容及相关问题的一些认识和理解。

（一）学校文化建设要紧跟时代发展的要求

镇海中学个性化校园建设本质上是学校文化建设。一般而言，一定的学校文化系统是与特定的时空条件比较紧密地结合在一起的，当外界的时空条件发生改变的时候，学校文化也应做相应的更新。在日新月异的现代社会里，新的时空背景向学校文化建设发出了新的革新信号，提出了新的改革要求，学校文化势必要在分析这些背景变化的基础上作顺势的改进，才能更好地为学校整体发展和学生可持续发展服务。

就社会大背景而言,当今中国正面临第三次知识转型,即由现代知识型(科学知识型)转向后现代知识型(知识文化型),它呼唤人的宽容精神、尊重文化的多元性及其精神生命的丰富性。当今中国正处于构建学习化社会的时期,它倡导每个社区成为学习型社区,每所城市成为学习型城市,每所学校成为学习型学校。就时代精神而言,现时代的时代精神是科学人文主义精神:要求超越简单的科技工具理性(即超越达成目的的手段)对人性和自然的控制与奴役,渴望并呼唤人性的回归,呼唤科学与人文的和谐融合,它宣扬"以人为本",倡导充分尊重个人的价值与尊严。同时,经济全球化和知识信息国际化使"创新"成为时代命题,它强调学生基础学力(基本的学习能力和发展潜力)的提高、信息素养的养成、注重创造性与开放性思维的培养,强调价值观教育和道德教育、尊重学生经验、发展学生个性等。而中国基础教育推行的新课程改革更是一项事关中华民族伟大复兴全局、影响深远和涉及全社会各个方面的系统工程,它涵盖了教育的方方面面,追求使每个学生都尽可能地得到充分而和谐的、富有个性的全面发展。这些新的时空背景迫切要求学校文化建设审时度势,添加新的更加科学合理的文化特质。镇中以"人文、和谐、自主"为特质的学校文化建设就是顺应这种时代要求的。

(二)优质教育是"全人"的教育

"镇海中学现象"是镇海中学优质教育的集中体现,多年来,镇海中学一直致力于做优质的教育,向学生和社会提供优质的教育服务。我们在实践中逐步对优质教育有了更为全面、科学、深刻的理解。我们认为优质教育绝不仅仅是知识的传授,绝不仅仅是高升学率、高重点率,而是要把人的创造力量诱导出来,将生命感、价值感唤醒。优质教育屏弃单一、单调、机械、沉闷、灌输、压抑,而是崇尚丰富、生动、和谐、人文、自主、幸福。优质教育就是关注人、打动人、激活人、感召人、熏陶人,关注生命,关注心灵,关注人格,关注学生的终极幸福和终身可持续发展。

优质教育应切实贯彻国家的教育方针,树立科学的教育目的观,致力于把学生培养成为德智体美等方面全面和谐发展的现代人,把学生培养成为真正个性和谐发展的人,即真正的人。

优质教育应确立并落实科学的学生观:每个学生都是生动活泼的千差万别的精神丰富的人,都是有待于成熟发展和能够发展成熟的人。相信学生的内在精神力量,相信学生对待其学习是会发挥主动性、积极性、自主性、创造性,而不是过于强调学生的被动服从性、守成性,不要去驾驭学生的心灵,不要牵着他们的手走,而是要让他们有在正确指导和帮助下有自主选择的自由。

优质教育就是在教师的科学设计、精心组织和恰当引导下,充分发挥学生的主观能动性,调动学生的内在需要,使学生全面参与教育活动,主动求知,主动探索,主动思维,主动实践;在这样的教育过程中,培养学生富有个体特点的良好的思维品质,培养学生的科学道德、创新精神和实践能力。

优质教育就是营造一种潜移默化影响学生的文化,这种文化从本质上讲是体现了教育作为人学范畴的生命意识和人本精神,对于受教育者来说意味着自我的回归。在这种文化中,充满着对个人的生命独特性、能动性的欣赏,对生命价值与意义的尊重和理解,生命的尊严和价值被置于首要地位。学校中的每一个人都被作为一个完整的、能够主动发展的生命体来尊重,每一个人感受到他自己的生命的独特性、能动性,并把每一个人带回到一种指向自觉的、主动的、生成性的、创造性的、极具独特性特征的生活中。在这种学校教育中,人是作为"活生生的人"生存的,学校生活成了每一个人感受其生命存在、提升其生命价值的历程。

(三)学校文化建设本质上是为学生的学习服务的

对学校文化的内涵与外延,理论界和实践界都见仁见智,意见不一。我们在建设先进学校文化,构建个性化校园并创造了"镇海中学现象"的过程中,深刻体会到:学校文化从其根本上讲,它的制度文化、物质文化、精神文化就是一种教育教学文化和学习文化,而且在今天特别倡导以学生的学习为本的学校教育价值观的指导下,教育教学文化也不过是为学习文化服务的一种手段和氛围,学习文化才是中心环节。所以学校文化在本质上是一种与学习型组织相对应的学习文化,是一个学习共同体的文化,是以学习为中心、以学习为基本特点的文化。它是学习者与校园他人、学习者与校园活动、学习者与校园制度、学习者与学习环境、学校资源等产生互动而形成的,都是建立在学习的基础上并为学习服务的。具体可以从下面这样几个方面来分析:

(1)从学校层面而言,首先,学校的物质形态无论是学校建筑、还是活动设施、教育教学设备、网络系统设施、学校绿化、体育场所,都是由于学习而存在的。学校的环境是本着"一切为了学习"、"一切方便学习"、"一切促进学习"的基本理念而设计的。其次,学校的精神面貌诸如校风、学风,应该焕发出一种学习活力。教师和学生的言行举止中会焕发出对新知识新事物的渴求热望,洋溢着对学习的执著与热情。第三,从制度建设上看,提供一系列保障学习正常进行和对学习有激励作用和对人有价值和人文关怀的管理制度。

（2）从教师和学生层面讲,学校文化应体现为组织学习、自我更新和自我超越。与组织学习相对而言的是个体学习,个体学习并不代表组织在学习。组织学习是指组织内的每个成员都有共同的学习目标,有共同的发展志向。学校组织的学习目标其实是与学校培养目标分不开的。组织学习也是大家相互取长补短、相互激励、相互合作的学习。在学校这样一个组织中,每个老师、每个学生的个性都是千差万别的,能力和专长也是各有侧重的。加德纳教授的多元智力理论恰好说明了这一点。这就决定了教师与教师之间、学生与学生之间都需要精诚协作,需要互相取长补短、互相信任、互相帮助、互相学习。学校组织学习也是"增量学习"。教师、学生在互相交流、互相学习中,相互受到启发,受到激励,提高各自的能力,丰富了大家的思想。学校组织有时还可能是"变质的学习"——产生质的飞跃的学习。

（3）从文化层面讲,学校文化是和谐文化、开放文化,是一种创造性文化。所谓学校文化是和谐文化,是指其强大的生生不息的生命力、创造力、更新力及其和谐统一性。和谐文化是遵循自身发展规律、各个方面和各个系统都能够和谐统一,这就是学校文化"和而不同"的和谐性特点的体现。所谓学校文化是开放文化,是指其体现的开放性、宽广度和包容性。学习文化是一种海纳百川、包容一切的文化。学习文化能够接纳不同思想并改造不同文化,在相互碰撞和交融中,产生新的思想,生成新的文化。在学校文化的开放文化中,体现为允许不同的教育思想并存。镇海中学在教师教研活动中鼓励不同课例的出现,不同教学风格的形成。镇中教师认为,不同观点、不同思想、不同教法的交流甚至冲突是一种尤为富贵的资源。教学研究应该是一种相互促进的坦诚对话,热烈的交流甚至纷争,看似矛盾,其实是一种互助、互敬与合作的表现。学习文化的开放文化性的精髓是,允许学生犯错误,出问题,错误与问题是成长征途中的家常便饭和亲密朋友。同样允许教师有错误,有问题,教学实践中的犯错误其实意味着在实践和创新。我们在评价教师教学时,也允许教师不成功的教学案例出现,如果要教师百分之百都成功,那就意味着只能重复过去。这种开放、宽容的文化,更有利于创造性人才的成长。所以说,学校文化又是一种创造性文化,并不墨守成规而是主动变革、迎接挑战。

（四）校园网络与学校文化建设的整合将是现代学校建设的一个重点努力方向

在网络时代办教育,不能无视网络的存在。视网络如洪水猛兽,把它衍生的缺点视如脏水,把"脏水和孩子一起倒掉",是得不偿失的。在镇海中学个性化校园建设中,先进的校园网扮演了极其重要的角色,无论是人文光芒的照耀、和谐境界的追求还是自主精神的张扬,校园网都起到了一种载体、手段、方法、内容的功能,如用信息技术改革传统教学模式,营造班集体的网上家园,搭建学校的精神家园等。镇中校园网建成并实际投入运行至今,已经辐射到学校的各个角落,成为全校师生和校友不可缺少的一个物质环境,置身于这样一个引领时代的技术背景,镇中人的观念、言行、行为方式与效率都发生着变化,在这个过程中,技术所蕴涵、所衍生的丰富的社会历史信息、思维方式等技术素养和技术理性会在多次的运用中渗透内化到个体的内心深处,使我们能更正确地把握时代脉搏,更好地完成现代化的蜕变。可以看到,以镇中校园网为标志的校园信息化不仅渗入了学校的各个方面从而衍生出更为丰富、更有现代感的学校文化层面,而且生成了相对独立的一种全新的学校文化形态——镇中网络文化。当然,从概念界定、内涵、外延、功能的确认,系统逻辑的明晰等方面来考察,镇中的网络文化建设还停留在初级阶段,还没有形成一个严密科学的体系,经验色彩较浓。但在信息化社会的大背景下,我们深信校园网与学校文化建设的整合将是现代学校建设的一个重点努力方向。

(五)个性化校园建设要坚持继承与创新相结合,把优秀传统和特色项目做大、做深、做强、做精

在新时期构建个性化校园,不是推倒重来,另起炉灶,或舍本求末,舍近求远,而是在全面审视学校历史和现状的基础上进行大胆的革新与超越,最优化整合可资利用的资源,产生最大的组合效应。在开辟新领域、拓展新项目的同时,一定要高度尊重和切实保护自己的优秀传统和特色项目,通过融入新的思想理念、策略方法将其做大、做深、做强,使其成为难以复制仿效的精品。如学校对爱教基地、人文历史教育、教师的团队合作与奉献精神、网络文化等项目做了大量挖掘整理、推陈出新工作,进一步强化和巩固了品牌优势。

(六)高中学校对优质教育应有全面科学的把握,应怀有教育者的理想主义情怀,有实践办学理想的勇气

多年来,镇海中学一直致力于做优质的教育,向学生和社会提供优质的教育服务。我们在个性化校园建设实践中逐步对优质教育有了更为全面、科学、深刻的理解。我们认为优质教育绝不仅仅是知识的传授,绝不仅仅是高升学率、高重点率,而是要把人的创造力量诱导出来,将生命感、价值感唤醒。优质教育屏弃单一、单调、机械、沉闷、灌输、压抑,而是崇尚丰富、生动、和谐、人文、自主、幸福。优质教育就是关注人、打动人、激活人、感召人、熏陶人,关注生命,关注心灵,关注人格,关注学生的终极幸福和终身可持续发展。

可以看到,我们对于个性化校园、对于优质教育的理解是比较纯粹而少功利的,这与教育现状存在较大的反差,也容易引发矛盾和阻力。然而,我们始终认为,作为负责任的学校、校长和教师都应对学生充满惠及其终身幸福的"大爱"而不只是着眼于其短期利益的"小爱",都应始终坚守一份理想主义的人文情怀,坚持、坚持、再坚持,总有一天时间能证明一切。

三、反思与展望

在课题组和全校师生的共同努力下,尽管取得了一些成果,初步显现了一定成效,但限于课题组成员的研究视野和能力水平,本课题研究还存在不少欠缺之处。从课题研究本身来看,研究角度和目标过大,内容过于庞杂,研究方法运用不够清晰,研究计划实施不够得当,这就导致本课题与一个优秀研究应具有的严密性、过程性和体系性尚有相当距离。此外,研究成果的表述很大程度上停留在经验的总结和现象的描述上,停留在一所特定学校的具体工作上,没有很好地提炼出深层的、一般的规律,话语表述也显得累赘,不够精练。

研究到这一步,作为本课题研究的核心概念,"个性化校园"、"品质教育"依然还不是一个可以精确内涵和外延的操作性概念,还停留在描述性定义的层次。可以想见,如果能够给予明确定义并能制定一整套具体可测的内容和指标体系,那围绕它开展的各种价值取向也好、行动路径也好才更具针对性和实效性,这也是本课题后续研究中需要重点突破的。

在进行本课题的第二阶段研究即构建"品质教育"过程中,当初确定的研究思路和目标是:在学校已完成的《基于学校文化特质的个性化校园建设的研究》等课题成果基础上,围绕"品质教育"这一核心概念和价值取向,理论与实践相结合,系统打造学校发展特色,并将学校特色提升到教育生态、教育品质的高度,通过打造品质理念、品质管理、品质课程、品质教学、品质文化、品质景观、品质教育科研等形成品质教育体系,进而凸现学校发展特色,成就学校品牌。从目前情况来看,我们的研究工作只完成了其中的一部分,这为我们今后的研究和工作留下了诸多可以进一步拓展、深化的空间。

附　　录

教育要让学生追慕美好
——探秘浙江省宁波市镇海中学的育人之道
李　帆

2008 年 7 月,当年浙江省高考理科第一名陈琨,奔赴四川地震灾区,成为一名志愿者。

在灾区的日子里,他戴上头盔,清理受灾现场;顶着烈日,搬运钢板,参加安置房的建设;他还到都江堰中学,和当地的学生交流学习、生活的经验。

在谈到自己为什么不顾危险,进入灾区时,他提到了自己就读的高中:镇海中学(以下简称"镇中")。他说:"镇中三年让我明白了一个道理:一个人的存在必须要对他人有意义,否则你就失去了价值。"

就在十多天前,镇中举办高三学生家长会,吸引了北大、清华、复旦等近 40 所国内知名大学到校设立招生咨询点,供学校的应届毕业生挑选。最终,镇中有 31 名学子进入了北大、清华深造。

有网友在网络上戏称,"浙江最牛县中——北大清华浙江生,八分之一镇中造"。而在家长眼里,一只脚进入镇中,另一只脚就跨入了重点大学的门槛:从 2001 年到 2008 年,镇中高考的重点率,已一路飙升到 91.8%。

校长吴国平,也因此被人称为"连创高考奇迹的校长"。

可是,从这所"奇迹"中学走出来的学生,却一再强调:高中三年,自己和机械的操练、单调的讲解、频繁的考试无缘。陈琨就曾说过:"无忧无虑地畅游在知识世界里的幸福,同学之间、师生之间毫无保留的给予,还有在校园里担当责任的磨砺——这些无关高考,无关成绩,但它们才是我在镇中三年的全部。"

谈到高考成绩,校长吴国平也是异常平静。他说:"和取得好成绩相比,我更高兴的是外界没把我们当成应试教育的典范。"

给学生打开一扇思想的门

"那真是一切都苏醒了的季节：一切的勇敢、大胆、创造、生机。"回想刚进入镇中的那段时光，浙江省高考外语类第一名王镭说，进入镇中，自己仿佛一下子闯进了一个丰富的精神世界。

得益于历史的馈赠，镇中历史积淀丰厚。一千多年历史的大成殿，纪念柔石的柔石亭，还有抗击英军的清军统领裕谦自杀的"泮池"、纪念抗倭名将俞大猷的生祠碑……亭台楼阁，峰回路转，一股文脉之气、英雄之意，弥散在校园的各个角落里。

可是，刚刚从初中升入高中的学生们，满脑子都是分数、题目和大学，有多少人去看，或者说去看懂这个丰富多彩的世界呢？

2008 年毕业的徐梓豪说，上镇中以前，自己是个典型的理科生。只知做题，不喜欢语文，不会思考，整个人处在一个极度的封闭状态中。

徐梓豪的小学是在云南西双版纳度过的。到镇中后，语文老师曲瑾请他讲讲西双版纳。徐梓豪想了半天，说："那里什么也没有，就是一片树。"

"现在的学生往往缺乏激情，对事物习惯了被动地接受；他们视野闭锁，看不到多彩的世界。所以很多学生看起来很平静，但这种平静是一种粗陋的平静。"校长吴国平说，教育要为这些学生打开一扇窗户，让他们去看，去听，去想，去行，去铸就一种个性的魅力。

每接手一届学生，曲瑾总要让他们写一写身边的校园。作文交上来，无外乎花草树木，楼阁水榭。通常，曲瑾会挑几篇给大家读。然后问："你们感兴趣吗？"

学生都摇头。这样的校园，和普通的公园有什么分别呢？

曲瑾指着教学楼外的泮池，大声地问学生："为什么大家的笔下，镇海中学只是一个柔美、宁静的地方？大家看到裕谦没有？看到柔石没有？他们是花花草草能代替的么？"

她说，镇海中学的表面是很柔软的，但内里却很刚强。镇中的学生，就该拥有这样的气质。

"大家看到校园梓荫山后摩崖石刻的四个字了吗？"曲瑾一转身，在黑板上写道："惩忿窒欲。"

什么叫"惩忿窒欲"？她告诉学生：一个人要有大成就的话，就必须遏制个人的私欲，不能随便发泄不满和怨恨。这种品质，就是镇海中学要给你们的东西，是要陪伴你们一生的东西。你拥有了它，才能成为社会的栋梁之才，才能从平凡走向卓越。

"镇中校园是园林式的，但它有一条中轴线，这是和苏州园林最不相同的地方。"曲瑾说，苏州园林的小桥流水，体现的是"躲进小楼成一统"的逃避心态；而中轴线呢？那是代表国家、天下的啊！

下课铃响了。学生没有像往常一样立即站起来，偌大的教室里，鸦雀无声。走到教室门口的曲瑾一回头，说：你们不下课了？

后来，徐梓豪回忆着，那短短的十几分钟，仿佛是一道电流击中了他的心。"上了曲老师的语文课，我才发现自己过去的人生多么枯燥，我才知道看东西，就要看到骨子里去。"

他对曲瑾老师说："你处在一个有限的行为框架里头，却把自己的思想和情趣发挥到了极致，我也要做你这样的人。"

眼界一旦被打开，就会创造出奇迹。从那以后，徐梓豪学会了真正的阅读和思考。苏格拉底、伏尔泰、孟德斯鸠、黑格尔、康德，他都有所涉猎，慢慢地形成了一种自信和判断力，也学会了高屋建瓴地看问题。

他的点滴改变，曲瑾从他的作文里看到了。高中作文，往往是衡量学生思考广度和深度的载体。一次，作文写韬光养晦。很多学生，包括曲瑾都认为，在积蓄力量的时候人是可以低调的。但徐梓豪写道：一个人不应该在民生艰难的时候修身养性。这个时候，需要大刀阔斧的改革，一个人的价值就在于他开放地、主动地参与社会，在于有"知其不可为而为之的勇气"。哪怕是牺牲、哪怕是毁灭，只要是有价值的东西，就应该坚持，绝不退缩。这篇文章，曲瑾一直保留到现在。

"我希望自己培养的学生，都有一种高远的眼界和胸怀。"曲瑾笑着说，她教的学生，爱读书，爱思考，有个性。到了高二，课堂就不是老师的，而是学生的了。

同事跟她开玩笑，说：高一时你的学生多乖，现在变成这个样子，什么都敢说，什么都敢干。曲瑾说，这就是我要达到的目标啊。"我要引起学生的思考，培养他们看问题的能力，就首先要让他们看到我的问题。"

曲瑾还对学生说，寿镜吾是鲁迅的第一个老师，鲁迅正是因为看到了他的缺点，才成长为鲁迅的。她说："我就是一个寿镜吾，给你们起一个开门的作用。当你们看到我的缺点时，就说明你们会思考了。我愿做寿镜吾。"

2008年，徐梓豪以浙江省理科第七名的成绩，考入了北大。毕业时，曲瑾对学生提出了高中阶段的最后一个要求："上大学后，你们要多走一走，让视野更宽阔，让胸怀更阔大。"

不久,她接到徐梓豪的电话:"老师,我要走遍祖国的山山水水,您和我一起走,好不好?"曲瑾笑了,老师快50岁了,体力不行。但老师答应你:陪你徒步古蜀道,看一看什么是"蜀道难,难于上青天"。

把人类最美好的东西呈现给学生

在镇中的校训里,有"健美"一词。校长吴国平解释说:"它不仅指身体的健康,也指人性向善,人性向美。"

每年春夏之交,正是镇中校园最美的时候。一树繁花,一树绿阴。2008年5月,离高考还有一个月,吴国平信步走到了学校的美术活动室。5个学生正在那里画画,笔下的校园色彩斑斓。

他问几个学生:"你们是哪个年级的?""高三。"

"是准备考美院吗?"学生的脸一下子红了。原来,这几个学生是高三理科班的学生。因为喜爱美术,一直坚持每天活动课时间画画。脸红了,是担心校长批评:马上要高考了,还有心思做这些?

但吴国平只是仔细地看了看画,说:"画得很好,要坚持下去呀。"后来在教师大会上,吴国平特意强调:对这类学生,一定要鼓励支持。

"我们不要用任何借口,去剥夺学生欣赏美、崇尚美的权利。"当时他说,教育应该把人类最美好的东西强烈而直接地呈现给学生,因为"美中有真,美中有善啊"!

在物理课上,老师周金中给学生讲物理和艺术的关系。为什么这样做?他说,我就是要让学生知道,物理学不是冷冰冰的,它的内在是追求真善美的。

他给学生看达·芬奇的名画《蒙娜丽莎》,并且告诉他们,画之所以美好,就是因为它在光线上运用了与物理学有关联的晕涂法。

他给学生看现代画家马格利特的人像画。那幅画里,看人像的前面,居然就像看到人的背面一样。学生们一惊,觉得很怪异。这个时候,周金中就笑眯眯地对他们说:"你们用物理的相对论想一想,如果接近光速的时候,是不是能看到这个情形?"

有关艺术的话题,周金中有机会就向学生提及。他的学生也渐渐学会了在物理中欣赏到美。他们说:"艺术求美,科学求真,两者交融在一起,不可分割。因为美与真,本来就是一个硬币的两面。"

很多学生也因此把听周金中的物理课当成了一种享受。在他的班上,曾经有一个对物理丧失了信心的学生,最喜欢的是体育,最害怕的是物理。听了周金中的课后,他悄悄地对周金中说:"我现在宁愿上物理课,也不愿意上体育课。"

和一些物理老师不同的是,周金中不喜欢用有趣的实验来吸引学生的注意力。他解释说:"用实验让学生感兴趣,不是把情感当作认知的工具吗?教师绕来绕去,只是想利用情感,让学生去做某件事情,或去记住一个知识点。这太功利了,对学生是一种损失。情感,应该是我们教育教学的最终目标。"

"如果物理学下去,只是让人觉得机械、生硬,一点人情味都没有的话,或者只是依靠激发学生的求知欲,只是依靠理性思维训练的话,那学生学到后来,肯定没兴趣。"

周金中说,自己最大的愿望,就是学生"将来投身物理,是源于一种对美的追求,而不是单纯地对学科知识的追求"。

他曾经在学校里,给高一学生开《艺术与物理》讲座。能容纳二百多人的报告厅里,坐得满满当当。有个班当时正在上课,只有几个学生在讲座结束时,跑来听了个结尾。第二天,这个班的班委代表全班同学找到他:"周老师,您能不能在我们班再讲一次?"

对听自己讲座的学生,周金中总是告诉他们,我这儿不是培训班,不是你听了就会提高多少分。就像给小树浇水,今天一点,明天一点,是不能立马看出它能长多高的,但总会有些帮助。

有时,周金中也会想象:"十年二十年之后,自己教的学生不一定对某个规律、某个公式记忆深刻,但是他至少对我课堂上那幅《蒙娜丽莎》感兴趣,有印象。"周金中说,这就是教育的潜移默化,春风化雨。

2008年,他带的学生毕业了,一位学生,特地和父母一起来感谢他:"老师,您知道吗?您拯救了我们班的物理。"这个学生,周金中刚接手他们班时,第一次期中考试,物理只考了42分(总分100分)。两年后高考,他的理科综合成绩是265分(总分300分)。

校长吴国平为此常常感叹:在一个人成长的道路上,最需要的是美的阳光,只有美的力量,才能战胜内部和外部的黑暗。知识有大美,人性有大美,情感有大美,教育就是要让学生去追慕美好。

美好的感受,是能通过老师传递的。在镇中,郭天彪是小字辈的语文老师。工作之余,最爱读书和行路。每年暑假,他打上背包,一路走,一路写下日泥。有机会,就把自己的感受渗透进课堂。

高一上《边城》,他给学生讲自己在凤凰县城的故事。他说,小城的人很质朴,在饭店里多点了菜,老板就会提醒,不要再点了。

他还告诉学生,在他住的旅店旁,贴着一张红纸,写着凑钱买鸭子,谁捐了多少钱。端午快到了，县城要比赛"抓鸭子"。他记得很清楚，黄永玉排在第一个。最后一个人，捐了5元钱。

"我想让学生知道，那种日常生活里的风俗，那种很淳朴的人心，是和《边城》里面表现的人性美相暗合的。"郭天彪说，现在的学生，说起人性，说起美好，头头是道，但你再进一步追问：什么是人性美？人与人之间的交往到底应该是什么样的？十有八九，他们会哑口无言。

郭天彪就对学生说，文学即人学。在文学世界里，就像《边城》一样，有很多温暖美好的东西，多接触文学，你就会对美好和温暖抱有一种热爱和渴望。"从某种意义上说，文学对人类精神的拯救更加强悍。"

当时，他上课的那个班，有些学生语文习惯差，甚至看不起文科，说，要不是因为考试，早就不学语文了。可那节课一结束，学生不乐意了："这节课怎么这么短？"

"只有美好的东西，才能长久地吸引住学生，才能让整个校园充满经久不衰的人性之光。"校长吴国平说，这是自己的教育理想。实现它，需要情感细腻、洞悉人性人情的教师。这样的教师，是会真正赢得学生尊重的。

两年后，郭天彪教过的那个班毕业了，好几个学生选择了在大学里读中文系。离开学校前，学生集体送了他一张卡片，上面写着："一节课征服了一个班。"

责任与自信，开启学生成长的"金钥匙"

"承担责任，人生才有意义。"类似的话，镇中班主任常常对学生提起。

在班主任马昕坪的班上，没有固定的班干部。按照学号，每8个人一组，每周轮流承担班委的职责。

"责任，就是做你力所能及的事情。"刚接手新班，马昕坪总要对学生说，一个人不承担责任，那他的存在就对别人没有意义；因为即使你消失了，也不会影响到任何人，你的价值又在哪里呢？

对开始领悟这个道理的学生，马昕坪从不轻易批评。

有一次，班上的团支部书记组织大家做义工，打扫体艺馆。班会课上，团支部书记总结说，全班除了两名同学打篮球没报名外，大家都积极参加了；马昕坪没有表态。

下了课，两位学生找到马昕坪："当时报名的人太多，我们没报上。听团支部书记说，没报上名的可以不去，所以才没去。"说的时候，惴惴不安。

马昕坪一看，点点头："不用说了，我相信你们，你们绝对不是那种投机取巧的人，回去吧。"

后来他对同事说，学生来找我，说明他们已经在反省自己的行为了。《晏子春秋》里不是有一句话么？"省行者不引其过。"就是说，一个反省自己行为的人，我们不要去追究他的过错了。

"一个人的责任心，是在不断的反省中产生的。"现在，很多老师头痛，学生做错事就说谎，为什么会这样？因为他们想逃避责罚啊。

"换个角度想一想，如果我是学生，犯了错，老师批评了。我心里不仅不会反省，而且会觉得：我犯了错，你也批评我了，两相抵消，各不相欠。于是心里平衡，不再受良心的谴责。"

"所以做班主任，千万不要为了一点小小的错误，就把学生骂得狗血淋头，孩子都是在犯错误的过程中成长起来的。如果我们不批评他，宽容他，他反而会去反省自己。这种反省的力量比我们批评的力量强大得多。"

慢慢地，马昕坪的学生知道了通过反省，去对自己负责，对他人负责。

如果学生违反了纪律，他会主动找到马昕坪："老师，今天我让班级扣分了。"很多次，学校进行"学生基本素质考核"，结果出来，马昕坪的班常常是一张扣分单都没有。这个时候，全班学生就特别开心，使劲鼓掌：是自己的负责任，给班集体带来了荣誉。

在学习上，他也鼓励学生反省："我的课堂效率有多高？""我订正作业的效率有多高？"即使考得不好，马昕坪也不会替他们找原因，而是告诉他们：自己是最了解自己的。分析好，你再来告诉我。

为了准备高考，有些高中老师把作业看得很重要。但马昕坪告诉学生，学习是为解决问题而学，不是为完成作业而学。如果通过反省，把问题解决了，就不用写作业。他信任学生，因为学生知道该如何对自己的学习负责任。

他的学生，也从来没有辜负过他的这份信任：2005 年，他带的文科班，高考重点率是 88.8%。秋季，他新接高一，到了 2008 年高考，重点率是 92.6%，几乎是全浙江省重点率最高的文科班。

谈到责任教育对自己的影响，一位刚考上大学的镇中学生说："镇中让我知道，每个人都要担负起属于自己的一份责任。人从来都不是一个单独的个体，个人的价值只有在承担责任时，才能得到实现。"

对责任，校长吴国平也常常说起。但他也不忘提醒老师："责任的后面，要有自信作支撑。"一个人如果对自己丧失了信心，又怎么能去完成职责，履行责任呢？

进入高中，有的学生基础不扎实，成绩一塌糊涂，信心没有了。数学老师张宇红,就在作业本上、试卷上给这些学生写条子。对那些几乎想放弃的学生,她写道:"原来学习想好很简单,考试吃点亏就可以了;原来当天才很简单,只要实实在在去做就可以了。"对那些不会思考的学生,她说:"学习要靠自己思索而得。一切由老师告知,便无从进步。"……

三年下来,张宇红写给学生的纸条,足足有上万张。学生把她写给自己的纸条,集成厚厚的一个册子。他们说:"看到它,心就有了依靠。"

课堂上,张宇红告诉学生,"课堂是允许犯错的地方。不怕出错,就怕没想法"。在这种氛围里,学生不断地冒出奇思妙想。有时学生说错了,张宇红想打断他,别的同学就发言了:老师,你让他说完嘛。

"我是一个幸福的倾听者。"张宇红说,有时上完课,自己会坐在办公室里回味一番,甚至偷偷地笑一会儿。那种课堂的感觉,"真的很美妙,有时跟别人说,别人都理解不了,只有我和学生能明白"。

2008年高考,张宇红所带的班,数学平均分达到了125.4(总分150分)。她的学生,用诗般的语言,感谢张宇红这个"诗人般赋予他们信心"的数学老师:"我们是在荒野中奔跑的孩子,需要一个人,在天黑之前带我们回家。张老师就是这么一个人。"

"拥有责任与自信的学生,内心一定会强大而和谐。"校长吴国平说,这样的学生,也许不会次次成功,但他在关键时刻会顶住。

2008年毕业的许颖桦,参加清华大学的自主招生,失利了。但她一如既往,当好班级的临时班长;在校门口值勤,她仍然像往常一样,给每位进校的老师深深鞠一躬。

班主任王静问她:"你这样做不累吗?"她说,"我给老师鞠躬,看到老师们都很开心,我一整天也就很开心。"

带着这样的心态,许颖桦走进了高考的考场。成绩出来,浙江省理科第二名。上了大学,她最难忘的还是镇中:"学校给了我强大的力量,让我收获了双倍的快乐,甚至更多。"

不要让学生成为"中空人",他们的人生应当丰富起来

"我从不赞同周六、周日补课的做法。我总是告诉老师,不要让学生成为'中空人',他们的人生应当丰富起来。"吴国平理想中的校园生活,远离粗放、简单、生硬,富含人文、精致和生动。

秋季开学时,政教处老师发现,男生宿舍背面的墙角里,不知被谁星星点点喷上了图案。老师很生气,好好的校园被涂成了什么样子!可吴国平静静地看了一会儿,突然说了一句让人意外的话:"我们把操场的墙面空出来,让学

生去涂鸦。"

当时，他想的是，艺术是一种心灵的感悟与呼应，只要是真诚的，就会让学生整个人都敞亮开来。"教育有时不仅需要'割害'的见识，还要有'割爱'的勇气。我们要学会为学生的长远发展割弃一些眼前的利益。"他说。

整个学校的操场，400米长的白墙，分给了各个班级。设想、画草稿、喷颜料，学生们尽情挥洒着自己的青春与创意。创作完成，足足保留了一年的时间，让每个人每天都可以看得见。

喜爱并参加了涂鸦的学生，心里留下的是美好的回忆："走过操场，看着自己的作品，'自豪感油然而生。'"从那以后，镇中校园里再也没有乱涂乱画。

冬天到了，飘落江南难得一见的雪花，衬着红的梅花，绿的小溪，校园分外妖娆。学生社团贴出海报，号召大家参加"我眼中的校园"摄影比赛活动。他们说，校园多美，走出教室吧。言下之意，去欣赏美景，不要让自己的青春留下空白。

新年来了，4个男生结成"海子组合"，参加学校的迎新元旦晚会。他们自弹自唱，一曲《奔跑》，让晚会达到了高潮。

我们想漫游世界，看奇迹就在眼前，等待夕阳，染红了天，肩并着肩许下心愿。随风奔跑自由是方向，追求雷和闪电的力量，把浩瀚的海洋，装进我胸膛，即使再小的帆也能远航。

台下1600多名学生，挥舞着手臂，摇动着身体，跟他们一起高歌："把浩瀚的海洋，装进我胸膛，即使再小的帆也能远航！"

高二时，"海子组合"的一个成员考取了英国的牛津大学。离校时，他对同学说："我永远也忘不了组合的故事。"

"我总是提醒老师，不要用学习和作业填满学生的时间。镇中三年，一定要让每个学生都有一到两项特长，不是为了能加多少分，而是为了他以后的人生能丰富起来。"校长吴国平希望，"将来，不论我们的学生是高层科技人员，还是普通劳动者，如果他能始终保持一项体育或艺术的爱好，他的生命质量就会很高。"

多让学生接触课堂以外的事物，多给学生提供各种尝试的机会，让镇中成了学生们梦想开始的地方。

"我甚至觉得，在镇中一切皆有可能。"高三学生陈潜，是学校"爱的慈善工作站"的创始人和首任站长。

在筹备工作中，这个开朗大男孩的一句话，打动了镇海慈善总会会长："我们创办慈善工作站，不是为了筹集多少钱，而是为了让爱与慈善，成为校园文化的一部分。"

筹建的那段时间,陈潜几乎每天都会哭一次,以疏解压力。对一个中学生来说,学习、设计团队、与外界联系,各种任务交织在一起,挑战足够巨大。但是,"压力最大的那段时间,也是我最有收获的时期。我发现,自己原来有这么大的潜力。"陈潜回忆说。

当年的迎新元旦晚会上,慈善工作站的授牌仪式成了全场亮点。镇海中学,也因此成为浙江省首个有学生慈善工作站的学校。

2009 年,陈潜申请美国大学。在"个人陈述"里,他详细写了自己创办慈善工作站的过程。他最后写道,"有些人抱怨没有机会,但机会就在你身边。如果看不见机会,你就自己去创造"。

3 月,他收到了来自美国十三四所大学的录取通知书,供他挑选。

精神上的愉悦和充实,成了镇中生活最让人怀念的地方。一个已参加工作的镇中毕业生,这样回忆自己的高中生涯:一份份学生自己撰稿、编排的手抄报在报栏里出现,在师生间传阅;一次次辩论赛、演讲赛,莘莘学子论人生、论事业、论时事,旁征博引,唇枪舌剑,只为探求真理。

"三年镇中生活,对我,对每一名镇中学子而言,都太过短暂却又意味永恒。"早已毕业的学生,仍然对镇中念念不忘。

"我们不再仅仅是学校的产品,我们也是校园文化的创造者。"

"那一种海纳百川的和谐与包容,大概只有镇中人才能深刻品味到。"

2008 年,陈琨进入北大学习。他给母校写了一封信,他说:镇中让我学会了用全新的眼光去看世界,我的世界也因此变得不同,就连冰冷的石头也开始有了意义。

(选自《人民教育》2009 年 6 月刊)

以小博大，实现发展新跨越

吴国平

　　镇海中学是一所有着近百年历史的、在省内外有重要地位和影响的中学名校。她创建于 1911 年，1981 年被列为浙江省首批办好的十八所重点中学之一，20 世纪 90 年代，学校陆续成为浙江省第一所通过评估的合格重点中学，第一所实施高中会考全科免试学校和第一所通过评估的一级重点中学。进入新世纪以来，学校又相继被授予"全国中小学德育工作先进集体"、"全国依法治校示范校"、"全国文明单位"、"全国教育系统先进集体"等一系列重大荣誉，每年有 20 名左右学生进入北大、清华两校深造，不少学生屡屡在国内、国际重大学科竞赛和各种素质比赛中摘金夺银，高水平的教育教学质量饮誉省内外，被誉为"办人民满意学校、创精品优质教育"的典范。作为一所扎根于仅 21 万人口的区级中学，成功光环背后凸现的是一代代镇中人的智慧与心血，展示的是镇中发展历程中承优创新的一脉相承、"以小博大"的胆略睿智及精益求精的深厚功底。

　　我于 2000 年秋受镇海区委区府委派接任镇海中学校长，从教育行政管理人员到重点中学校长的角色转换本身就难度不小，何况我担当的又是万众瞩目的镇中校长，更为重要的是当时镇海中学所处的大环境发生了翻天覆地的变化，浙江省基础教育的大发展造就了一大批颇有实力的重点中学和特色学校，地区之间、学校之间的竞争明显加剧，而由于行政区划重新调整等原因，镇中面临着生源地范围锐减、发展空间狭小、地域优势弱化、教师队伍青黄不接等种种困难与挑战，一些关于"镇海中学将江河日下、走向衰落"的流言也不绝于耳。面对压力与挑战，我不畏惧、不低头、不盲从，在继承学校优良传统和学习先进理论、实践的基础上，紧密结合实际，不断扬长避短、开拓创新，一心一意做具有镇中特色的"品质教育"，努力开拓名校发展新途径、新内涵、新优势，使学校始终处于高位运行的良好态势上，综合实力和整体水平又上了新台阶，特别是实现了老校长孜孜以求的"全国文明单位"与"学科竞赛国际金牌零的突破"两大夙愿，令许多镇中离退休教师和广大校友深感欣慰与自豪。

　　品质教育是一项庞大的系统工程，过去八年，我和我的团队以"品质教育"核心价值观为引领，整体推进、创新学校各项工作，初步构筑起一方颇具魅力和实力的品质空间。

一、坚持一种战略

学校发展战略决定了一个学校的气度、格局和高度,限于区位,镇海中学无法与许多学校比拼资源、生源、规模,要做到"以小博大",更多的是要拼战略、拼文化、拼人才。面对近年来基础教育领域种种浮躁、务虚、扩张之风,我坚守"不贪大唯求精,不追新唯求实,不跟风唯求真",在提出办学理念、制定发展规划、凝练办学特色时特别注重研究"校情",从校情出发想问题、做事情,力戒盲目攀比,好高骛远,形式大于内容,口号等于行动。在"品质教育"发展框架内,我们制订了"具备高度核心发展力、鲜明特色、国际视野的现代化全国名校"的办学目标,确立了"民主、科研、文化、特色、和谐"五大立校基石,推出了"整体发展"、"开放办学"、"精品精英"等三项策略,提出了"校长的价值体现在教师的发展,教师的价值体现在学生的成长"的行动口号,所有这些发展战略都试图累积比较稳定的与"品质教育"核心价值匹配的内涵与外延,进而更好地实现"促进学生发展为本,适应社会发展需要,满足家长期望"三者的有机统一。

二、凝练一种精气神

和人一样,一个学校的发展也是需要一种精神的,态度决定一切。作为自然禀赋弱势的区属中学,我认为学校组织的思想境界、精神面貌、行为态度、团队意识就是一种战斗力、一种核心发展力、一种比较优势。所以在镇中8年,我做得更多的是思想政治工作,抓得更硬的是"精神文明",关注更多的是师德师风和校风学风。我在各种场合向教师"灌输"忧患意识、使命感、责任感、教育的理想主义和教育仁爱,要求教师保持积极进取的姿态、团结协作的精神、稳健踏实的作风、奋发有为的干劲,树立"充实＋快乐＋意义"的镇中教师幸福观,要求教师始终做到"讲正气、讲爱心、讲奉献"、"学生在、教师在"、"绝不搞有偿家教和第二职业",也要求学生胸怀天下、勤奋沉静、追求卓越。2003年,我发起了为时近一年的"镇中精神大讨论"活动,受到了全校师生和海内外校友的广泛关注和积极参与,"敬业奉献,博雅沉静,创新卓越,和谐自主,开放合作"的镇中精神得到初步凝练,成为全体镇中人新的价值取向、内隐规矩和集体无意识,成为学校可持续发展的精神源泉和强劲动力。

三、雕琢一种景观

作为学生在三年高中生活和教师工作期间必须长时间置身的一个物质背

景,校园物质环境建设是品质教育的有机组成和直接体现。学校在上世纪八九十年代重建、扩建过程中已经初步形成时间跨度千余年,内容较为丰富齐全的校内德育基地。如何"保值增值"这笔得天独厚的宝贵财富使之发挥更大效用是我在品质教育之路上最早迈出的步伐,我深信师生在与物质环境持续的紧密联系中将获得对物质环境本身及其蕴涵的更为丰富的背景信息的感知。因而几年来,一方面,学校设立专项经费、指定专人对原有基地、景观定期进行精心的检查、维护、修缮,使它们始终以鲜亮的姿态展现在广大师生面前。另一方面,我们合理地调整了绿化布局,锦上添花般地新建了10余个新景点,布置了若干精致的文化小品,注入了新的文化意蕴和时代精神。如重立蛟川书院古牌楼是对学校文化之根的追寻,由校友捐建的尊师亭则是镇中和谐师生关系的一个物质符号,"光霁亭"中的"光霁"两字即光风霁月,寓意镇中人政治清明、人品高洁、前景广阔灿烂,等等,可谓寓意深刻。目前,校园内有海防遗迹、爱国主义教育基地13处,校园人文历史景观近30处,其中3处被列为全国文物保护单位,打造了一个独具特色的、人文历史底蕴丰厚、融古朴与现代为一体的校园景观环境。

环境育人的真正效应在于通过物质景观的解读活动获得一种内隐体验,故而我们特别注重采取多种形式、多种方法深度开掘校内基地资源的教育价值、文化意义,整合校外海防、商帮、院士等文化资源,以校本教材、校本课程、研究性学习等形式开展丰富多彩的爱国主义和人文历史教育,促进学生对历史遗迹的文化解读、精神感悟,潜移默化地培育学生的人文素养和民族情怀,使学生与人文历史景观达成深层的和谐。《硕德清芬》、《十年雨露》、《校园问典》、《梓荫墨宝》等近年来开发的多种校本读物也成了学校品质景观的一种文本表达。

四、营造一种文化

学校办学历史悠久,文化积淀深厚,如何将优秀的校园文化转化为学校文化力、发展力,如何将学校的办学层次从工程办学、制度办学上升到文化办学一直是我认真思考和努力探索的重大课题。03年开始,我提出了"立足现代教育、弘扬传统文化、熔铸人文精神、培育世界公民"的办学理念,作为课题负责人申请并实施了全国教育科学"十五"规划课题《基于学校文化特质的个性化校园建设的探索与实践》,我们全面考虑了学校优良的文化根基、教育本质规律、时代发展要求等因素,将"人文、和谐、自主"三项文化特质注入包容了镇中物质环境、精神环境、管理制度、人际关系、教育活动、教育教学模式在内的综合性学习共同体中,以创造人文精神深厚、文化品位高尚的学校生活,创造合规律、合审美的学校生活,创造一种主体意识强烈、创新氛围浓厚的学校生活为三条实践主线,创造性地运用了"模块化"策略,以模块为研究和行动单位,创建了模块层级和模块链,在多层级、多序列、多向度的模块生态交互和有机整合中初步形成一个新质的文化实体,极大地拓展了优质教育的丰富内涵,为广大师生提供了一个基于可持续发展生态意义的校园生活背景,大大提升了学校生活品质和师生生命质量,促进了学生的和谐发展。

五、执行一种管理

校长以管理为本,我认为好的校长要能"入乎内而出于外",也就是说,当他站在学校组织的内核完成制度框架和管理流程的建造后,他是可以淡化其个人影响的,而以比较放松的姿态站在外沿观照学校的运行。这几年我着力做了四件事:

第一是建设"法治学校"。坚持依法治校,民主管理,科学决策,建立了完善的教代会、工会及学生会制度,修订、出台了一系列新机制、新制度,形成了集岗位职责、规章制度和机制改革条例等为一体的镇中管理新体系,并汇成近350页的《镇中管理新编》,使得学校的各项工作都有法可依,有章可循,井井有条,各岗位、各人员都有较高的标准规范。

第二是畅通民主渠道。让师生员工不仅仅是学校重大事项、规章制度等的被动审议者、表决者和执行者,更是各项事务、方案、制度的主动发起者、建议者和制订者,是学校各项工作的决策者、评议者、监督者,真正体现了他们的主体地位。除制度保障外,学校还采用网络论坛、电子邮箱、民主恳谈会、项目责任制、学生评议会、校务公开等多种形式不断拓宽和畅通民主管理和民主参与的渠道,使学校生活的丰富性、民主性、多样性得到与时俱进的加强。

第三是强化有效执行。学校管理中的执行力我认为是指学校组织整体和组织中的每个成员将学校办学宗旨、理想、理念、规划等长期战略性问题和模式、方法、策略、教学技艺、制度机制等具体战术性问题一步步落到实处的心向和能力。为此,我们通过决策的科学化、方案的具体化、作业的标准化、流程的精细化、(管理)队伍的专业化、信息交流的即时化、调控督查的全程化、奖惩的制度化来提升教职员工的执行力水平,使他们能按质按量按时按规格完成自己的工作任务。

第四是创新"弹性"管理。我在学校设计了许多以"弹性"为修饰词的制度或机制,如"弹性坐班制"、"弹性作业"、"弹性课堂"、"弹性学分"、"弹性房租"……因为"弹性",高一的学生可以到高三听课,因为"弹性",如果一个学生某门学科成绩连续两次保持班里前五名,他就可以不听课学习其他内容或到图书馆阅读,因为"弹性",教师布置的作业都分选做和必做两部分……"弹性"的本质是不搞一刀切,充分尊重某人某时某事某地的特殊性,达到"和而不同"的境界。这也契合了学校"严谨不失活泼、放而不乱、抓而不死、管而不僵、新而不浮"的管理风格,在高中新课程背景下,"弹性"管理也更有助于实现共同基础上的差异发展。

六、打造一个团队

教师队伍是"以小博大"发展规划中的重中之重,针对新时期教师队伍特点及学校队伍建设中面临的关键问题,我通过以下措施较好地保证了教师队伍的稳定、高效。

首先是强调团队协作。学校教师论个体水平也许与城市学校没有太多优势,但通过培训历练,所有教师特别是年轻教师都要能够胜任教育教学,不使学校这一"大木桶"出现"短板",这是我招人用人的底线。在此基础上,我着力加强教师的团队协作,通过弹性坐班制、师徒结对、集体备课、小组研修、项目攻关、权责共享共担等一系列切实有效的载体营造教师"团队合作、整体作战"的时间与空间,产生1+1大于2的整合效应。

其次是提高教师的忠诚度。这个"忠诚度"既包括对镇海中学的忠诚,更包含对教育、学生的忠诚,在传统忠诚度日益瓦解的当今社会,我十分重视在满足教师高层次需要、加强师德师风建设、提升学校文化、提高领导层魅力、培育亲情人情爱情等方面下工夫,同时,我制订的聘龄津贴、优质长效奖等制度也把更多的教师融入到镇海中学这个"利益共同体"中。

再次是加快加强青年教师、外来老教师的培养使用。近几年因事业发展需要,学校引进了数量较多的大学生毕业新教师和外省市老教师,几年下来这些人已经成为学校教师队伍的主体。我采取了"海纳百川、扬长避短"的应对策略,以镇中的优良传统、文化风尚要求、塑造这些教师,同时也汲取这些教师自身及他们原属文化体的优点,提升镇中文化。对于青年教师,我更多的是给导师、给压力、给担子、给平台,促其又快又好成长,对于外来教师,我攻心为上,信任加激励,尊重加关爱,千方百计创造条件,让他们安家立业安心,产生归属感和新的奋斗追求。

第四是力促教师高水平差异发展。通过开办骨干教师教育技艺专题培训班、教师发展论坛等高端培训使教师的差异发展获得深厚的底蕴和较高的起点，通过实施教师教育科研行为转型工程、校级课题研究工作制度、校本课程建设制度等为教师规划可以发挥专长、提升自我的多样化路径，通过开展科研兴教先进个人、成长最快的青年教师、最佳课堂教学创新奖、最受学生欢迎教师、最佳读书奖等多样化、个性化的评比并举行激励感强烈的颁奖仪式为教师创设职业生涯的"关键事件"，搭建展示个性才华的平台。我希望学校教师的专业成长是集专业精神、专业思想、专业能力与个性人格为一体的综合成长。

七、创设一大空间

如同高中新课程所追求的那样，学校"品质教育、以小博大"的终极追求体现在于学生共同基础上的差异发展，而且这种发展不是低效的差异发展或"伪差异发展"，而是一种高水平发展。为此，我和我的团队几年来不断拓展镇中学生个性化成长的时空，而从学校学生在高考、名校自主招生、留学国外名校、国内外重大赛事以及在各高校和工作岗位上的突出表现来看，我们的努力获得了丰厚回报。

一是拓展学习资源。凭借互联网等便捷工具弥补区位和城市化水平低造成的资源弱势，我们每年投入近20万元订购新书、期刊，我们购买了800多个央视"百家讲坛"正版光碟以"人文科技活动课"的形式定时、定主题放映，电子阅览室、期刊阅览室工作日和双休日都按时开放。

二是健全活动体系。每天的课外活动，每周的周末文化，为期半个月的体育文化节，为期一个月的科技文化节，为期两个月的艺术文化节，为期三个月的读书文化节，等等，师生共同参与，注重活动的设计，突出仪式感和参与性，丰富、规范的课外活动与紧张沉静的学习动静相宜，劳逸结合，相得益彰。

三是扶持社团建设，打造文化精品。学校组建以"全国十佳文学社团"梓荫文学社、地震测报社、慈善工作站等为代表的学生社团、兴趣小组近50个，70%左右的同学都参加至少一个社团（兴趣小组）。学校对社团建设"给时间、给空间、给经费、给装备、给导师"，并要求社团"有阵地、有活动、有记录、有成绩"，既充分发挥学生主体性，也加强学校的引导和管理。如在打造"书香校园"、"校园文学"两大文化精品中我们就将重点放在营造"多读书，读好书，会读书"和"亲近经典"的浓浓氛围上，突出培养师生的中国眼光、民族精神和世界意识。

四是创新网络文化。除了实体空间，我们还着力营造一个符合学生心理需求和时代特征的虚拟空间,镇中网络文化是网络介入校园后生成的校园网络生活形态的反映,它以被国内多家媒体称赞为"一本大型电子杂志"的镇中论坛为代表,学校在论坛管理上注重管理队伍建设,实施宽严得宜的论坛监管,形成了精品性、生动性、丰富性、有序性等特征,为学生发挥个性特长、寻找自信源泉、实现心理突破提供了个性化的舞台,给老师们提供了走进学生心灵的新手段,也给镇中校友们提供了另一种"回到母校"的方式,成为广大师生"精神的家园、成长的熔炉、学习生活的新天地"。

五是搭建自我实现平台。成功是多向度的,我们倡导多元的成功,特长的成功,并为此搭建多点平台弘扬先进,供学生挥洒才情、施展才华、体验成功的乐趣。定期举办"校园十佳歌手"、"十佳主持人"、"镇中十佳学生"、"镇中研究之星"以及各类或综合或单项的评比,举办或组织参加各级各类比赛、竞赛,富的镇中基金定期奖励优秀学生,校园网定期推出"镇中之星"封面人物,广播台每周举行清唱比赛,校园入口大屏幕每天播放一条学子凡语,每周的国旗下讲话也主要由学生主讲,丰富的、日常化的符合学生心理需求的多样化平台使每个学生都有机会凭借自己的才能、自信角逐属于自己的荣耀。

八、迈出一新步伐

我任镇中校长伊始就深感国际化对于学校可持续发展的深远意义,也陆续做了一些尝试,如与澳洲保罗国际学院签订结对协议,组织师生赴英国、澳大利亚等国举行夏令营,选派教师到国外培训等,但由于政策、资源、区位等限制,这些活动基本停留在形式层面,很难深入开展,收效不大。近两年来,我进一步加强了"走出去、引进来"的力度,先后引进了美国数学竞赛(American Mathematics Competitions,简称 AMC)、美国 ARME 数学竞赛,鼓励学生参加国外名牌大学的入学考试,让学生在全英语的备考、应考过程中接受国际化的洗礼。今年年初,经过多方努力,"剑桥国际高中课程实验班"项目已落户学校,各项事宜正在紧张筹备中,这个项目标志着学校国际化战略迈出了实质性步伐,将为教育国际化大背景下的镇海中学插上进一步增强实力、提升品位的翅膀,开辟新的发展空间。此外,首批近 40 名教师也将于今年暑期远赴新加坡考察培训。

(本文发表于《中国教育报》(现代校长周刊)2008 年 12 月 2 日)